408-203-54
408-844-86:

두 번만 읽으면 끝나는
영어 독해

배진용 지음

두 번만 읽으면 끝나는 영어 독해
지은이/배진용

기획/이준호
책임편집/김영애

마케팅/신재우
업무관리/최희은

전산사식/나래기획
인쇄·제본/상지사

1판 1쇄 발행 / 1998년 5월 10일
1판 18쇄 발행 / 2001년 3월 5일

발행처/도서출판 도솔
발행인/최정환

등록번호/제 1-867 호
등록일자/1989. 1. 17

서울특별시 종로구 낙원동 280-4 건국빌딩 1-305호
우편번호 110-320, 전화 738-0931~2
팩시밀리/720-3469
E-mail/dosol511@chollian.net

저작권자 ⓒ 1998, 배진용
이 책의 저작권은 저자에게 있습니다. 서면에 의한 저자의
허락 없이 내용의 일부를 인용하거나 발췌하는 것을 금합니다.

값은 표지에 있습니다.
ISBN 89-7220-063-8 13740

쉽게 독해를 끝내려면!

독해란 암호 해독이 아니다. 이미 배운 단어와 어휘, 그리고 문법을 활용하면 누구든 쉽게 이해하고 해석할 수 있어야 한다. 그럼에도 영어 독해가 우리에게 희랍어를 해독하는 것처럼 어렵게 느껴지는 이유는 아마도 대부분의 학습 내용이 현실과 동떨어졌기 때문이 아닐까?

링컨의 게티즈버그 연설, 디오게네스나 소크라테스의 철학, 셰익스피어의 4대 비극, 아인슈타인이나 케네디의 명문 에세이 등은 위대하고 고귀한 것들임에 틀림없다. 그러나 우리에겐 이런 내용들을 접하기 전에 다져야 할 단계가 있다.

〈학교 종〉이나 〈콩쥐 팥쥐〉를 거치지 않고 〈님의 침묵〉을 접하거나, 〈님의 침묵〉을 모르면서 〈두시언해〉를 공부하려 든다고 생각해 보라. 무슨 발전이 있겠는가?

우선, 일상 생활의 기본 서류나 안내문 한 장이라도 제대로 읽고 이해하는 게 무엇보다도 중요할 것이다. 남들이 《TIME》지를 들고 다닌다고 덩달아서, 《Newsweek》지까지 들고 다닐 필요는 없다. 자신의 능력에 맞고, 일상 생활과 밀접한 내용을 선택하여 단계를 착실히 밟아가자.

그런 연유로 이 책에서는 고민 끝에 슈퍼마켓에서 날아온 편지, 상품 설명서, 사회 복지, 입양 문제, 국제 전화 요금, 아동 복지, 남성 상담, 연금 저축, 가정 또는 교내 폭력, 장례비 문제 등을 소상히 다뤘다.

올바른 내용 선택은 흥미를 유발시키며 학습 효과에 많은 도움을 준다. 아울러 상식을 얻고 덤으로 견문까지 넓힐 수 있다.

이를 위해선 무엇보다도 자상한 설명이 뒷받침되어야 한다. 그 점을 최대한 감안하여 어머니가 자식에게 밥상을 차려주는 심정으로 심혈을 기울였음을 조심스레 회고해 본다. 이 책을 통해 여러분의 영어 학습에 지대한 발전이 있기를 기원한다.

길잡이

1. 묶기 – 문장은 단어, 구, 절로써 이루어진다. 따라서 이들을 유효 적절하게 묶음을 만들어서 이해에 도움이 되도록 했다. 구는 /, 절은 //를 원칙으로 하되 필요에 따라서는 생략하기도 했다.

2. 직역 위주 – 세련된 언어의 구사를 위해선 직역을 다듬은 의역이 나올 것이다. 하지만 이 책의 목적이 독해력 향상에 있는 만큼 의역보다는 좀 촌스럽긴 하지만 직역이 아무래도 도움이 될 것 같아 고민 끝에 가급적 그대로 두기로 했다.

3. 해석의 마지막 조립은 본인이 – 직역 위주의 토막난 해석을 전체 해석으로 조립하는 일은 공부하는 분들의 재량에 맡겼다. 설명이 다 되어 있기 때문에 큰 어려움이 없을 걸로 생각한다. 그리고 아무래도 본인이 직접 해봄으로써 능력 배양에 더욱 이바지할 수 있지 않을까도 생각된다.

4. 반복 설명 – 독해란 단어, 구, 절로 이뤄진 문장을 이해하는 것이다. 따라서 독해를 하다 보면, 이들 구와 절이 자주 대두된다. 그

러나 문장마다 성격이 다르다는 점을 감안하여 반복 설명을 실었다. 약간의 지겨움을 견디어내고 반복 학습에 재미를 붙이길 부탁드린다.

5. 강조 부분 표시 – 내용 설명의 중요도를 위해서 활자체의 변형과 크기로 표시했다. 아무래도 크고 굵은 활자체가 강한 인상을 줄 것이다.

6. 차례대로 설명 – 본문의 어휘와 구절들은 출연 순서대로 설명했다. 설명이 길어질 경우, 찾느라 헤매지 않으려면 순서대로 보면 된다.

7. 한두 문장씩 – 길면 부담이 생긴다. 그래서 한두 문장씩 끊어서 번호를 달아 설명했다. 한 문장 한 문장씩 넘어가는 동안 성취감을 맛볼 수도 있으리라. 맛있는 가래떡도 길면 지겨워서 못 먹을 수 있으니 말이다.

8. 되돌아 보기 – 페이지를 넘기자마자 길다랗고 낯선 글이 팍 튀어나온다고 생각해 보라. 대뜸 기죽어 의욕을 상실하게 될지도 모른다. 그런 점을 고려하여 긴 글을 '되돌아 보기' 라는 이름하에 꽁지로 보냈다. 훈련 기간을 거치고 나면 가뿐한 맘으로 대할 수 있지 않을까!

두 번만 읽으면 끝나는 영어 독해 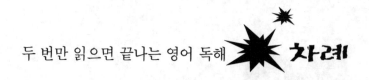 차례

1. 미국에도 효자 목걸이가… 13
1 24시간 당신과 함께 해요 15
2 혼자서도 잘 살 수 있다구요 27
3 어디서 구할 수 있느냐구요? 42

2. 눈물이 많은 남성들을 위해 53
1 남성들도 전화 상담이 필요해요 55
2 남자도 할 수 있어요 60
3 제발 용기를 내세요 65
4 여자가 부럽지요? 73
5 저희들은 남성만을 위해서… 81

3. Foodtown은… 89
1 Foodtown Card란… 91
2 매거진도 있어요 101
3 시키지 않는 짓은 안해요 106

4. 맘에 안드는 방 친구 117
1 디어 애비야 119 / 2 디어 또 애비야 126

5. 비오는 날을 위한 맑은 날의 계획 135
1 미래를 준비하고 137
2 또 준비하고 149
3 퇴직하면… 158
4 인플레이에도 끄떡없어요 169
5 너무 어렵게 생각하지 마세요 175

6. 국제 전화 요금 181

   1 국제 전화 요금도 내릴 때가 있어요 183
   2 문제도 풀고 상도 타고… 192

7. 남의 아이 기르기(1) 199

   1 알고 싶은 문제들 201
   2 Adoption이란? 206
   3 어디서 알아보죠? 214
   4 어디에 신청하지요? 218
   5 그밖에 어떻게? 227

8. 남의 아이 기르기(2) 235

   1 제출 전 프로파일 준비하고 237
   2 Open Adoption이란? 243
   3 다 큰 사람의 입양은? 256
   4 다른 입양 서비스로는? 261

9. 샌드위치 탄생 이야기 271

   샌드위치 273

10. 당신도 해당될지 몰라요 281

   1 갓 태어난 가족 수당도 있어요 283
   2 당신은 얼마를 받을 수 있을까? 290
   3 어떻게 신청을? 297
   4 변경 사항은? 303

11. Plunket이란? 305
1 할 일이 많아요 307
2 패밀리 센터도 있어요 316
3 육아 모임은? 320
4 기타 서비스는? 323
5 전화 서비스도 하고 있어요 327

12. 청출어람이란? 333
1 靑出於藍 335

13. 보호자를 위한 충고 341
1 한 말씀 드립니다 343
2 bullying이 뭐지요? 350
3 bullying이 왜 나쁜가요? 355
4 왜 애들이 bully하지요? 361
5 왜 애들이 bully당하지요? 368

14. 장례 계획 371
1 죽기 전에 돈을 내놓고… 373
2 유언처럼 간단해요 378
3 떼먹을 돈이 따로 있지 389
4 더 알고 싶은 게 있어요? 393
5 죽어서까지 짐이 돼서야 398

SJLPA
이 장에서는 St. John Lifelink Pendant Alarm에 대해서
이야기하고 있다. SJLPA는 위급시 대처할 수 있는
응급 종합 서비스이다. 목걸이처럼 pendant를 걸고 있다가
누르기만 하면 구제받을 수 있는 시스템을 말한다.
어떤 내용인지 독해를 해가며 알아보자.

1. 미국에도 효자 목걸이가···

1. With You 24 Hours, Every Day!

인생이란 새옹지마가 아니던가! 앞일은 장담 못한다.
 다음 내용은 몸을 움직일 수 없을 정도로 위급한 상황에 처할 경우 도움을 청할 수 있는 시스템에 관한 것이다. 이거 잘하면 떼돈 벌갔수다.

1✸ 수동태, 과거분사

> Your alarm **is linked**/directly **to** the St. John Ambulance Control Room,//so your alarm call **is handled**/by trained ambulance staff.
> 「귀하의 얼람은 연결되어 있지요/세인트 존 앰뷸런스 컨트롤 룸으로 직접//그리하여 귀하의 얼람 콜은 처리됩니다/훈련된 앰뷸런스 요원에 의해서」

통째로 삼키기엔 문장이 너무 길다. 여러분이 무슨 살모사 입이라고. 이럴 땐 싹둑싹둑 잘라서 드셔야죠. **작은 무더기(구)**는 '/'로, **큰 무더기(절)는** '//'로 끊어볼 테다.

일단 **끊었으니 읽고 이해해 보자.** 낭독 따로, 해석 따로 하고 통박 따로 굴려선 장사는 글렀다. 그런 사람은 천릿길을 걸어 왔다가 다시 되돌아가는 거다.

본문에서 **your**가 꽉 튀어나왔다. 이게 우리말로 하려면 죽여주는 거다. 당신? 왠지 시비조인 것 같고, 아니면 부부 사이 같은 분위기고…. 영어의 you는 우리말로 치자면 당신, 그대, 너, 손님, 선생님, 귀하 등등이다. 할배도 너, 아부지도 너, 각하도 너, 임금도 너…. 야, 반말하니까 재밌다.

alarm은 비상 신호나 자명종을 말한다. 여러분 머리맡엔 뭐가 있나요? 애인 사진하고 자명종? 애인 사진은 좋은 꿈을 꾸게 하고 자명종은 악몽을 쫓아버리고. 자명종을 alarm clock이라고도 한다.

link는 '**연결하다**'. 그런데 **be linked to**가 되면 **수동태**니까 '…**에 연결되다**'. 수동태도 제작 방법만 알아두지 말고 제작 과정을 끝낸 완성품을 잘 알아야 실전이 두렵지 않고 더 좋은 상품을 만들 수 있다.

call은 뭣인가? 호텔에서 한잠 들어 있는데 wake-up call이라면서 따르릉 하던데, 그건 기상 전화. 전화기는 phone이라고 한다. 그러나 **전화가 오거나 거는 것 자체**는 **call**이다. 때로는 telephone call이라고도 한다. alarm call은 alarm 버튼을 눌러서 상대를 부르는 것.

handle은 손잡이. 이건 7천만 한민족 중에 20대 이상은 다 알고 있는 거다. 모르면 '어디 갔다 왔노?' 소리 듣는대이. 아, 당신은 모범택시 운전사라 handle에 대해 잘 안다고요? 그런데 **운전대**는 핸들이라고 하지 않고 **wheel**이라고 하는 거 몰라요? 계속 운전만 하세요.

일본 사람들은 우리보다 더 엉터리다. 그들은 핸들을 '핸도루' 라고, 호텔을 '호테루'라고 하니. 영어가 객지에서 참 고생이 많도다.

본문에서 **handle**의 얼굴 모습은 동사다. **동사로서는 '다루다, 취급하다, 처리하다'** 의 뜻으로 쓰인다. 요놈이 다시 **수동태**로 둔갑하여 **be handled**가 되면 **'취급되다'**.

trained ambulance staff는 훈련된 앰뷸런스 요원, 흔히 우리에게 익숙해진 말, **숙달된 조교**에 해당한다. 아이구, 무셔라! 숙달된 조교. 전봇대로 이 쑤시고, 밤송이로 화장지 한다던 그 양반들, 지금은 어느 땡볕 아래서 전봇대(개와 酎씨 아저씨 공용 화장실)를 뽑아대는지.

trained는 **과거분사가 형용사로 둔갑**하여 '훈련된, 숙달된'이란 뜻이 되었다. 과거분사는 수동태를 만들 때 사용되거나 수동의 뜻을 지닌 형용사로 사용된다.

staff는? 어디서 **Staff Only**라고 쓰여 있는 걸 못 보셨나요? 영화나 비디오에서라도? 못 봤다고요? 그러면 **'직원 외 금지'** 라는 말은 들어보셨지요? 여기에 해당되는 말이 바로 Staff Only로소이다.

2 ✹ 접속사, 조건절, 수동태

> Your personal, confidential file/**holds** your instructions and requirements/if your alarm **is activated**.
> 「귀하의 개인 신상, 비공개 파일이/귀하의 지시 사항이나 요구 사항을 갖고 있지요/귀하의 얼람이 울리는 경우」

→ 우리말다움과 문장 분위기를 맞추어 보자.

●「얼람이 울리면 신상 파일을 보고 귀하를 가장 적절하게 응급 처치하고 진료할 수 있는 방법을 알 수 있지요」 그러나 많이 비약된 해석이네요.

시험지 답안은 꼬랑지부터 적더라도 이해는 머리부터 삼켜라. 실컷 잡아놓고 꼬리부터 삼키려면 도마뱀처럼 끊고 도망가 버린다. 수십 년 동안 깨부수지 못한 한국인의 악습이 바로 영어 공부를 꼬랑지부터 하는 버릇이다. 소 꼬랑지보다는 닭 대가리를 선호하는 국민이면서도….

아마 여러분은 본문에 나오는 단어는 다 깨우쳤을는지도 모르겠다. 하지만 단어란 문장과 동고동락을 같이하는 친목회의 일원이다. 물론 단어 몇 마디+손짓+발짓+눈치+코치 하면 돈쓰는 일은 족하고도 남는다. 더욱이 자기 돈 쓰는 일이야 단어는커녕 아무것도 안해도 된다. 그러나 초콜릿 하나라도 얻어먹으려면 문제는 달라진다. 상대를 설득시켜야 하니까.

결론적으로 말해서 **단어와 문장을 동시에 공부**하자는 거다.

personal 개인의, "personal computer 있어요?" / **confidential** 이런 건 IMF나 6·25사변에 관한 백악관 문서에 많이 등장하는 단어. 그 뜻은 비밀의 / file 컴퓨터 파일이 어쩌고저쩌고. 요새는 X파일이 이러쿵저러쿵…. 그러고 보니 우리는 파일 세대구먼! X세대는 가고 파일 세대? / **hold** 갖고 있다, 보유하다, 유지하다 / instructions 안내 내용, 지시 사항 / requirements 요구 사항, 필요 사항 / activate 작동하다, **be activated** 는 작동되다

3 to부정사, 명령문, 접속사

> Your alarm is easy/to use. Just press the button/on the pendant//and we will do the rest.
> 「귀하의 얼람은 쉬워요/사용하기에. 버튼을 누르기만 하세요/펜던트에 있는//그리고 나머지는 우리가 알아서 할게요」

be+형용사+to~ 「…하기에 어떠하다」
이건 to부정사의 무슨 용법인가? to부정사의 부사적 용법으로

형용사를 수식하는 경우다.
　The gentleman is easy to talk to.「그 신사는 말 걸기가 쉽다」
　talk to … 에게 말을 걸다

예문을 하나 더 들어보자.
　This lake is dirty to swim in.「이 호수는 수영하기에 더럽다」
여러분은 **It … for ~ to**라는 구문을 기억할 것이다. 두들겨맞아 가면서 배웠으니까. 윗문장에서 it에 해당되는 말은 The gentleman이나 This lake다. 그러나 **for 다음**엔 **to부정사의 의미상의 주어**라고 하는 인물이 와야 한다. VIP나 특정 인물이 아닌 일반인이라서 냉큼 **생략**해 버렸다. to부정사도 꼬붕은 모시기 싫다는 것. 그래서 억울하면 출세하라고 했지.

그러나 생략하기 싫고 꼭 특정인(우리)을 집어넣어야겠다면 for는 전치사고 전치사 다음엔 목적어가 오므로,
　This lake is dirty (for us) to swim in.
자꾸 이러다간 독해가 문법 되겠다. 그런데 말이여, 기본 문법 없이 독해하려고 대들었다면 정말 간을 보자기에 싸서 들고 다니는 사람이 되는겨.

아무튼 '**…하기에 어떠하다**'는 구문을 돌돌 익혀두자. 그래야 코 큰 양반들이 **Pardon me?** 해도 식은 땀 흘리지 않는다. 옛날 우리 영어 선생님들은 마을에 평화봉사단이나 미군 병사가 나타나면 축지법으로 도망갔다나. 나중에 찾아보니 화장실에 한 시간 동안이나 앉아 있었다고…. 뭐했을까? 독서.

4 ✹ 접속사, 수동태

> The pendant is lightweight and waterproof/and can safely **be worn** in the shower.

> 「펜던트는 가볍고 방수도 되고/샤워할 때도 안전하게 낄 수 있지요.」

　　and면 다 똑같은 and냐? 아니다. 본문에서 그 사실을 증명하고 있다. 얼굴 모양은 같은데 하는 짓이 다르다니! 우리 집 쌍둥이 같구먼!
　　앞집의 and는 lightweight과 waterproof를 이어주지만, 뒷집의 and는 뭘까요? and 꽁무니를 보니까 조동사와 보금자리를 함께한 동사 동지들이 떼거지로 기거하고 있네요. 그렇다면 and는 결국 앞 문장의 동사 집안과 함께 같은 주인을 섬기고 있다.
　　문법적으로 따지면 쉬울 수도 있는 **be worn**이 머리에 잘 들어오질 않는다. 이건 왜 그럴까? 그건 당연히 문법은 알고 있지만 실전에 약하기 때문이다. **be worn**의 주어는 **The pendant**이다. 사물은 사람 아래다. 그래서 사람에 의해서 끼워지고 입혀지는 것. be worn은 **'끼워지다, 입혀지다'**.
　　입고, 쓰고, 끼고, 신는 것들은 모조리 wear다. 하물며 얼굴에 바르는 것까지 wear다. 그래서 오랜만에 냄새 좋은 향수를 바르고 나타나면 What are you wearing?이라며 코를 들이댄다. 이럴 때 '리바이스' 청바지를 입었노라고 대답하면? 아이구, 썰렁하구먼 그래.

5 ※ 접속사

> You may lease or purchase the Lifelink Alarm.
> 「귀하는 라이프링크 얼람을 세낼 수도 있고 구매할 수도 있어요.」

　　Lifelink Alarm은 **상품명**이니까 우리말로 억지로 옮길 필요가 없다. 김치를 영어로 억지로 옮길 필요가 없듯이….
lease「세내다」
purchase「구매하다」

예전에 金이 투자가치가 높다고 수입 왕창! 그러니까 대량으로 purchase를 했다 이거지. 그러더니 요새(1998년)는 금모으기 운동, 금을 모아서 헐값에 수출 왕창! 조상님들이 밑지는 장사는 하지 말랬는데…. 이러다 몽땅 팔아버리는 거 아니야? 그런데 자네 왜 그리 광분하나? 국회의원 금배지(badge) 못 만들까 봐서.

6 ✸ that의 생략

> Daily automatic self-testing ensures // your alarm is functioning satisfactorily.
> 「매일 자동 자가 테스팅은 확인시켜 줍니다//귀하의 얼람이 만족스럽게 작동하고 있는가를」

(삽입: *that*)

Daily automatic self-testing「매일 자동 자가 테스팅」
주어가 좀 길다.
이런 경우엔 **동사가 나타날 때까지** 쭉 읽어라. 그러면 문장의 맥이 확 잡히게 된다.

인간사는 모조리 맥이다. 광산엔 광맥이, 땅속엔 수맥이, 인체엔 혈맥이 존재한다. 따라서 인간사에선 인맥이… 그리고 문장에선 문맥이….

한 지붕 밑에 두 개씩 기거하는 동사?
원칙적으로 동사는 한 집(문장)에 하나씩 존재한다. 그러나 본문에서처럼 두 개의 동사가 존재하는 경우도 있다. 물론 일부다처제는 아니다. 주인이 하나 데리고 있고, 종이 하나 데리고 있다.
본문에서 **종절의 주인은 your alarm**인데 바로 앞엔 주절과 이어주는 **접속사가 빠졌다.** 이는 명사절을 이끄는 명장 **that의 불참** 때문이다. that은 심심하면 빠진다.
   function 「작동하다」
   satisfactorily 「만족스럽게」

7 💥 과거분사, 수동태

> For **added safety**/a back-up battery pack **is included**,/in case of power cuts.
> 「확실한 안전을 위해/보조 배터리 팩이 포함되어 있어요/전기가 나갔을 경우를 대비해서」

본문에서 여러 개의 단어로 뭉쳐진 어휘가 속속 얼굴을 보인다. 독해에선 이놈들의 얼굴 익히기가 중요하다. 잘 익혀놔야 속독을 중요시하는 오늘날의 시험에서 낭패를 안 본다. 잘못하면 옹헤야 콧노래 부르며 고속도로를 타다가도 갑자기 오솔길로 빠지는 수가 있다.

For added safety 「확실한 안전을 위하여」
'확실한'이란 뜻이 어디 있느냐고? 그런 뜻은 없지만 이놈들이 모여서 가만히 원형대로 존재하겠는가! 변치 않기로 유명한 다이아몬드도 섭씨 800도로 가열하면 이산화탄소로 변하는 판인데….

원래 add의 뜻은 '더하다'. 따라서 **added는 과거분사**로서 **수동의 뜻**을 지니게 되어 '**더해지는, 보태지는**'. 그리하여 For added safety는 더해지는 안전, 보태지는 안전.—너무 촌스럽다. 좀 세련되게. 보충 안전, 이중 안전 → 확실한 안전.

a back-up battery pack 이건 또 어느 가마에서 구워진 작품인가? 그렇다면 백업 파일을 옐친한테 물어볼까, 클린턴한테 물어볼까! 그런데 옐친은 술 먹자고 할 거고, 클린턴은 호텔로 가자 할 텐데. 컴퓨터에서 백업 파일, 백업 파일이라고들 하던데, 그렇다면 용

산 전자상가로 가야지. 결국, 용산에서 back-up file을 알아냈다. 그건 보조 파일. 그리하여 **a back-up battery pack**은 '**보조 배터리 팩**'.

include는 '포함하다'. 본문의 **be included**는 수동형이니까 '**포함되다**'.

in case of power cuts 「정전시에」

cuts가 복수형으로 된 이유는 정전이 한 번만 일어나라는 법이 없으니까 미리 -s를 꽉 붙여둔 것.

in case of 「…의 경우에」

power cuts 「정전」, power는 「전력」

Knowledge is power는? 아는 것이 전력이다?(바른 해석이 아님) 지하에서 주무시는 베이컨이 상당히 좋아하겠군! 새마을 사업이 잘 되었다고 말이지. power(힘)가 전력이 되었으니, 대단한 새마을 사업의 결과가 아닌가.

8 💥 to부정사

> We are happy/to arrange **a no-obligation-demonstration**/in your own home.
> 「우리는 기꺼이 합니다/구입 부담 없는 시범을 보이는 것을/귀하의 집에서」

약간 어색한 해석이 나오네요.

We're happy to do 「…하는 게 기쁘다, 기꺼이 …하다」

자주 등장하는 단골 손님이니 알아서 모셔야 돈 번대이.

a no-obligation-demonstration은 좀 어려운 말귀다. 게다가 천적인 **a와 no가** 앞뒤 좌석에 나란히 앉아 있다. a와 no가 왜 동석했을까? 그 이유를 따지기 전에 우선 간단한 관련 예문을 살펴

보 자. '나는 돈이 없어요'는 I have no money다. 이때 no는 not… any의 준말이다. 그래서 문장을 다시 쓰면 I don't have any money가 된다. 따라서 아무리 a의 신분이 고귀하다손 쳐도 앉을 좌석이 없다.

그렇다면 본문의 no-obligation-demonstration은 어떤 까닭에서일까? 아직도 모르겠지? 그렇다면 할 수 없군! 이때의 **no는 obligation에 달라붙은 진드기**다. 그래서 '**부담이 없는**'의 뜻이 된다. 그리고 **a는** obligation과 거래를 하는 게 아니라 비록 모타리가 작고 멀리 떨어져 있어도 **큰 놈과 상대**한다. 그렇다면 큰 놈은 누군가? 제일 꽁지에 붙은 **demonstration**이다.

obligation「의무, 책임」

a no-obligation-demonstration은 '**의무감 없는 시범**', 좀더 우리말에 가깝게 표현하면 '**구입 부담 없는 시범**'이 되겠네요. 그러니까 돈 안 받고 집에까지 가서 무료 시범을 보여주겠다는 말이다. 고객의 입장에선 일단 물건을 봐야 사고픈 맘이 생기지. 그놈들도 견물생심(見物生心)을 아는 모양이군!

9 ※ 접속사

> Lifelink customers have/free membership of the Emergency Ambulance Scheme/for themselves **and** their spouses.
> 「라이프링크 고객들은 가져요/비상 앰뷸런스 스킴의 무료 멤버십을/자신들과 자신들의 배우자를 위한」

토막으로 끊으려니 그럴 만한 곳이 별로 없다.
the Emergency Ambulance Scheme은 일종의 상품 품목이

기 때문에 특별한 우리말 해석이 필요 없다. 그대로 두고 이해하면 되겠다. '충무할매김밥'을 코 큰 사람들이 ChungMoo Grandma's Rice with Seaweed… 어쩌고저쩌고 하면 결국 한국말도 객지에서 고생하게 돼요.

membership은 골프하는 분들한테 물어보면 금방 알 수 있죠. 골프 회원권이라고 하는 게 바로 골프 멤버십 카드다. 그놈의 골프… 뉴욕이나 뉴저지, 오클랜드 골프장엔 절반 이상이 한국 사람이라고. 유럽의 많은 골프장에선 '한국 사람 사절'이라고 써붙여 놓았다나. 그도 그럴 것이 골프장에만 들어서면 곰발바닥 내기, 보신탕 내기 등을 마구 해대니까.

spouses「배우자들」

나의 배우자는 어디에 있나? → 나의 사랑은 어디에 있나? 바다에 있지. 그녀는 mermaid이거든. 뭐뭐? 머메이드 말이야. 꼬랑지는 물고기요, 윗도리는 사람. 아이구, 물고기 먹고 싶어라! Splash(풍덩)!

With You 24 Hours, Every Day!

Your alarm **is linked** directly to the St. John Ambulance Control Room, so your alarm call **is handled** by trained ambulance staff.
Your personal, confidential file **holds** your instructions and requirements if your alarm **is activated**.

Your alarm **is easy to** use. Just press the button on the pendant and **we will do the rest.**
The pendant is lightweight and waterproof and can safely **be worn** in the shower.
You may lease or purchase the Lifelink Alarm.
Daily automatic self-testing ensures your alarm is functioning satisfactorily.
For **added safety** a back-up battery pack **is included**, in case of power cuts.
We are happy to arrange **a no-obligation-demonstration** in your own home.
Lifelink customers have free membership of the Emergency Ambulance Scheme for themselves **and** their spouses.

2. A Service by St. John

take advantage of 이용하다.

뛰어남, 유리함,
우세, 우월
유리한점, 장점

1 명령형, 수동태

> **Consider**/the advantages and total service/**offered by** St. John.
> 「고려해 보세요/혜택과 종합 서비스를/St. John에 의해서 제공되는」

여러분이 직접 해석해 보세요. 계속 차려주는 밥만 먹으면 홀아비 돼서 굶는답니다. 미리부터 홀로 서기 연습을 해야지, 90도로는 못 서도 23.5도의 지축 수준은 될 게 아닌가.

잘 안되나? 그러면 묶어뿌래라.

동사가 첫 손님이니 이건 **명령형**이다.

명령형은 주어가 상대방, 즉 **you**다. 바로 앞에 있는 사람 보고 you, you 할 필요 없다는 거지. 그래서 생략. 동사는 **consider**, 목적어는 the advantages and total service, 그리고 자신 원래의 모습을 둔갑시켜 가면서까지 목적어를 꾸며주고 있는 offered by St.

John이 있다.
   offered by 같은 짧은 유형의 문구를 잘 익혀두자. 물론 수동형에서 튀어나온 토막으로 이해해도 되지만….
   written by 「…에 의해서 **쓰여진**(쓰여지는)」
   sung by 「…에 의해서 **불려진**(불려지는)」
   sung by는 서울가요제니, 아시아가요제니 등에서 많이 들어들 보았지요? sung은 과거분사형. sing-sang(sung)-sung의 변화.

2 ※ 조건절, 수동태, 동명사

> If you or your family **are worried**/about **you living** alone,/or **having** a medical condition/that could need emergency help,/then the St. John Lifelink Pendant Alarm can ease your worries.
> 「본인이나 가족이 걱정하고 있다면/귀하가 혼자 살거나/건강 문제를 가진 것을/응급 조치를 필요로 하는/St. John Lifelink Pendant Alarm이 걱정을 덜어줄 수 있어요」

   본문의 **if절**에서 주어의 범위를 찾아라. 주어의 영역은 동사의 앞마당까지다. 그런 줄 알고 달려가 보니 are worried가 나타났다. 그렇다면 주어는 you or your family 요놈들이다.
   여러분 중엔 아마도 **worry와 be worried의 차이점**에 대해 궁금해 하는 분이 있을 줄로 안다. 《두 번만 읽으면 끝나는 영문법》을 접한 독자라면 **marry와 be married**의 차이점을 기억할 것이다. 혹시 빠뜨렸다면 잔소리를 한마디 더 보태자.
   '**결혼했어요?**' 하고 상대에게 묻는 건 '숙제했어요?' 하고 묻는 것과는 다르다. '숙제했어요?'는 Did you do your homework?라고 하면 된다. 그러나 '결혼했어요?'는 과거에 결혼했느냐는 말이 아니라 지금 결혼해서 살고 있느냐고 묻는, 다시 말해 문법적인 용어를 빌리자면 **지금 결혼해서 살고 있는 상태**냐는 뜻이다. 우리말로 하니 우스꽝스럽기 짝이 없다. 어쨌든 여기에 해당하는 영어 표현은 Are you married?다.

그러나 '당신은 작년에 결혼했어요?' 는 동작이다. 이건 Did you marry last year?가 된다.

그렇다면 비슷한 경우에 속하는 worry와 be worried도 충분히 이해되리라 믿는다. 그래도 오락가락하는 분은 toll free number로…0800+???

영어에서도 유유상종(類類相從)이 통한다. 본문에서 접속사 or 꽁지엔 **having**이 왔다. 그렇다면 대가리에도 -ing가 붙은 **living**이 와야 한다는 거다. 이건 마치 권투에서 알리와 홍수환 선수가 붙어서는 안된다는 이치와 같다.

본문의 두 동명사는 다 you를 주인으로 모시고 있다. 이때 **you는 동명사의 의미상 주어**로서 대명사인 경우엔 소유격이나 소유격이 아닌 **주격 형태**로 와도 좋다는 정부 허가를 받았다.

medical condition「건강상태」

진료와 관련된 건강 문제 바로 뒤에 could가 온 건 응급 조치가 꼭 필요한 게 아니라 필요할 수도 있다는 가능성을 나타내죠. 이건 나중에 또 출연합니다.

emergency help「응급 조치, 혹은 긴급 대응」

'**병원의 응급실**' 은 **emergency room**이다. 그런데 옆방에 보니까 delivery room이라고 있다. 이건 편지를 배달하는 곳? 하기야 무역 회사에서 정리해고 당했으니 '딜리버리' 가 귀에 쟁쟁, 눈에 쌈쌈하겠지. 그런데 아직 아기는 안 낳아봤는가 봐. **delivery room**은 '**분만실**'.

pendant alarm은 목에 거는 얼람이란 말이죠. 목에 걸어 액세서리도 되고 급할 땐 목숨도 구해주는 구세주가 되다니….

ease your worries「당신의 염려를 덜어주다」

ease는 '(근심이나 걱정 따위를) 덜어주다', 문법적으로 '걱정'과 같은 추상명사는 셀 수 없다. 그러나 **걱정도 여러 가지**면 위에서처럼 **worries**로 된다. 기억하시라.

3 ※ 접속사, 분사구문

> You can maintain your independence/**and** feel totally secure,//**knowing help** is available at the touch of a button.
> 「귀하의 독립된 생활을 유지할 수 있어요/그리고 확실히 안정감을 느낄 수 있고/버튼을 누르면 도움을 청할 수 있다는 사실을 알고 있음에 따라」

접속사 and의 꽁무니를 보니 동사 feel이 붙어 있다. 그렇다면 뒷동네 동사와 앞동네 동사를 주시해야지. 찾아보니 maintain이 있다.

결국 **You can**이 maintain과 feel의 식구들을 모조리 거느리는 셈이다. 따라서 **뒤따르는 feel 식구 앞**엔 you can을 다시 쓸 필요가 없다. **생략이 가능**하기 때문이다.

maintain your independence「귀하의 독립을 유지하다」
그러니까 '**홀로 산다(자립한다)**'는 뜻이 되네요. 서양인들에겐 독립이 생명이다. 그런 그들에게 '한 지붕 세 가족'은 희랍 신화다.

maintain「유지하다, 지탱하다」

independence「독립」 dependence는 의존

feel secure「안정감을 느끼다」 secure는 동사로도 쓰이지만 **형용사로도 쓰임**을 염두에 둬야겠다. 언뜻 보기엔 형용사 냄새가

전혀 풍기지 않는 놈이다.

secure「안전한, 보호된, 안전을 보증하는, 믿을 수 있는, 걱정 안 하는, 안심하고 있는」

knowing help 분사구문이 나왔다. 참으로 편리한 도구다.

분사구문은 **접속사+대명사**의 역할을 한다. 그러나 접속사나 대명사의 흔적은 사라지고, 대신 분사가 그들의 자리를 차고 앉는다. 분사란 언뜻 머리에 와닿지 않는 말일 수도 있다. 그러나 현재분사니 과거분사니 하는 따위를 들이대면 고개를 끄덕일 것이다.

현재분사로 둔갑한 본문의 knowing의 원래 얼굴 모양을 찾아보자. **if you know**로 하면 말이 통한다. 분사구문의 용도는 다양하여 항상 '만약 …이라면'의 뜻으로만 되는 건 아니다. 그건 나중으로 미뤄보세.

available「이용 가능한」

남녀 사이에 **Are you available?**이라고 한다면 **'임자 없니?'** 그러니까 내가 한번 도전해도 되느냐 식의 질문이다. 그러나 때로는 **'시간이 있느냐?'** 는 뜻으로도 쓰인다. 다시 말해 도움이 필요할 때 미리 물어보는 뜻이 될 수도 있다. 여러 가지로 응용되어 사용되니 잘 알아두세요.

at the touch of a button「버튼 하나를 눌러서, 단추 하나만 누르면」

4 💥 조건절, 명령형, 접속사

> If you need our help,//just press/the pendant alarm or the call button/on the master unit.
> 「저희의 도움이 필요하면/누르기만 하세요/펜던트 얼람이나 콜 버튼을/마스터 유니트에 있는」

종절이 선두에 나섰다. 그래서 **주절과 차별하기 위해 콤마(,)**를 찍었다.

just press 영어 문장에서 just는 약방의 감초다. 어디 안 덤비는 데가 없어서 하는 말이다. 문장에 따라 여러 가지 뜻으로 둔갑할 수 있는 능력 있는 단어다. Just press!라고 하면 '누르기만 하세요.' 결혼식을 마친 couple이 차 뒷유리에 **Just married**라고 붙여놓은 건 **'갓(막) 결혼한 커플'**이란 뜻이다. Just married를 붙이고 다니는 건 좋은데 휴지를 둘둘 감고 빈 깡통을 딸랑딸랑 끌고 달리는 건 무슨 영문인가? 그런데 이런 일이 Seoul, Korea거리에 등장하다니….

접속사 or는 무엇인가! 접속사란 중매쟁이다. 여러분이 밝혀야 할 건 이 중매쟁이가 누구와 누구를 짝짓기하고 있는가다. 말하자면 일종의 private eye(사설 탐정)역할을 해야 한다. 한 가지 요령을 가르쳐드리겠다. 이미 몇 번 간접 언급한 적이 있었는데, 중매쟁이 꽁무니에 누가 붙어 있는가를 보면 된다. 본문에선 the call button이 붙어 있다. 그렇다면 or 뒤는 명사며 앞집의 명사가 뒷집 명사와 짝짓기를 한다.

등위접속사 and, but, or, so, for는 끼리끼리 맺어준다. 뒤에 오는 놈이 명사면 앞에도 명사, 동명사면 동명사, to부정사면 to부정사. 보아하니 or 앞엔 the pendant alarm이 있지 않은가! 그래서 요놈들을 한 꾸러미로 묶어버렸지.

on the master unit「마스터 유니트 위에 있는」
그런데 저 녀석은 왜 나보고 Master, Master 하면서 따라다니지? 부르스 리로 착각한 모양이군! 이때의 마스터는 '사부님, 대가, 달인' 등의 뜻이다.

Master Degree는 석사 학위고, Master of Arts는 문학 석사, Master of Science는 이학 석사다.

그리고 master key란 것도 있지. 이것만 있으면 아파트 방방마다 들어갈 수 있다. 도선생이 좋아하는 거다.

5 💥 접속사, to부정사

> This will **result in**/a short, audible alarm/and **an easy-to-see signal light**/on the master unit.
> 「이건 발생시킬 것입니다/짧게 잘 들리는 얼람과/쉽게 볼 수 있는 시그널 라이트를/마스터 유니트에 있는」

This will result in a short, audible alarm에서 우선 This란 인물이 무엇을 의미하는지 파악하는 게 중요하다. 영어에선 물건도 this, 동물도 this, 사람도 this다. 그래서 때론 레이건도 this, 힐러리도 this가 될 수 있다고. 하지만 우리 나라에서 아부지보고 '이것'이라고 했다간 후레자식 되고 대통령보고 this라고 했다간 서빙고 지하에 끌려가 발가벗고 쪼골뛰기 한다.

그건 그렇고 본문의 This는 무엇인가? 앞문장을 봐야 알쟤이.

그러면 뒤로 빠꾸하자. This가 가리키는 인물은 마스터 유니트에 있는 펜던트 얼람이나 콜 버튼을 누르는 일이다.

result in 「…을 초래하다, …을 발생시키다」
a short, audible alarm 「짤막하고 들릴 만한 경보음」
audible 「들릴 만한, 들을 수 있는」 들리는

다음 출연자를 주목하라. 이놈은 도무지 얼굴 형체를 알아볼 수가 없을 지경이구먼!

an easy-to-see signal light 「보기 쉬운 신호(불), 알아보기 쉬운 신호(불)」

easy(쉬운, 용이한, 편안한)는 형용사인데 부정관사 an이 붙었다. 관사 뒤에 명사가 오면 문제가 무난히 해결될 텐데. 그런데 to부정사 몰골이 튀어나왔다. 아이구, 당황하고 싶구나.

보라, 여기에 열쇠가 있다. **easy-to-see**를 한 묶음으로 묶어버리자. 오올치다. '보기 쉬운, 알기 쉬운, 눈치채기 쉬운' 이 되네. 이것을 하나의 형용사로 보면 된다.

6 ※ 완료형 수동태

> We will ring to check // **that** the alarm has not been pushed/by mistake.
> 「저희는 점검하기 위해서 전화를 합니다/얼람이 눌려지지 않았는가를/실수로」

ring은 권투장도 ring, 반지도 ring.
에밀레 종은 에밀레, 에밀레, 에미이을, 미이을, 이을, 을을…. 노트르담 성당 종은 ring ring ring 잉잉잉….
ring은 '**전화하다**' 란 말로도 쓰인다.
그런데 **Give me a ring**은 뭘까요? 어찌 들으면 결혼 반지 해달라, 그러니까 결혼하자? 그럴듯도 한데 **보통 '전화해라'** 는 뜻으로 쓰인다.
to check 「점검하기 위해서」
'…하기 위해서' 는 to부정사의 부사적 용법 중 목적을 나타낸다.
it이나 this와는 달리 **that**은 상당히 발이 넓다. 지시대명사나 지시형용사뿐만 아니라 접속사로도 위세를 떨치고 있다. 대부분 대갓집, 그러니까 문장과 문장을 접속해 주는 역할을 한다. 그리고 목적절을 이끄는 that은 결석을 밥먹듯 해도 뭐라고 하는 사람 없다. 생략해도 된다는 말이다.
has not been pushed 완료형 수동태의 등장!
완료형은 have+과거분사요, 수동태는 be+과거분사니끼니 조동사 have를 앞장세우고 보태기하면, have+과거분사+be+과거분사가 된다. 결국 **have+been+pp**가 탄생한다. 본문에서 완료형을 쓴 이유는 점검할 때를 기준으로 해서 완료된 일을 나타내기 때문이다.

by mistake 「실수로」

이런 건 마 외워뿌래라. 10억 개의 뇌세포를 잠재워뒀다 뭐 하려고. 기껏 써봤자 10~15퍼센트밖에 사용 못한다는데. 세포 한 개가 한 단어씩 책임져도 10억 개. 단어만 외우다가 가는구나! 허무하도다!

7💥 조건절, 명령형, 미래형

> If you cannot answer the phone,//don't worry,/we will **be on the way.**
> 「만약 전화를 못 받는다면//염려 마세요/저희가 달려갈 테니까요.」

문장 세 개가 콤마를 경계로 늘어서 있다. 이런 경우도 있다는 사실을 알아두자.

answer the phone은 전화에 답하다, 그러니까 **'전화를 받다'**. 누가 와서 대문을 노크할 때 **Answer the door**라고 하면 **'문에 누가 왔으니까 나가봐'** 란 뜻.

be on the way 길 위에 있다? 전화를 받으면서도 We'll be on the way. '그러니까 곧 갈게요.'

way를 본 김에 한 가지 더 알아두자. 길가 표지판에, 특히 인터체인지 등에 **GIVE WAY**라고 쓰인 글이 있다. 이건 **양보하라**는 뜻이다. 미국에선 주로 **YIELD**를 쓰는데 영국을 위시한 호주, 뉴질랜드 등에서는 GIVE WAY를 쓴다.

8 ※ 접속사, 수동태

> Your details and instructions/**are held on** a confidential file.
> 「귀하의 자세한 내용과 지시 사항은/비밀 파일에 보관되어 있어요」

and가 앞집 뒷집을 묶어서 '주어' 라는 감투를 씌워줬네요.
be held on「…에 보관되다」
hold '유지하다, 보관하다'. 배구할 때 **홀딩** 알아요? 공을 순간적으로 거머쥐었다 이거지요. **be held '개최되다'** 는 뜻도 있죠.

confidential file「비밀 파일」
confidential「비밀의」

철수가 tuna를 낚으려면 낚싯대가 필요하다. 왜냐? tuna는 물고기(참치)니까. 그러나 혜수가 해리를 낚으려면 비밀 박스가 필요하다. 사랑은 서로의 비밀을 발견하는 흥미에서 출발하니까.

육체적인 비밀의 벽 뒤엔 정신적인 비밀이 있다. 정신적인 비밀은 여러 겹의 양파 껍질로 이뤄져 있다. 이것의 수명은 그대의 관리 능력에 달려 있다. 잘 관리하면 수명이 긴, 성공적인 사랑을 이룰 수 있다. 금고도, 판도라 상자도, 블랙 박스도 속을 비워버리면 소용이 없다. 당신에게서 속을 비워버리면 장미꽃 내음은 사라지고 암흑의 중세가 돌입한다. 그대여, confidential file을 잘 관리하시오 (사랑학 강의).

9 ※ 조건절, 수동태

> If your alarm is activated,//we will send our highly

> trained staff immediately,/contact your family, neighbor, friend or doctor;//whatever you **want us to do**, we will do
>
> 「만약 얼람이 작동되면//저희는 고도로 훈련된 요원을 즉각 보내고/가족, 이웃, 친구 또는 의사에게 연락을 취할 것입니다;/귀하가 원하는 일이면 무엇이든지, 저희는 할 거예요」

종절이 있고 주절이 있고 또 끝에 종절이 하나 더 붙었다. 하지만 염려할 필요는 전혀 없다. 묶음 정리를 제대로 하면 된다.

be activated 「작동되다」
수동태 문장이지만 by 이하는 생략해 버렸다. 그 이유는? 생략해도 괜찮으니까. 괜찮은 이유는? 안 밝혀도 알 수 있으니까.
active '활동적인', 반대말은 inactive.

highly trained staff 「고도로 훈련된 요원」

immediately 「즉시, 즉각」
contact는 앞동네의 send와 동급생으로서 함께 힘을 합쳐 we will을 모시고 있네요. 그리고 contact의 목적어는 your family, neighbor, friend, doctor인데 **or**로 연결되어 있다. 일일이 or가 붙어 있지 않는 건 하나만으로도 충분하기 때문. 실컷 **콤마로 연결하다가 꽁무니에 하나만** 달랑 붙이면 된다. 이건 and와 마찬가지다.

whatever 「무엇이든(지)」
-ever꼬리가 붙은 단어들은 whenever, whichever, wherever, however 등.

want us to do 우리가 「…하도록 원하다」
이 말은 얄미울 정도로 자주 등장하는 말이다. 이놈은 말의 분위기를 부드럽게 하는 마력을 지니고 있다. **I want you to kneel down**이라고 하면 '**무릎 꿇어!**' 보다 훨씬 **부드**

럽게 들린다. kneel down은 '무릎 꿇다'.

10 ※ 미래형, 부사구

> The St. John Lifelink Pendant Alarm will work / **any-where** in your house or garden.
> 「St. John Lifelink Pendant Alarm은 작동할 것입니다 / 집 안이나 정원 어디에서든」

work 「작동하다」 기계가 일하는 건 작동하는 것이지요.
anywhere 「어디서라도」
somewhere는 '어디선가'. any가 붙으면 의미가 강조된다. anywhere가 in your house or garden 앞에 붙어서 집과 정원 안으로 범위가 제한되고 있지요. or는 꽁무니에 명사가 왔으니 앞집에도 명사, 그렇다면 명사와 명사를 연결하는 책무를 띠고 있다. 그리고 or 앞에 붙은 in your를 house와 garden이 나눠먹고 있네요.

11 ※ 조건절, 접속사, 명령형

> **If** you fall inside or outside / **and** cannot get up, // **just** press the button / on the pendant / and we will be there.
> 「귀하가 집 안이나 집 밖에서 넘어지면 / 그리고 일어날 수 없다면, // 버튼을 누르기만 하세요 / 펜던트 위에 있는 / 그러면 저희가 달려가죠」

본문을 쭈욱 읽어보자. 공부하고 재미보고, 그러다가 출세해서 돈 벌고…. 꿩 먹고 알 먹고, 도랑 치고 가재 잡고, 선탠 하고 반지

줍고, 국 쏟고 개미 잡고. 야, 신난다. 그래서 공부가 증권보다 낫다 아이가.

돈 들지, 스트레스는 쌓이고, 성공한다는 보장도 없지. 그라믄 당장 집어치워요. 국회의원 될 꿈을 꿔도 통반장 되기 힘든데 꿈도 희망도 없이 절망, 낙망에다 노망까지!

자, 아이스콜드 워터 마시고 정신차립시다.

본문으로 돌아가서. **접속사 or**는 inside와 outside를 이어준다. 그리고, **접속사 and**는 꽁무니에 동사를 달고 있다. 따라서 이놈은 앞집 동사와 뒷집 동사를 중매한다. 그래서 이들 커플은 **같은 주인 you**를 모시게 된다.

inside or outside 「안에서나 밖에서」
이 말은 '집 안에서나 집 밖에서'의 뜻.

just press the button 「단추(버튼)를 누르기만 하라」
just가 붙어서 뜻이 어떻게 되는지 잘 살펴보기 바란다.

the button on the pendant 「펜던트 위에 있는 단추(버튼)」
본문은 명령문과 비명령문이 섞여서 출연했다. 이런 건 보면 저절로 알게 되는데.

명령문+and=…하라, 그러면 …할 것이다

명령문이 출연하고 끝문장 앞에 and가 나왔지요? 이 경우의 and는 뜻이 뭐 어쩌고저쩌고. 왜 그럴까요? That's important.

핑계 없는 무덤이 없다고들 하는데, 요즘은 명령문 뒤에 왔다는 핑계로 그 뜻이 원래의 '그리고'에서 '그러면'으로 바뀐다. 생다지로 빡빡 외우려면 뇌세포가 10억 개 미만으로 줄어든다. 해석을 제대로 하면 저절로 '그러면'이 된다.

and we'll be there. 직역하면, 그러면 우리는 거기에 있을 것이다'로 되지요. 이건 우리말과 표현의 차이에서 생겨나는 말이다. 출발도 안해 놓고 거기에 있겠다고 했으니, **「저희가 곧 거기로 가겠습니다」**라는 뜻이다.

이런 기본적인 것들만 차곡차곡 쌓아두면 여러분이 왜 영어를 다이애너나 존 덴버, 마를린 먼로보다 못하겠어요? 김치 먹은 혓바닥과 버터 먹은 혓바닥이 달라서? 야야, 김치 즐겨 먹는 노랑머리도 영어만 잘하더라. 다시 말해 '영어 실력은 혓바닥에 달려 있는 게 아니다' 란 말씀이오.

되돌아 보기

A Service by St. John

Consider the advantages and total service **offered by** St. John.

If you or your family **are worried** about **you living** alone, or **having** a medical condition that could need emergency help, then the St. John Lifelink Pendant Alarm can ease your worries.

You can maintain your independence and feel **totally** secure, **knowing help** is available at the touch of a button.

If you need our help, just press the pendant alarm or the call button **on** the master unit.

This will **result in** a short, audible alarm, and **an easy-to-see signal light** on the master unit.

We will ring to check **that** the alarm has not been pushed by mistake.

If you cannot answer the phone, don't worry, <u>we will be on the way.</u> Your <u>details</u> and <u>instructions</u> **are held on** a confidential <u>file</u>.
If your alarm is activated, we will send our highly trained staff immediately, contact your family, neighbor, friend or doctor ; whatever you **want us to do**, we will do.
The St. John Lifelink Pendant Alarm will work **anywhere** in your house or garden.
If you fall inside or outside **and** cannot get up, just press the button on the pendant and we will be there.

3. How to Purchase SJLPA?

1 ✸ 접속사

> There are no **hidden charges**/or installation costs.
> 「숨은 비용은 없어요/또한 설치 비용도」

여러분께 선포하노라! 중요한 사실을.

여러분은 There is…나 There are… 구문은 이미 오래 전에 구경은 했을 걸로 믿는다. 그러나 실력은 아직도 제자리?

「그놈의 고양이가 내 침대 위에 있어요」

→ There is the cat on my bed.(×)

이 문장이 과연 맞는 문장일까? 틀렸다. 왜 틀렸을까? 생각 좀 해봐요. 고양이가 맘에 안 들면 그들로 할까?

→ There are they on my bed.(×)

이 문장은 맞아요? 침대 얘기만 나오면 괜히 정신이 없구먼! 이유가 뭔데? 아, 침대는 가구가 아니라 과학이라고 해서. 여러분이 가구점에 가서 '과학 사러 왔어요' 하니까 가구점 주인이 옆집 수족

관에 가보라고 했다지, 아마.

There is …, There are … 구문은 화제에 아직 오르지 않은 사람이나 사물을 화제에 올리면서 '…가 있어요'라고 할 때 사용되는 말이다.

다이애나가 죽고 난 뒤 더 유명해진 엘튼 존. 그가 어떤 여학생 꿈속에 나타났다. 그것도 수업 시간 중에. 수업 시간 중에? 그래, 그녀는 눈뜨고 꿈꾸는 여자니까. 여하튼 그녀는 There is Elton John in my room (×)이라고 소리쳤다. 글쎄, 헛소리도 문법에 맞게 해야지.

Elton John is in my room이 맞는 말이다.

위에서 **they, Elton John**은 모두 **이미 화제에 오른 사물이나 사람**을 칭할 때 쓰이는 말이다. 앞에 등장하지도 않았는데 어찌 그, 그들이라고 지칭할 수 있으며, 엘튼 존이란 인물을 알지도 못하는데 어찌 엘튼 존 얘기를 할 수 있단 말인가!

or 뒤에 명사가 왔군요. 그렇다면 or는 명사와 명사를 엮어주려고 음모를 꾸미고 있겠군요. 앞동네 명사는 hidden charges, 뒷동네 명사는 installation costs. or가 주례로서 신랑 신부 입장을 소리 높여 외치고….

그런데 **no는** 뭔가? 가만 보니 이놈이 앞뒤 명사에게 혜택을 골고루 주고 있네요. 인심 쓴다 이거지.

본문에서 **charges**와 **costs**가 둘 다 꼬리에 –s를 달고 있어요. 그렇다면 복수라는 의미. 좀더 구체적으로 말하면 숨은 비용이 몇 가지가 될 수 있고, 설치비도 몇 가지가 될 수 있다는 얘기.

hidden charges는 문자 그대로, '**숨겨진 비용**', 그러니까 광고할 때는 free라고 했다가 막상 물건을 달라고 하니까 그저 주긴 하는데 돈을 내야 된다고 한다던가? 다시 말해 바겐 세일 한다고 해놓고 막상 가보니 바가지 세일을.

2 ✹ 수동태, 조건절

> The St. John Lifelink Pendant Alarm/can be installed very quickly/**providing** you have
> - a push-button telephone
> - a telephone on a jack point
> - a power point near the telephone
>
> 「St. John Lifelink Pendant Alarm은/아주 신속히 설치될 수 있어요/…만 갖고 있다면
> - 푸시 버튼 전화기
> - 잭 포인트에 달린 전화기
> - 전화기 가까이에 전기콘센트」

→ 세 문장 중 한 놈만 대표로 조립을 해보도록 하자.

The St. John Lifelink Pendant Alarm/can be installed very quickly/**providing** you have a push-button telephone.

주어가 길다고 해서 걱정 마라. 大頭(큰 머리)라고 대박(큰 박치기)이냐, 우등생이냐? 알고 보니 모두 空頭였다.

주어를 처치하고 안심하고 달려가니 금세 브레이크가 꽉 걸린다. 그 이유는 providing이란 인물이 문장 앞에 똬리를 틀고 앉아 있기 때문이다. 이놈의 예약석이 바로 여기던가! 아니면 비밀 아지트를 마련했단 말인가!

providing이란 놈은 《삼국지》의 동탁과 같은 인물이다. 뇌물을 바치고 if와 계약을 맺은 거다. 남들은 더 많은 로열티를 지불해도 불가능한 일을…. 아무튼 providing이 원하는 뇌물의 대가는 if와 같은 의미로 쓰이게 해달라는 상표권이다. 결국 성공하여 **if** = **providing**이란 사실을 세계 만방에 선포했다. 그러자 providing과는 꿍무니가 달라 잠자코 있던 provided까지 들고 일어섰다. 그러

자 if는 이놈에게까지 자신의 의미를 가질 수 있는 권리를 부여했다.
　그래서 결국 **if=providing=provided**라는 등식이 성립되었다. 기억해 두자. 셋은 같은 의미로 쓰인다. 그래서 providing you have a push button telephone은 '푸시 버튼 전화기를 갖고 있다면' 이 된다.
　a push button telephone 「누르는 버튼이 달린 전화기」
　a telephone on a jack point 「잭 포인트에 달린 전화기」
　a jack point는 '잭을 꽂는 곳' 이다. jack은 '플러그 따위를 꽂는 구멍' 을 말한다. 구멍이라고 하니 금세 머리에 들어온다고? 그래 아버지가 골프광이라서, hole in one을! 홀인원은 한 번에 구멍에 집어넣는 것을 말한다. 알고 보면 인생살이란 모조리 구멍에 집어넣는 일이다. 축구도, 농구도, 핸드볼도.
　a power point near the telephone 「전화기 가까이에 있는 전기 콘센트」
　a power point는 '벽에 붙은 콘센트' 다. power는 '전력' 이요, point는 '장소' 다.

3 ✹ there is(are)…, to부정사

> There are two ways/**to obtain** a St. John Lifelink Pendant Alarm.
> 「두 가지 방법이 있어요/SJLPA를 구입하기 위한」

　there is(are)…에 대해선 앞에서 언급했기에 여기선 생략한다. 그리고 제품명이 상당히 길다. 이놈은 이미 출연한 놈이니까 간단히 줄여서 SJLPA로 표기했다. 뭐든지 여러 번 하다 보면 꾀가 생기는 법!
　two ways to obtain은 '**구입하기 위한 두 가지 방법**', 따라서

1. SJLPA　45

이때 to부정사의 용법은 **형용사적 용법**이죠. to부정사 앞에는 수식해 줄 명사가 와야 한다. 따라서 명사에게 옷을 입혀주는 건 형용사다.

4 ※ 수동태, 동명사, 조건절

> It can **be purchased** outright/plus a weekly monitoring fee//or if you prefer to lease the unit,/the weekly charge covers the complete service.
> 「즉석에서 구입할 수 있어요/주당 운영비를 합해서//또는 상품을 세내고 싶다면/주당 운영비를 내면 완전 서비스가 이루어지지요」

숨도 안 쉬고 수동태가 목을 꽉 조인다. 또 걱정이다. 이놈의 인생, 산 넘고 산이요, 강 건너 강이라고 했던가! 넘고 넘어서 이러다가 죽음의 고개를 넘으면 황천길이다. 皇天길인가? 荒天길인가? 黃泉길인가? 아무튼 그날이 다할 때까지 사과나무를 부지런히 심어보자. 그런데 국광, 홍옥, 골덴, 부사,… 어느 걸 심지?

본문을 일단 모타리별로 나누자.

접속사 or 뒤엔 문장이 왔네요. 그렇다면 **or는 앞뒷집의 문장을 중매**한다. 왜냐면 or는 대등한 관계의 인물들을 맺어주는 등위접속사니까. 그리고 if절은 종절인데, 제일 끝문장의 주인을 섬기고 있다.

수동태로 들어가 보자.
수동태의 핵심은 be+pp다.
It can be purchased outright 「그건(언급된 상품) 즉석에서 구입될 수 있어요」
purchase outright 「즉석에서 구입하다」

purchase는 buy와 뜻이 같다.
outright 「곧, 당장, 즉시」
plus는 수학에서 자주 등장하는 단어다. 일단 안면이라도 있으니 포근한 감이 든다. 하지만 안면만으론 부족하죠. 접속사 and와 비스므리하지 않을까 해서 꽁지의 a weekly monitoring fee와 짝을 이룰 만한 인물을 두 눈을 부릅뜨고 둘러봐도 없다. 그렇다면 plus는 무얼까? 점쟁이한테 물어볼까? 그런데 한국 점쟁이는 모른대.
본문의 plus는 접속사가 아니다. 그렇다면 뭔가? **전치사**다. 따라서 그 뜻도 전치사답게.
plus 「…에 덧붙여서, …을 더하여」
이 정도에선 해석이 가능하다.
plus a weekly monitoring fee 「주당 관리비를 포함해서」
a weekly monitoring fee 「주당 운영비」
monitor는 '감시하다, 조정하다'.
prefer to 요놈도 참 재밌는 말입죠. to 다음에 동사의 원형이 와서 to부정사가 된다. 그 뜻은 **'차라리 …을 택하다, (오히려) …을 좋아하다'**.
그런데 prefer란 놈이 비교급으로 쓰이면 좀 색다른 면을 지니게 된다. 예를 들면 '나는 soup보다 김치를 더 좋아한다'는 I prefer Kimchee to soup으로 한다는 거다. 흔히 **'…보다'는 than**이라고만 알고 있는데 이런 식으로 to가 대신하니까 어리둥절해진다. 그래서 이놈은 알아모셔야 할 요주의 인물이다.
prefer A to B 「A를 B보다 좋아하다」
lease 「빌리다, 임대하다, 임대 기간이나 임대 계약」
그러면 rent는 뭘까? 이건 사무실이나 건물, 집 따위의 '임대료'를 뜻한다. 반면에 lease는 주로 '임대 기간'을 말하는 것.
charge 「비용」
건전지를 charge한다고 하면 **'충전하다'**, 조조가 백만 장정들에게 Charge!라고 외쳤다면 '**돌격!**'이란 뜻.
　cover「감당하다, 맡다」
　complete service「완전 서비스」

5❋ 접속사, 현재완료

> Automatic deduction from your checking **account**/is the simple method of payment/and removes the worry of whether the **account** has been paid.
> 「귀하의 당좌 계좌로부터의 자동 공제는/간단한 지불 수단이지요/그리고 계산이 되었는지의 염려도 없애주지요」

주어를 포함한 긴 묶음을 흔히 주부라고 한다. 이 주부는 동사가 나타나는 점에서 끝이 난다. 그렇다면 본문의 동사는 is고 주부는 Automatic deduction from your checking account가 된다.
　deduction「공제, 뺌」
　checking account「당좌 계좌」
　　account란 말은 '**계좌**'도 되지만 '**계산서, 청구서**'도 된다. '청구서'는 다른 말로 bill이다. 그래서 클린턴이 이름을 Bill이라고 했다지. 전화 요금 청구서를 안 받는 사람은 거의 없으니, 여인들이 받을 때마다 Bill Clinton을 생각하라고.
　　문장에서 **접속사는 건축의 철근**에 해당한다. 1층에서 2층, 3층, 4층···. 이어가다가 102층이 되어버렸대. 그런데 중국인들은 옛날에 철근이 없어서 옆으로 뻗다보니까 만리장성이 되어버린 모양이지? 당시 철근만 있었더라면 중국인들은 천당문 앞까지 올라가 유비, 조조, 관우, 장비와 칼싸움을 벌였을 것이다.
　　접속사는 문장이나 단어를 접속시켜 주는 중매쟁이. 본문의 and는 무엇과 무엇을 중매해 주고 있는가? and 다음에 동사인 re-

moves가 팍 튀어나왔다. 그렇다면 앞의 동사와 동맹 관계다. 그들은 결국 힘을 합하여 같은 주인을 모시게 된다.
뒷동네 동사는 removes고 앞동네 동사는 is다.
이들은 동맹군을 만들어 Automatic deduction from your checking account를 모시고 있다.

the worry of whether 뒤에 문장이 왔다. whether는 '…인지'. 따라서 the worry of whether는 '**…인지의 염려**'.

문법적인 풀이를 좀 해보기로 하자. 여기에서 of는 전치사다. 전치사의 예약석은 명사나 대명사, 동명사 앞이다. 물론 여기엔 명사절도 포함된다. 그렇다면 본문의 whether는 명사절을 이끌고 있는 것이다.

the worry of whether the account has been paid「요금이 지불되었는지의 염려(걱정)」

6 💥 접속사, 조건절, 수동태

> However, / if you prefer, // a monthly **account** can **be sent.**
> 「그러나 / 귀하가 원한다면 // 월 계산서를 보내줄 수 있어요」

however는 '그러나'. 요놈은 문장의 머리에 올 수도 있고 배꼽에 올 수도 있다. 그러나 궁둥이는 별로 달가워하지 않는다.

a monthly account can be sent 수동태가 되니 수동태 **주어인 a monthly account**가 **강조**된 셈. 이런 이유 때문에 수동태가 온 게지요.

해석해 보니 '월 계산서가 보내질 수 있어요.' 우리말 직역은 좀 어색하네요. 이럴 땐 수동태를 능동태로 해석하면 우리말다운 표현이 된다.

a monthly account「월 계산서」

7 ※ 접속사, 동명사, to부정사, 수동태

> The initial installation and programming of your unit,/plus the daily monitoring and checks/to ensure efficient functioning,/**are handled by** trained staff/in our 24 hour Ambulance Communication Center.
> 「귀하 상품의 초기 설치와 프로그래밍은/일일 운영과 점검을 포함해서/효율적인 작동을 확실시하기 위한/숙달된 요원에 의해서 관리됩니다/저희의 24시간 (가동하는) ACC에서」

문장이 출발점을 떠나서 마침표까지 한참 걸렸다. 또한 주부가 왕창 길다. 이런 게 시험에 등장하면 십구공탄 위의 오징어처럼 쫄아들죠. 그럴 땐 묶어야지. 주어는 동사와 만나는 지점에서 묶어버리고. 그런데 동사가 어디 있다는 것인가?

are handled로 이제 나왔다. 주부가 길다고 미리 알아서 쉼표(,)까지 꽉 찍어놓았군.

The initial installation and programming of your unit, plus the daily monitoring and checks to ensure efficient functioning까지를 숨도 못 쉬게 꽁꽁 묶어버리자.

The initial이 installation과 programming에다 모자를 덮어씌웠다. 그리고 꽁무니의 your unit이 앞선 놈들을 완전히 장악하고 있다. 뒤에 와도 of만 있으면 힘을 쓸 수 있다는 것.

initial installation 「초기 설치」

당신의 initial은 뭐냐? 이때의 initial은 '머릿글자'를 말한다. 우리에게 너무나 익숙한 DJ, TJ, YS, JP 등은 모두 initial에 속한다.
본문의 **unit**은 뜻이 뭘까?
흔히 단위나 세트로 주로 쓰이는 말이다. 그러나 여기선 '상품'이라고 해석하면 뒤탈이 없을 듯하다.

checks 「점검」
physical check-up은 '건강 진단'이고, 은행 문턱을 오가는 건 수표(check)다. 은행에 들어갔다 튀어나온 수표는 bounced check (부도 수표). bounce는 '튀기다'.

to ensure 「확신하기 위한」
앞동네 명사의 옷을 입혀줘야 하니까 이건 형용사적 용법의 to부정사.

ensure 「확신하다」
efficient 「효율적인」
sufficient(충분한), deficient(부족한)도 함께 알아두시라요.

functioning 「작동」
be handled 「관리되다, 조정되다」
24 hour Ambulance Communication Center
이건 이름이니까 별로 신경 안 써도 이해가 갈 것이다. 그런데 24는 여러 개니까 다음에 오는 hour는 복수가 되어야 하지 않는가?

상당히 중요한 문제다. 명사가 여럿이 일렬로 줄을 서면 앞의 명사들은 다음의 명사를 꾸미게 된다. 하지만 꾸미려면 자신의 입장이 약간 둔갑을 해야 한다. 그 둔갑은 바로 형용사가 되는 길이다. 그러나 가시적으로 꼬리에 's(또는 'es)를 붙인 형용사적 둔갑이 아니라 의미상으로만 형용사로 둔갑한다.

How to Purchase SJLPA?

There are no **hidden charges** or installation costs.

The St. John Lifelink Pendant Alarm can be installed very quickly **providing** you have
- a push-button telephone
- a telephone on a jack point
- a power point near the telephone

The St. John Lifelink Pendent Alarm can be installed very quickly **providing** you have a push-button telephone.

There are two ways **to obtain** a St. John Lifelink Pendant Alarm.

It can **be purchased** outright plus a weekly monitoring fee or if you prefer to lease the unit, the weekly charge covers the complete service.

Automatic deduction from your checking **account** is the simple method of payment and removes the worry of whether the **account** has been paid.

However, if you prefer, a monthly **account** can **be sent**.

The initial installation and programming of your unit, plus the daily monitoring and checks to ensure efficient functioning, **are handled by** trained staff in our 24 hour Ambulance Communication Center.

> **Mensline**
> Mensline은 우리나라의 여성 상담 전화처럼 남자들의 고민거리를 해결해주는 상담 전화다. 남자들도 상처받고 울고 절망감을 느낀다. 눈물 많은 남자들이 남자들에게 정직하게 자신의 문제를 말한다.

2. 눈물이 많은 남성들을 위해

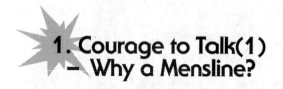
1. Courage to Talk(1) – Why a Mensline?

1 ✹ 문장의 생략, 목적어, 부사절

> Why a Mensline?
> Because…
> Mensline knows men's problems.
> Men **do hurt**, grieve and feel desperate.
> The world is changing and so are men.
> Men are talking honestly to men.
> Men want to be heard.
> Men don't have to rely on women/when in crisis.
> Men can be trusted.
> Men are worthwhile.
> 「Mensline은 왜 필요한가?
> 왜냐하면…
> Mensline은 남자의 문제들을 알고 있어요.

> 남자들은 상처를 받아요. 울고 절망감을 느끼지요.
> 세상은 변하고 있고 남자들도 그래요.
> 남자들은 남자들에게 정직하게 말해요.
> 남자들은 얘기를 들어줄 사람을 원해요.
> 남자들은 여자들에게 의지할 필요가 없어요/위기에 처할 때.
> 남자들도 신임받을 수 있어요.
> 남자들도 훌륭하다구요.」

Mensline은 간단히 말해서 남자들의 고민거리를 해결해 주는 상담 전화다. 마치 우리 나라의 여성 상담 전화처럼 말이다.

우선 내용을 살펴보자.

Why a Mensline?「Mensline은 왜 필요한가?」

바로 아래 **Because**… '왜냐하면'으로 시작해서 하나의 시구처럼 콤마를 찍지 않고 끝까지 줄줄 늘어놓았다. 그리고 Mensline의 첫머리가 대문자인 건 하나의 상호로서 고유명사 취급을 했기 때문이다.

한 수의 시를 읊조리듯 한번 읽어보세.

Men do hurt. do는 hurt를 강조하기 위해서 스카우트되어 온 손님이다. 남자들은 상처를 받아요. 어물전 망신 꼴뚜기가 시킨다고 하더니만, 남자도 울고, 남자도 여자한테 두들겨 맞고. 머지 않아 남자도 애 낳는대이.

grieve「몹시 슬퍼하다」

feel desperate「절망감을 느끼다」

The world is changing and so are men.

「세상은 변하고 있고 남자들도 변하고 있어요.」

꽁무니를 보세요.

상대방이 물이 고파 I'm thirsty라고 하면 나도 그렇다는 대답은 **So am I**다.

Men are talking honestly to men. 이 말은 과부 사정 과부가 안다는 말과 비슷한 것 같네요.
Men want to be heard.
「남자들은 얘기를 들어줄 사람을 원해요」
이해가 잘 안 가네. hear는 '듣다'. 이놈의 수동형 **be heard**는 다른 사람에 의해서 들려지다 → **다른 사람이 들어주다.**
don't have to 「…할 필요가 없다」
when in crisis 「위기에 처할 때」
간단하지만 알찬 영어 표현이다. 알아모셔라. 말이란 짧아도 제 구실을 다할 수 있다면 짧을수록 좋다. 갑자기 miniskirt가 생각난다고? 배꼽티가 나오고, 미니스커트도 싫증나서 벗어던지고. 이러다 언젠가는 에덴 동산으로 되돌아갈지도 모른다.
be trusted 「신임받다」
worthwhile 「훌륭한, 보람 있는, 값어치 있는」
worth는 '가치, 가치 있는'. 그런데 while은 '…하는 동안'이다. 그렇다면 while은 번지수를 잘못 찾은 녀석 같기도 한데. 그런데도 worthwhile은 궁합이 잘 맞는 모양이다.

2 ✹ 관계부사의 생략

> Some reasons men ring Mensline.
> - Depression
> - Recent separation
> - Unemployment
> - Anger or violence
> - Relationship conflict
> - Poor health

> - Money stress
> - Parenting issues
> - Sexuality
> - To make their lives work better
>
> 「남자들이 Mensline에 전화를 하는 몇 가지 이유들.
> 우울증/최근의 별거/실업/화 또는 폭력/인간 관계의 갈등/건강하지 못함/금전 스트레스/양육문제/성문제/더 나은 인생을 위해서」

이런 것도 독해야? 그런데 재미는 있다야.

우선 **Some reasons men ring Mensline**을 풀이해 보라. 야, 빨리 해봐. 꾸물거리지 말고.

짜슥, 그것도 모르면서 독해가 어쩌고저쩌고! 뭣이든 깔보면 안 되는 법이라구. 옛날에 네 집에서 머슴살던 마당쇠 보라구. 똥물 푸던 녀석이 요새 땅값 올라서 억억 하며 돌아다니잖아. 아마 이제는 널 마당쇠로 부려먹으려고 할걸!

잠시 쉬었노라!

본문으로 달려가자. 여기서도 **관계부사**가 출석하지 않았다. **그 위치는 men 앞**이다. 얼굴 찾기를 한번 해볼까?

Some reasons men ring Mensline.→**Some reasons why men ring Mensline.**「남자들이 Mensline에 전화를 하는 몇 가지 이유들」

위 내용을 적으니 다음과 같다. 단어 공부하는 셈치고 살펴보라.

와우, 성 문제까지 나오네. 옛날엔 性 소리만 해도 바들바들 떨었는데, 요새는 아닌 모양이야.

성이란 악과 선의 도가니다. 단 만큼 함정도 깊다. 부질없는 장난 속에 뱃속의 아이는 운다. 아자자자자, 이 일을 어떡해…. 여보게, 자네가 뿌린 씨앗은 자네가 거둬야 하네.

Courage to Talk(1)
— Why a Mensline?

Why a Mensline?
Because…
Mensline knows men's problems.
Men **do hurt**, grieve and feel desperate.
The world is changing and so are men.
Men are talking honestly to men.
Men want to be heard.
Men don't have to rely on women when in crisis.
Men can be trusted.
Men are worthwhile.

Some reasons men ring Mensline.
- Depression
- Recent separation
- Unemployment
- Anger or violence
- Relationship conflict
- Poor health
- Money stress
- Parenting issues
- Sexuality
- To make their lives work better

2. Courage to Talk(2)

1 ※ 의문문

> **Can** you talk about your real concerns/with your mates? With your wife or partner?
> 「귀하는 진정한 관심사(진실된 얘기, 마음 깊숙이 있는 얘기)에 관해 얘기할 수 있나요/귀하의 동료들에게? 귀하 아내 혹은 파트너에게?」

mate란 어떤 인물인가? mate는 남의 꼬리를 좋아하는 습성을 갖고 있다. roommate, classmate 등을 보라.

mate에는 '상대, 배우자, 동료, 친구, 짝의 한쪽' 등 여러 가지 뜻이 있다. 다음에 이어지는 wife, partner도 mate에 속한다.

real concerns 진정한 관심사(얘기), 그러니까 **'마음 깊숙이 있는 얘기'**.

talk about「…에 관해서 얘기하다」

talk는 얘기하다지만 **talkative**가 되면 **'말 많은, 수다**

스러운'. talk show는 잘 알재?

2 💥 조건절, 직접화법

> You are doing well/if you can say "**yes**" to those.
> 「귀하는 잘하고 있는 거예요/만약 그런 질문들에 귀하가 "그렇다"라고 말할 수 있다면」

You are doing well if … 「…한다면 넌 잘하고 있다」

즉 이 말은 '**…한다면 넌 잘 지내고 있는 거다**' 란 뜻. 그리고 보니 생각나는 게 있네요.

「어떻게 지내니(지내고 있니)?」 = How are you doing?

하나를 알면 열두 개는 모를지라도 두서너 개는 알아야 stone 소리 안 듣지. 좀더 발전하면 stone coal(무연탄)되는 거 알아?

뒷부분의 "yes"는 직접화법이다. 바람 들어가지 말라고 " "로 봉해둔 거 아이가. 본문의 those는 앞에 나온 질문들을 가리킨다. 그 질문들은 Can … with your mates? With your wife? With your partner? 등이다.

3 💥 관계부사

> But there may be times//**when** the answer doesn't seem so clear.
> 「그러나 간혹 있을 수 있지요//답변이 시원찮을 때가」

마지막 절을 보자. 본문에서 **when은 관계부사**로 쓰였다.

times는 sometimes의 뜻으로 '간혹, 때때로'. 본문에서 times는 관계대명사 when의 **선행사**지요. 선행사란 관계대명사만 갖고 있는 게 아니라 관계부사도 갖고 있다 이거요.

when 이하를 '답변이 시원찮을 때' 라고 해석하니까 고개를 갸우뚱거리는 학생이 있어요. 그러면 있는 그대로 해석해 보자구요. '답변이 그리 분명하게 보이지 않을 때'. 그러니까 결국은 '답변이 시원치 않을 때' 란 그 말 아니오. 믿지를 않으려 드니 시원섭섭(bitter and sweet)하구려!

4 ※ 동명사, 관계대명사

> The men of Mensline **believe/in** the importance of **having**/someone to talk to,/someone who doesn't have his own axe to grind.
> 「Mensline의 남자들은 믿어요/가지는 중요성을/얘기할 사람을/엉뚱한 생각을 하지 않는 사람을」

believe라! 참 좋은 말이여. 그런데 왜 우리 주변엔 believe할 만한 사람이 이렇게도 없지. 남의 돈 떼먹고 도망가는 사람이 너무 많아요. 대다수의 국민들이 허리를 너무 졸라매어 개미 허리가 될 판인데도 어떤 (?)은 돈 훔쳐서 물 건너로 도망치고.

believe 동사를 뿌리뽑아라! 본문에선 believe in이 출연했다. in을 떼버리고 believe만 써먹는다면 불구인가? 아니다. 얼마든지 써먹을 수 있다. 물론 그 차이점은 있다.

believe보다는 believe in이 단어도 하나 많고 내용도 깊다. 내용이 깊다면 어떤 식으로? 다음을 보면 알 수 있다.

I believe you.
I believe in you.

첫 번째 문장은 **'나는 그대의 말을 믿는다'**. 그러니까 말을 신용한다는 뜻이다. 반면에 **두 번째** 문장은 **'나는 너의**

능력(인격 따위)을 믿는다'. 물론 상황에 따라서 능력인가, 인격인가가 판가름 날 것이다.

고사장에 들어서는 아들을 향해 I believe in you라고 했다면 이게 어찌 난 너의 인격을 믿는다는 말이 되겠는가? 어디 그 자리가 인격을 찾을 자린가 말이다.

흔히 하느님을 믿는다고 할 때 I believe in God이라고 한다.

이때의 believe in은 어떤 것의 '존재를 믿는다' 는 뜻이다. 그렇다면 I believe God이라고 하면 어떤 뜻이 될까? 이건 '난 하느님의 말씀을 믿는다' 는 뜻이다.

그런데 **본문의 believe in**은 성격이 좀 다르다. 여기선 '**...한 점을 믿는다**' 는 뜻.

the importance of having someone to talk to, someone who doesn't have his own axe to grind「대화의 상대, 즉 딴 속셈이 없는 사람을 갖는 중요성」

대충 넘어가면 아주 쉬워 보인다. 슬슬 넘어가면 남는 게 있나? 공부를 하면 벼에 알이 차듯 묵직해져 와야지. 물론 여러분의 머리 품질을 낮추어 평가해서 하는 말은 아니다.

본문에서 **of 는 전치사**다. 전치사 다음엔 명사와 그의 친지들이 초청될 수 있다. 그래서 동명사가 등장한 거다. 그리고 본문의 **having은** have+목적어+과거분사 형식의 사역동사(남을 부려먹는 왕초동사)나 have+사람+원형동사가 아니라 **일반동사**로 그 뜻은 '가지다' 이다.

talk to「...에게 말을 걸다」

찬물 한잔 들이켜고.

그래서 the importance of having someone to talk to는 '대화할 어떤 사람(그러니까 상대)을 가지는 것(동명사)의 중요성' 이 되었다.

그리고 뒤따르는 구절이 someone으로 시작되었는데, 이 someone은 앞선 someone과 동격이다. 말할 상대인데, 그 상대가 허튼 생각을 하지 않는 상대를 말한다.

생면부지의 인물이 나타났다. axe(도끼)가 나왔으니 말이다. axe는 영국 도끼, 미국 도끼는 가끔 꼬랑지의 -e를 떼내버릴 때도 있답니다.

우리 조상들은 왜 도끼를 믿다가 발등까지 찍히고 그랬는지, 그것이 알고 싶다. 믿을 게 없어서 도끼를 믿었단 말인가?

have an axe to grind「딴 속셈을 갖다」

문자 그대로 풀이하면 짓이길 도끼를 갖다.

grind는 원래「(맷돌로) 갈다」

 되돌아 보기

Courage to Talk(2)

Can you talk about your real concerns with your mates? With your wife or partner?

You are doing well if you can say **"yes"** to those.
But there may be times **when** the answer doesn't seem so clear.
The men of Mensline **believe in** the importance of **having** someone to talk to, someone who doesn't have his own axe to grind.

3. Courage to Talk(3)

1 ※ 명령문, 조건절, 관계대명사, 접속사

> Phone us/**if** you want to talk to someone/**who** is not personally involved/**and** knows about male problems.
> 「전화주세요/누구에게 말을 걸고 싶다면/개인적으로 상관 없는(자기 문제로 관여되지 않은)/그리고 남자 문제들에 관해서 아는」

'/' 로 팍팍 끊어놓으니 해석하기에 참 편리하지요. 그런데 누가 늘 이렇게 해주나요? 나 같은 사람이니까 해주지. 하하하.

본문에서와 같이 **phone**은 **명사로도 동사로도** 다 사용할 수 있는 단어다. 가끔 가다 심심한 사람들은 ph발음이 [f]라고 하여 아예 **fone이라고도** 쓴다. 참고하시기 바란다.

male 「남자, 수컷」 ↔ female 「여자, 암컷」

여기서 involed는 과거분사로 쓰여 '연루된, 관계된'의 뜻을 가진다.

involve「…을 포함하다, 연루시키다」

남자들도 문제가 많은가 봐. 남자들은 바보예요. 특히 그녀의 손수건까지 빌려서 엉엉엉. 그런다고 늑대 소리 안 듣나 뭐.

2✸ 구, 절, 접속사

> On Mensline, we don't hand out advice;//**but** we may be able to refer you to specific services/for your needs.
> 「Mensline에선 충고를 하진 않아요;/그러나 귀하에게 특정 서비스를 소개시켜 줄 수도 있을 거예요/귀하의 필요에 따라서」

On Mensline에서 on은 Mensline이 전화니까 붙은 전치사죠. **'전화로' 는 on the phone.**

야야, 공부 좀 해라. 아빠, 섹스폰하고 있어요. 그래, 넌 악기에 취미가 있지, 알았어. 한 달 뒤 전화 요금 1,222,333원! 전화국 양반, 동네 전화 요금을 우리한테만 다 물리면 어떻게 하우? 댁의 딸내미가 폰섹스를 했는기라요. 폰섹스가 뭐지? 우리 딸은 '섹스폰(색소폰)'이라고 했는데.

I'm on the phone.「난 전화를 받고 있어」
hand out「나눠주다」
refer someone to「누구를 …에게 언급하다」
specific services「구체적인 서비스」
for your needs「귀하의 필요를 위해서, 귀하가 원하는 바에 따라서」

3 ※ 의미상 주어, 관계부사

> We could also arrange/for you to go/to a support group//**where** you can talk/with other men/in the same situation.
> 「저희는 또한 도와줄 수도 있어요/귀하가 가는 것을/서포트 그룹으로/귀하가 얘기할 수 있는/다른 남자들과/같은 처지에 있는」

어떤 선물을 바라는가? **could 보따리**를 한번 풀어보기로 하자.

could가 can의 과거형이란 사실은 잘 알고 있을 것이다. 하지만 본문을 이런 식의 얄팍한 지식으로 해결하려들지 마라. 먹혀들지를 않는다.

could의 세계는 그리 간단하지 않다. 여기에서는 우선 해당 사항만 언급하기로 한다. 한꺼번에 많이 먹는다고 해서 모조리 피가 되고 살이 되는 건 아니다. 지나치게 먹으면 배탈이 나고 배탈이 안나면 다이어트를 해야 하는 고충을 안게 된다.

본문에서의 could는 **가능성과 추측**을 나타낸다. 그러니까 **형태는 과거지만 뜻은 완전히 현재**다.

해당 사항만 언급하기로 했는데 하는 수 없이 약속을 좀 어겨야 겠다. 아주 중요한 걸 소개하고 싶어서 말이야.

다음을 영어로 옮겨보자.

「나는 운전 시험에 합격할 수 있었다」

① I could pass the driver's test.

② I was able to pass the driver's test.

과연 어느 쪽이 옳을까? 여러분은 아마도 두 개 다 맞다고 생각할 것이다. That's right. 틀린 말은 아니다. 하지만 '나는 운전 시험에 합격할 수 있었다' 만으로는 합격할 수 있었는데 시험을 안 쳤다는 애긴지, 실제로 시험을 쳐서 합격했다는 애긴지 알 수가 없다. 전자는 ①에 해당되고 후자는 ②에 해당된다.

우리 집 옆 새 집에 This home could be yours라고 적혀 있다. 여기서도 could의 위력을 눈치챌 수 있으리라. '이 집은 당신 것이 될 수 있어요.' could가 가능을 나타낸다 이거지요.

다음으로 넘어가세.

관계부사는 접속사+부사의 역할을 하지요. 본문에서 관계부사 **where**는 꽁지에서 뜻을 제한해 주는 **제한적 용법**이다. 계속적 용법은 관계사(관계부사, 관계대명사) 앞에 콤마를 붙인다고 문법책에서 공부했지요?

그렇다면 제한적 용법과 계속적 용법은 어디가 다른가?

우선 본문을 활용해 보자.

We could also arrange for you to go to a support group where you can talk with other men in the same situation.

제한적 용법 →

「저희는 또한 귀하가 같은 상황에 처한 다른 사람들과 얘기를 나눌 수 있는 후원 모임에 갈 수 있도록 도와줄 수도 있어요.」

계속적 용법 → (단, where 앞자리에 **콤마가 있다**고 보고)

「저희는 또한 당신이 후원 모임으로 갈 수 있도록 도와줄 수 있어요. 거기서 당신은 같은 상황에 처한 다른 사람들과 얘기를 나눌 수 있어요.」

뭐가 다른가요? 같아요?

As you see(보시는 바와 같이), 제한적 용법에선 관계부사의 선행사인 a support group의 신분이 더욱 확실하다. 무슨 얘긴고 하니 a support group은 분명히 '같은 상황에 처한 다른 사람들과 얘기를 나눌 수 있는 모임'이다. 그러나 계속적 용법에선 a support group이 있는데 '거기선 같은 상황에 처한 다른 사람들과 얘기를 나눌 수 있다'고 막연히 내용을 추가하고 있을 뿐이다.

문장이 길어서 이해가 어려우면 간단한 예문을 살펴보자.

I have **five sons who're married.**
I have **five sons, who're married.**

전자의 뜻은 결혼한 다섯 아들이 있다. 즉 결혼하지 않은 아들도 있을 수 있다. **다만 결혼한 아들이 다섯**이란 뜻이다.

그러나 **후자**의 경우, **나는 아들이 다섯 있는데 그들은 결혼했어요.** 즉 아들이 통틀어서 다섯밖에 없다는 얘기도 포함되어 있다.

고민이야, 代이으려고 100일 기도까지 올리며 낳은 놈인데…. 그런데 왜 고민이야? 아니, 그놈이 글쎄, 말이 안 나오네. 그놈이 글쎄, 자기 친구 마이클하고 결혼한대(gay marriage). 참, 살기 어렵네.

arrange「마련하다, 준비하다」

to부정사의 의미상 주어. 본문에서 **you**는 **to go**의 **의미상 주어**지요. 문장의 주어는 다른 인물이 차지하고 있지만 to부정사의 의미상 주어, 다시 말해서 to부정사의 행동을 책임지는 주어는 you라는 말씀이옵니다.

talk with와 **talk to**는 어떻게 다른가요? 일반적으로 **전자**는 '**함께 얘기를 나누다**' 는 뜻인 반면에 **후자**는 '**누구에게 얘기를 걸다**' 는 뜻이 담겨 있어요. 그렇지만 p. 60의 선전 문구와 같은 경우는 talk with를 고의적으로 talk to의 의미로 사용한 경우.

4 ※ 접속사, 명사절

> Mainly though,/we invite you **to** ring us **and chat** about /how things are. Mensline is free.
> 「하지만 주로/저희는 귀하가 저희에게 전화를 주고 …에 관해 얘기를 나누기를 권하지요/세상사가 어떠한지에 (관해). Mensline은 무료예요」

Mainly though의 뜻은? '**하지만 주로**' though는 문장의 꽁지나 가운데에 와서 '그러나, 그래도'의 뜻으로 쓰인다. however **와 비슷한 뜻**이라고 기억해 두세요. 본문에서도 그 자리가 문장의 중간이라 이거지. 허허.

첫째 문장의 맥을 짚어봅세. to부정사가 뭣을 거느리고 있나요? 접속사 and로 연결된 chat도 앞의 to **영향권하에** 있죠. 그렇다면 해결됐네요.

invite라니까 저녁 식사 초대를 떠올리는 모양인데, 좀 그만 먹어요, 그만. 옛날엔 모두들 날씬했어요. 왠지 알아요? 콩 한 쪽도 나눠 먹었으니까 그렇죠. 아무튼 전화도 invite하고, 얘기하는 것도 invite한다고 하니까 부드럽고 친절한 느낌이 드네요.

ring「전화하다」
chat「잡담하다, 얘기를 주고받다」

5 ✺ 관계대명사 who

> We are volunteers/**who** offer/professional standards of service/and complete confidentiality.
> 「저희는 자원 봉사자들이에요/제공하는/서비스의 전문성과/완벽한 기밀성을」

주어+동사+명사가 나왔는디 갑자기 who가 후닥닥 나타났다. 그렇다면 who 앞에 온 놈은 잘난 놈인기라. 그래서 이놈을 선행사라고. 그리고 who 자신은 관계를 지어주는 대명사라고 하여 **관계대명사**라 칭하오.

who의 군사들을 지나 달려가니 접속사 and가 출연했다. 꽁무니에 형용사+명사를 거느리고 있는 것으로 봐서 앞에도 비슷한 체급일 것이다. 찾아보니 professional standards of service가 있다. 결국 and로 엮어진 이들이 offer의 목적어가 되어 volunteers를 먹여살려 주고 있시요.

그러고 보니 관계대명사 who는 있으나마나, 해석상 조금도 영향력을 발휘하지 못하네. 그래서 생략해 버리니 주어가 누군지, 선행사가 어떻게 되는지 뒤죽박죽되어 버린다. 그래서 **주격 관계대명사 who는 생략할 수 없다**는 거다(목적격은 생략해도 되는데).

    offer「제공하다」
    professional standards of service and complete confidentiality「서비스의 전문성(수준)과 완벽한 비밀성」
    professional standards of service「서비스의 전문성」
    complete confidentiality「완벽한 기밀성」
    confidentiality「비밀성, 기밀성」

Courage to Talk(3)

Phone us **if** you want to talk to someone **who** is not personally involved **and** knows about male problems.
On Mensline, we don't hand out advice ; **but** we may be able to refer you to specific services for your needs.

We could also arrange for you to go to a support group **where** you can talk with other men in the same situation.
Mainly though, we invite you **to** ring us **and chat** about how things are. Mensline is free.
We are volunteers **who** offer professional standards of service and complete confidentiality.

4. Problem, Result, Some Solutions

1 형용사, 접속사, 빈도부사

> Problem:
> • You're **supposed to** be/strong, successful, capable, dependable **and** happy;//sometimes you aren't.
>
> 「문제:
> 당신은 (…일 걸로) 기대되지요/강하고, 성공적이고, 유능하고, 믿을 수 있고, 행복한 것으로;//때로는 그렇지도 못하지만」

문제들이 무어냐?

be supposed to 이놈은 얼마나 자주 등장하는 말인지…. 영어를 좀 말한다는 애들은 말끝마다 붙이곤 한다.

You're not supposed to be here.

「넌 여기 오는 게 아니야」

Everybody is supposed to know who Diana is.

「모두가 다이애나를 알고 있는 것으로 되어 있어.」
be supposed to「… 하기로 되어 있다, … 할 것으로 기대되다」
본문에서 형용사를 쭈욱 나열하다가 꽁무니에 and 하나만을 붙여주고 마감했죠. 그래도 자기 역을 완수했다는 거다.

successful「성공적인」
삼수생도 할 말이 있다(전국 삼수생연합회). 성공은 실패의 아들딸. 그게 무슨 말이고? 실패는 성공의 어머니라고 했잖아요.

capable「유능한」
cap은 '모자'. 그렇다고 capable을 '모자를 만들 수 있는' 이라고 하느냐, 요놈아, 요놈아! cab, cop, cup, cap, cob. 선상님, 머리 아파유! 꾀병 부리지 말아, 녀석아! 넌 물을 cup으로 안 마시냐? 〈비버리힐스 cop〉도 안 봤냐? 야, 내가 골치 아프다. 알아서 해라.

dependable「믿을 만한, 믿을 수 있는」

2 ※ 접속사

> • You're supposed to deny/the pain, the worry, the weakness and the fear/to yourself;// **so** you isolate and pretend.
> 「귀하는 당연히 거부하게 되지요/고통, 걱정, 나약함과 두려움을/자신에게(다가오는);//그래서 귀하는 (자신을) 고립시키고 가장하지요」

deny「부인하다」
weakness「약점」
'강점' 은 strong point. 인간은 누구나 약점도 있고 강점도 있다. 절세가인의 약점은 短命에 있다. 왜 그런가? 뭇남성들에게 시달려서. 여자들만 그런가? 브루스 리, 엘비스 프레슬리, 빅토르 최 등을 보라. 그들은 여자들한테 시달려서? 나는 행복합니다, 우리는 행복합니다, 정말 정말 행복합니다 (추남추녀모임).
isolate「고립시키다」
pretend「가장하다, 꾸미다, 시치미떼다」

3 💥 빈도부사, 접속사 and와 명사

Result:
- Men often feel alone and powerless.
- Men lose their families.
- Men suicide four times more than women.
- Men die six years younger than women.
- Men affect and may hurt others with their problems.
- Men have **poor health ; heart, lung, cancer, mental and sexual problems.**
- Men often have a poverty of spirit and of relationships.

「결과:
- 남자들이 종종 고독하고 무기력해져요
- 가족을 잃게 되죠
- 여자보다 네 배나 더 많이 자살하죠
- 여자보다 6년이나 더 일찍 죽죠
- 자신의 문제로 다른 사람에게 해를 끼치고 상처를 입힐 수도 있어요
- 건강이 나빠져요. 심장, 폐, 암, 정신 건강과 성 문제들
- 종종 정신력과 유대 관계의 결핍을 가지게 돼요」

feel alone「고독해지다」

powerless「무기력한」
명사 + -less = 명사가 없는.
suicide「자살하다」
자살은 殺生有擇인가? 고르다 고르다 자신을….

Men have poor health ; heart, lung, cancer, mental and sexual problems에서 뭐 생각나는 거 없슈?

세미콜론(;)은 생김새를 보아 알수 있듯이 period(.)와 콤마(,)의 중간 형태다. 다시 말해 콤마(,)보다는 더 쉬지만 완전히 마침표(.)처럼 마치는 것도 아니다. 세미콜론(;)의 목적은 밀접한 관계의 간단한 두 문장을 분리하는 것. 이들 두 문장은 상호작용 관계나 의존 관계에 있다. 접속사 and는 동급의 인물끼리 연결해 준다. 즉 and 앞에 헤비급이 오면 뒤에도 헤비급이 온다는 것. 본문에서 and 다음에 sexual problems, 즉 명사가 등장하고 있다. 그렇다면 and 앞에도 유사한 형태의 동급명사가 와야 한다. 보아하니 problems가 생략되어 있다.

heart, lung, cancer는 비록 명사형이지만 형용사의 역할로써 problems를 꾸미고 있다. 명사+명사에서 앞의 명사는 형용사의 역할을 한다는 사실을 아직 기억하는가! 낙동강 오리알에서 낙동강과 오리알은 각각 명사형이다. 그러나 앞의 낙동강은 뒤의 오리알을 꾸며주는 형용사 구실을 하고 있다는 것이다. 다시 원래대로 쓰면 '낙동강의 오리알'. 이 형태와 같다고 이해하시라!

poverty「가난, 궁핍」
우리 민족 poverty의 대명사는 누룽지, 보릿고개, 개떡, 칡떡들이지. 요새는 이런 거 먹으면 약 된다나?

그런데 얼굴 모양이 비슷한 **property**는 뭐야? 그건 **'재산'**.

relationship「관계」
나폴레옹이 워털루 전쟁에서 빨간 벨트를 매고 있었다는데, 왜냐? 바지가 흘러내릴까 봐. 그 빨간 벨트와 바지와의 관계는? 밀접한 관계. **'밀접한 관계'**를 영어로는 **close relationship.**

4 ※ 동명사, to부정사

> Some solutions:
> - talking to men.
> - appreciating men.
> - trusting enough to be open with men.
> - knowing having choices.
> - helping with men's problems.
> - helping courage to change.
> - being encouraged and affirmed.
> - living life without regrets.
>
> 「몇 가지 해결책:
> - 남자들에게 얘기하는 것
> - 남자들에게 고마움을 표시하는 것
> - 남자들과 마음을 열 만큼 충분히 믿는 것
> - 선택할 수 있음을 아는 것
> - 남자들의 문제를 돕는 것
> - 변화할 용기를 북돋우는 것
> - 격려받고 긍정적으로 되는 것
> - 후회 없는 생을 사는 것」

모조리 **잉가족**들이 앞장서고 있다. **-ing는 여기서 동명사**다. 그러니까 '…하는 것, …것, …것' 이런 식으로 해석해 내려간다.

2. Mensline 77

appreciate「감사하다, 감상하다」
trusting enough to be open with men
「남자들과 마음을 털어놓을 만큼 충분히 신뢰하는 것」
to부정사가 enough(충분히) 부사를 꾸미고 있다.
따라서 to부정사는 부사적 용법.
courage「용기」
'겁쟁이'는 chicken(뻐가리). 물 한 모금 입에 물고 하늘 한 번 쳐다보고(아이구, 귀여워라), 또 한 모금 입에 물고 또 하늘 한 번 쳐다보고. 그러다 솔개가 나타나면 질겁을 하고, 어미 품속으로 파고드는 겁쟁이 chicken들.

encourage「격려하다」
■ **en-**「…이 되게 하다」
enforce「억지로 시키다」
enlarge「크게하다, 확대하다」
enslave「노예로 하다」
■ **-en**「…이 되게 하다」
strengthen「강하게 하다」
moisten「축축하게 하다」
deepen「깊게 하다」
affirm「확인하다, 긍정하다」
regret「후회, 후회하다」

야, 6·25 때 여의도 땅 한 평에 얼마였는 줄 알아? 공짜였다구. 총알이 소낙비 내리듯 하는데 주인이 있어야지. 그때 그 땅을 몽땅 차지했어야 하는 건데! 그라믄 넌 마 총알 맞고 땅으로 돌아갔을 끼다. 제발 regret하지 말거라.

Problem, Result, Some Solutions

Problem:
- You're **supposed to** be strong, successful, capable, dependable **and** happy; sometimes you aren't.
- You're supposed to deny the pain, the worry, the weakness and the fear/to yourself; **so** you isolate and pretend.

Result:
- Men often feel alone and powerless.
- Men lose their families.
- Men suicide four times more than women.
- Men die six years younger than women.
- Men affect and may hurt others with their problems.
- Men have **poor health; heart, lung, cancer, mental and sexual problems.**
- Men often have a poverty of spirit and of relationships.

Some solutions:
- talking to men.
- appreciating men.
- trusting enough to be open with men.
- knowing having choices.

- helping with men's problems.
- helping courage to change.
- being encouraged and affirmed.
- living life without regrets.

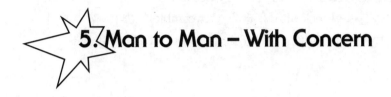
5. Man to Man - With Concern

1 ※ 명사절 that, 완료진행형

> We believe//**that** we as men/**haven't been looking** after ourselves very well.
> 「저희는 생각합니다//남자로서 우리는/자신들을 썩 잘 돌보지 못했다고」

believe를 죽을 판 살 판 '믿다'로만 알고 있으면 낭패다. **때로는 '생각하다'** 라는 뜻이 더 잘 어울릴 때가 있다.

that은 관계대명사로 쓰이는 이외에 본문에서처럼 **명사절을 이끄는 명장**으로도 인기가 높다. 명장 that을 잘 받들어야 한다. 그래야 영어 공부의 왕도가 보인다.

we as men「남자로서 우리는」

「**have+been+-ing**」는 **현재완료진행형**이다. 여태껏, 그러니까 **말하는 순간까지 쭉 진행**해 왔다는 뜻이죠.

look after「돌보다」

take after는 '닮다' = resemble

학생들 중엔 look after가 닮다, 즉 resemble과 같다고 빡빡 우기는 사람이 있더라구요. 그건 look after가 아니라 take after죠.

2 ※ 접속사 that의 생략, 관계대명사의 생략

> That means everyone **is affected**;//all the people/we **come into contact with.**
> 「그건 누구나가 영향을 받는다는 것을 뜻합니다//사람들 모두/저희가 접촉하는」

mean「뜻하다, 의미하다」
'…하는 것을 뜻하다'니까, …을에 해당되는 건 목적어. 그런데 본문은 절이니까 목적절이 되네요. **목적절을 이끄는 건 접속사 that**이다. 이건 또 **생략**할 수도 있어요. 그래서 means 뒤에 that이 빠진 거지요.

affect는 '영향을 미치다'지만 **be affected**가 되면 '**영향을 받다**'.
그런데 **all the people** 뒤에도 뭔가 자리를 비웠다. 선행사 뒤니까 관계대명사나 관계부사인데, 사람이 왔으니 부사완 관계가 없고, **관계대명사**면 **목적격**이니까 **생략**되었지.

come into contact with 참 어렵네요! 그대로 두고 한번 해석해 보시오. …와 함께 접촉 속으로 들어오다?
영어가 이래서 어렵다는 것일까! 어렵다 어렵다 하지만 말고 머리 좀 써라. 굵은 머리 끙끙거리며 뭐할라꼬 달고 다니노? 뭐? 달고 다니면 역기 안해도 운동 된다고? 그래, 그런 걸 두고 오줄 없다고 한다. 오줄은 우리 고장 사투리. 표준말로 해도 손색이 없을 법한데. 아참, 잔소리가 너무 많다.

come into contact with는 「…와 접촉하다, …와 만나다」
그리고 한 가지 더 알아둬야 할 건 **into 대신 in**을 **써도 된다**는 사실. 그것도 모르고 틀렸다고 빡빡 우겨라.

3 ✺ 부사구, to부정사, 과거분사, 접속사

> In the 1990's,/in an atmosphere of change and possibility,//we have the chance/**to live** energetic, balanced lives/and step outside the imprisonment of provider, protector and controller.
> 「1990년대에/변화와 가능성의 분위기 속에서//우리 (남자)들은 기회를 가집니다/활력 있고, 조화 있는 생활을 누릴/그리고 부양자, 보호자, 그리고 간섭하는 자로서의 (자기)속박에서 벗어날」

2002년도엔 World Cup을 우리 나라에서 개최하죠. 올림픽도 개최했고 월드컵까지. 아빠, IMF도 개최한대요. 넌 가서 밥이나 먹어라.

'2002년도에'는 in the year 2002이라고 한다. 그러나 본문에서처럼 연도가 아닌 **연대**라고 하면 여러 해를 뜻하므로 **복수**가 되어야죠.

그런데 **숫자의 복수**는 명사의 복수와는 제작 방법이 다르다. 숫자 뒤꼭지에 '를 붙이고 s, 그러니까 **'s**를 붙여줘야 한다는 말씀입죠. 이왕 말이 나온 김에 여기에 속하는 무리들도 소개해 볼까요? 그럼 좋소! 문자와 약어도 마찬가지라구요.

3 T's 'T자가 3개'라는 뜻이고, 2 M.P.'s는 'M.P.가 둘'이라는 뜻. 그런데 M.P.가 뭔데요? 이노무 짜슥, 군대도 안 갔다 왔나? 뭐? 콩팥을 병원 냉동실에 떼놓고 가서 몸무게 미달로? 그노무 짜

즉 〈별주부전〉을 써먹었구먼!

M.P.=Military Police로 '헌병'. 그런데 . 와 '를 모조리 떼버리고 MPs만 써도 된대요. 구질구질한 게 싫다고 해서.

in an atmosphere of change and possibility
「변화와 가능성의 분위기 속에서」

접속사 and가 change와 possibility를 묶었다. 그러니끼니 of가 와서 and 보따리를 달랑 둘러메고 an atmosphere에게 갖다 바쳤다.

the chance to live 「살 기회」

to가 live를 데리고 the chance를 노린다. 다시 말해 to live가 형용사적인 뜻을 지니고서 the chance를 꾸미고 있다. 그러니까 **to live는 형용사적 용법**이지.

balanced lives and 다음에 동사 step이 왔기 때문에 명사를 이어줄 거라는 생각을 버리고, 앞선 동사를 찾아보면 have와 live가 있죠. 바로 이게 고민! have와 동등한 관계의 step인지, 아니면 live와 함께 to부정사의 영향권하에 있는 step인지?

이런 경우엔 수학적인 공식이 있는 게 아니다. 내용 파악을 잘해야지. 그러기 위해선 문장을 많이 읽어라. 사실은 **step 앞에 to가 생략**되어 있는 것으로 봐야 한다.

가만 보니까, **energetic과 balanced가 공동으로 lives를 밀어주고** 있네.

energetic lives「정력적인 삶, 생기 있는 삶, 활력 있는 삶」
balanced lives「균형 잡힌 삶, 조화 있는 삶」
step outside「밖으로 나가다」
imprisonment「투옥, 감금」

we have the chance to live energetic, balanced lives and step outside the imprisonment of provider, protector and controller. → 이 문장에서 다음 두 해석을 비교해 보자.

①「우리는 활력 있고, 조화 있는 생활을 누릴 기회를 갖고 부양자, 보호자, 조종자로서의 (자기) 속박에서 벗어나게 됩니다」

②「우리는 활력 있고, 조화 있는 생활을 누리고(누릴, 그리고) 부양자, 보호자, 조종자로서의 (자기) 속박에서 벗어날 기회를 가지게 됩니다」

앞선 in an atmosphere of change and possibility의 내용과 견주어볼 때 ②가 지당한 줄로 아뢰오.

we have the chance to는 and 다음의 step outside에도 걸린다는 거죠.

4 ※ 부사구, 의미상 주어, 접속사

> Relationships are always at the core of our lives;// Mensline offers the chance for men/**to repair** and improve their quality of relationship/and create a positive world.
> 「상호 유대 관계는 언제나 우리 생활의 중심부에 있어요;// Mensline은 남자들이 (…하도록) 기회를 제공하죠/그들 관계의 질을 개선·발전시키도록/그리고 긍정적인 세상을 이루도록」

be at the core of 「…의 중심부에 있다」

core는 '알갱이, 핵심'. 핵심이라! 이 핵심 core에다가 +a를 해버리면 corea. c에다 힘을 실어서 Corea로 만들면 이놈은 Korea와 같은 뜻. 그렇다면 Corea가 더 좋잖아! 올림픽 대회에서도 먼저 입장하고. 또한 core(알갱이)+a(A학점)이니까 뜻풀이가 기똥찬 거 아니냐 말이여!

Mensline offers the chance for men to …

「Mensline은 남자들이 …할 기회를 제공하죠」

이 경우 **men**은 '남자들이'로 해석되죠. 주어는 은, 는, 이, 가로 해석되는 건 알고 있으렷다! 그런데 men이 '이'로 해석된다손 치더라도 이건 문장에서의 실제 주어와는 다르죠. 단지 to부정사 앞에서만 왕노릇 하겠다는 거죠. 이런 걸 **to부정사의 의미상 주어**라고 해요. 이와 유사한 형태들이 줄줄이 사탕으로 등장할 거다. 겁을 잔뜩 먹고 임하라.

to부정사를 뒤따르는 두 개의 **and**는 동사와 동사를 중매하는 임무를 띠고 있네요. 이 정도면 해석은 수리수리 마수리다. 수리수리 마수리는 못 푸는 게 없더라구!

알고 보니 **repair와 improve는** their quality of relationship을 공동 소유하고 있네요.

repair「수선하다, 고치다」
improve「향상시키다, 발전시키다」
create「창조하다」

전능하사 천지를 만드신 하느님을 내가 믿사오며. **'하느님'**은 **creator**(창조자). 하느님, 좀더 기다려 보세요. 제가요, 하느님을 창조하고 말 테니까요. 복제 양 보셨지요? 복제 인간도 만들 거라구요. 이젠 저희의 복제와 복사 기술이 무진장 발전했어요. 하느님, 어디 계시는지 가르쳐만 주세요. 복사 좀 하게요. 허, 고얀 녀석!

positive「긍정적인」

> 되돌아 보기
>
> ## Man to Man—With Concern
>
> We believe **that** we as men **haven't been looking** after ourselves very well.
> That means everyone **is affected**; all the people we **come into contact with.**
> In the 1990's, in an atmosphere of change and possibility, we have the chance **to live** energetic, balanced lives and step outside the imprisonment of provider, protector and controller.
> Relationships are always at the core of our lives; Mensline offers the chance for men **to repair** and improve their quality of relationship and create a positive world.

남자로서 우리는 자신들을 썩 잘 돌보지 못했다고 생각합니다.
그건 우리가 접촉하는 모든 사람들, 누구나가 영향을 받는다는 것을 뜻합니다.
1990년대에 변화와 가능성의 분위기 속에서 우리(남자)들은 활력있고 조화있는 생활을 누릴 그리고 간섭하는 자로서의 (자기) 속박에서 벗어날 기회를 가집니다.
상호유대관계는 언제나 우리 생활의 중심부에 있어요. Mansline은 남자들이 그들 관계의 질을 개선 발전시키도록 그리고 긍정적인 세상을 이루도록 기회를 제공하지요.

> **Foodtown**
> Foodtown을 들어봤나? 그럼 Food Land는?
> 이건 식료품을 위주로 판매하는 대형 슈퍼마켓이다.
> 여기서는 새로운 요리법을 실은 잡지도 펴내고,
> 할인혜택을 받을 수 있는 고객 카드도 발행한다.

3. Foodtown은…

1. Foodtown Card

[손글씨: 모든 면에서 Foodtown에서 그 Card가 shopping의 즐거움을 더해 줄 것을 (나는) 확신하기 때문에 (나는) 귀하를 환영하는 것이 기뻐요.]

1 ※ to부정사, 절, 구

> I'm delighted to welcome you/to the Foodtown Card //
> as I'm sure/you'll find/that it adds to the enjoyment
> of shopping/at Foodtown/in all sorts of ways.
> 「귀하를 기꺼이 환영합니다/Foodtown 카드로// 확신하기
> 때문에/귀하는 발견할 것입니다/그것(카드)이 쇼핑의 즐거
> 움을 더해줄 것을/Foodtown에서/모든 면에서」

한 문장인데 제법 길다. 일단 읽으면서 문장의 맥을 찾자. 이해가 잘 안되면 하는 수 없지. 세부적으로 파고들어 가는 수밖에.

접속사가 있는 곳을 찾아보자. **as**가 나왔다. 이놈을 경계로 해서 앞동네를 해석해 보면, **'Foodtown 카드로(에게) 귀하를 환영하는 것이 기뻐요.'**

달콤한 말은 영어가 참 발달되어 있다. 그래서 사랑도 영어로 하면 즐거움이 배가 된다고. 그런데 이놈의 영어가….

3. Foodtown 91

자상한 설명을 덧붙여 보자.
be delighted to「…하는 게 기쁘다」

야, 먹는 얘기하면 눈동자가 남쪽나라 십자성 같구먼! 십자성보다 Venus가 더 밝아요. 그건 어찌 알아? 제 펜팔 친구 이름이 Venus거든요. 그래, 알았다. 그런데 Foodtown Card 한번 해석해 볼래? '음식마을 카드'요.

그래, 장하다. 문제는 **Foodtown,** 그러니까 '음식마을'이 뭔지를 알아야 하는 거다. 잘못 이해하면 Foodtown이 먹는 음식만 파는 곳으로 오해할 수도 있다. 엄밀히 말해서 이건 **식료품을 위주로 판매하는 대형 슈퍼마켓**이다. 다른 잡다한 물건도 물론 있다. 미국에선 Foodtown대신 **Food Land**라고들 한다. 상호니까 멋대로 만들 수 있지 뭘.

Foodtown Card는 뭘까? 고객 유치를 위해서 만든 카드다. 카드 소지자는 물건을 살 때마다 약간의 할인 혜택을 받을 수 있다. 이 카드도 없으면 손해본다.

어느 날 아침 일찍, 문 앞에 커다란 상자가 배달되었다. 얼른 뜯어보니 그 속엔 토스터와 blender(믹서기), 그리고 자잘한 도구들이 가득 들어 있었다. 얼른 메시지를 읽어보니 Foodtown에서 카드로 물건을 샀는데 행운권에 당첨되었다는 것이었다.

편지 내용을 소개한다. 이건 여러분이 손수 한번 해석해 보길.

Dear Jin,

Congratulations, you are one of 500 lucky Foodtown Cardholders who has won a Black and Decker Toaster and a Milkshake Blender.

Your name was automatically entered in the draw when you purchased Foodtown Bread and Foodtown Milk (on the same transaction) using your Foodtown Card from 25th

August-14th September 1997.

　Your prize is included in this package.

　We hope you enjoy putting the toaster and blender to good use.

　Thank you for shopping at Foodtown.

Yours sincerely,
Sally Kellow
CUSTOMER SERVICES MANAGER

수입이 짭짤했다. 미군 부대 있을 때는 빙고 게임도 많이 당첨되곤 했는데, 요놈의 주택 복권은 왜 당첨이 안되는가 말이여! 남들은 몇 백만 달러짜리 lottery(복권)에 당첨되기도 하던데….

허황된 생각을 버리자. 인생이란 땀이다. 땀 흘린 자는 누구든 행복하다. 못 믿겠으면 등산이나 테니스 후 소나기땀을 흘려보라. 그러면 가장 원하는 게 뭘까? 물이다. 물보다 더 좋은 건 수박이다. 벌건 수박을 꽉 깨어놓고 먹어보라. 인생도, 행복도, 소크라테스도, 디오게네스도 몽땅 거기에 있다.

뒤뜰에 열린 19개의 자잘한 수박들이 내 말을 엿들은 듯 잎을 세차게 흔들어 준다. 어서 땀을 흘려야지.

마, 공부할 맘 안 생기쟤.

그래도 본문의 as 이하를 분석해 보자.

　…as I'm sure you'll find that it adds to the enjoyment of shopping at Foodtown in all sorts of ways.

가만히 보니 어딘가 한 군데 허전한 곳이 있다. 접속사 **that**이 **빠진 것**이다. 그곳이 어딘가? **I'm sure** 다음이다. 그래서 that을 참석시키면 **as I'm sure that you'll find that**. 이런 식으로 접속사가 줄줄이 이어진다. 댓댓댓하면 아무래도 식상한다. 그래서 **목적어가 되는 접속사**는 생략할 수 있으니까 냉큼 빼버렸다.

그러나 모조리 빼면 너무 허전해서 뒤에 오는 that은 그대로 살려줬다.

그런데 it은 무엇을 가리키는가? 그건 Foodtown Card다.

add to「…을 추가하다」

본문의 it adds to the enjoyment of shopping은 '그건(Foodtown Card는) 쇼핑의 즐거움을 더해줘요.'

the enjoyment of shopping「쇼핑의 즐거움」

in all sorts of ways「모든 방식으로, 모든 면에서」

직역해 보면, 방법들의 모든 종류에 있어서, 그러니까 '모든 방식으로' 라는 뜻이다.

2 ✺ 구

> • Extra Savings :
> Every week/approximately 1500 items are available/**at** special low prices,/exclusively for Foodtown Cardholders.
> 「• 추가 절약:
> 매주/약 1500품목이 구매 가능합니다/특별 저가로/오직 Foodtown 카드 소지자에게만」

approximately「약」

유사한 말엔 around, about 등이 있다.

item「품목」

흔히들 아이템이라고 하는데, 이게 바로 item이다.

at low prices「저가로」

이 경우 **at**이 온다는 사실에 주의하라.
exclusively「완전히, 전적으로, 독점으로, 단독으로」
an exclusive story「단독 입수 기사」
an exclusive right「독점권」
걸핏하면 미국에서 독점권을 획득했느니, 어쩌니. 별것도 아닌 걸 갖고서 그런다. 이런 게 다 외화를 갖다바치는 일이다. 우리가 세계 최초로 개발해서 국제 특허권 획득했다는 소리를 좀 들어보자.
cardholder「카드 소지자」
뜯어보자. card는 다 알 거고. holder는 hold에다 -er을 붙였다. **-er은 사람을 지칭하는 말.** 그러면 hold는 뭔가? 쥐다, 갖고 있다, 유지하다 등 뜻이 상당히 많은 단어다. 그러나 위에선 '갖고 있다, 소지하다'의 뜻. 따라서 holder는 '소지자, 보유자'.

3 ※ 구, 접속사, 관계부사, 명령문

> These products change/from week to week,//**so** look for their bright yellow tickets/**whenever** you shop.
> 「이들 상품은 바뀝니다/매주//그래서 그들의 (표식이 되는) 선명한 노란색의 티켓을 찾으세요/쇼핑할 때는 언제든지」

여기서도 술술 잘 넘어가네요.
from week to week「주에서 주까지」
그러니까 every week나 마찬가지네요.
look for「…을 찾다」
look after …의 뒤를 쫓아서 보다니까「…을 돌보다」
look into …의 속을 보다니까「…을 조사하다」
ticket 이건 다 안다고? 알면 확실히 알아야지. 그리 호락호락한 말이 아니다. 무시하거나 얕잡아보지 말고 겸손한 맘으로 맞이하라.

입장권, 승차권, 초대권…. 아무튼 다양하다. 본문에선 상품에 붙이는 표를 말한다.

이와 때로는 사촌으로 쓰이는 sticker가 있다. 이놈도 자동차의 주차 위반표, 즉 딱지라는 뜻으로 쓰인다.

본문의 their는 앞에 출연한 these products를 지칭하는 말이다. 물론 tickets가 복수형으로 쓰인 건 products가 복수니까 그렇다.

whenever you shop 「물건을 살 때마다」

노상 쇼핑쇼핑쇼팽하다가 갑자기 꼬리 -ing를 떼고 동사로 분장해서 shop으로 출현하니까 어리둥절? shop이 동사로 쓰이면 '물건을 사다', 명사로 쓰이면 '상점'. **a beauty shop**이라고 하면 beauty를 파(사)는 곳, 즉 **'미용실'**이죠.

4 ※ 명사, 구

> • Permanent savings/on Foodtown's own brand products :
> Hundreds of items/in Foodtown stores/now **carry** the Foodtown name.
> 「영속적인 절약/Foodtown 자체 브랜드 상품에 관해선 : 수백 가지 품목이/Foodtown 상점들에서/지금 Foodtown 이름을 달고 있어요」

saving 「절약, 검약, 저축」

saving은 앞에도 한 번 나왔다. 이 saving에다 -s를 붙이면 savings account가 되는데 이건 '저축예금, 보통예금' 이다. 이에 반해 checking account는 '당좌예금'. 물건을 사고 check(수표)을 끊어주면 이놈이 은행으로 날아간다. 그리고는 내 구좌(my account)에서 쥐도 새도 모르게 돈이 솔솔 빠져나가는 거다.

own brand「자체 상표」
own은 '자신의'.
hundreds of, thousands of「수백의, 수천의」
실컷 잘 나가는데 carry가 꽉 튀어나왔다.
carry「휴대하다, 몸에 지니다」
본문에선 현재 Foodtown의 수백 가지 품목이 Foodtown 이름을 달고 있다는 얘기다. 그러니까 Foodtown 자체 브랜드란 말이지.

5 ※ 현재완료, 접속사, 수동태

> Each one has been carefully selected/for quality **and** value// **and** is backed/by the Foodtown guarantee.
> 「각 품목은 엄선되었습니다/질과 가치를 위해//그리고 품질 보장받습니다/Foodtown 보증 제도에 의해서」

접속사 **and**가 두 군데 등장했다. 하지만 and면 다 똑같은 and냐? and도 굵은 놈, 가는 놈이 있는 법이다. 앞절의 and는 단어와 단어, 즉 quality와 value를 연결했다. 그러나 이어지는 and는 절과 절을 이어주는 굵은 놈이다.

본문의 **each one**은 '각 상품'을 뜻한다. 어떻게 아느냐구? 앞문장에서 이미 나왔으니까 알지. one = item.
carefully selected「엄선된」
quality and value「품질과 상품 가치」
quality의 **반대말**은 **quantity(양)**이다.
is backed by the Foodtown guarantee 여기서 back은 무슨 뜻일까? 아는 사람은 다 알지만 모르는 사람은 아침 먹고, 점심 먹고 저녁 먹어도 몰라요. 그런데 자네는 알고 있다고? 그래 뭔데?

back은 명사로는 '등'. 그래서 '등뼈' 라고 할 때는 backbone이다. 등은 우리 몸을 지탱하는 기둥이다. 이거 부러지면 아무 짓도 못한다. 그런데 옛말에 고래 싸움에 새우 등 터진다고 했다. 사실은 새우는 등뼈가 없다는 얘기지.

그건 그렇고… back은 **'후원하다, 지지하다'**. 우리의 등은 몸속의 내장을 감싸고 있는 몸통을 후원하고 지지하기 위해서 존재하는 것. 그러니까 본문의 **is backed by**는 '…**에 의해서 후원을 받고 있다**'.

guarantee 「보증, 보증서, 최저 보증 출연료」

억만 원을 guarantee(개런티)로 준다면 누드로 출연하겠소? 물론입죠.

6 ※ 구, 빈도부사

> The full range of Foodtown products / **is always** available / at special prices, / exclusively for Foodtown Cardholders.
> 「전 품목의 Foodtown 상품이 / 언제나 구매 가능합니다 / 특별 가격으로 / 오로지 Foodtown 카드 소지자에게만」

The full range of Foodtown products 「Foodtown 상품의 전 품목」

본문에서 동사 is에 영향을 주는 주어는 The full range다. 그리고 **빈도부사인 always**는 **be동사 꽁지**가 명당.

the full range of 「전 품목의」

full은 '가득 찬, 완전한'.

range는 '종류, 범위'.

at special prices 「특별가로」

exclusively「독점적으로, 오로지 …만」

an exclusive right은 '독점권'. 어디 독점할 것 없나? 인간의 두뇌를 scan(스캔)하는 scanner를 발명하면? 빌 게이츠가 이것도 생각하고 있을까? 그놈 짜슥, 하버드도 다니다 말고 빌빌거렸잖아! 아무튼 빌빌거리는 사람들이 일낸다 이거지.

되돌아 보기

Foodtown Card

I'm delighted to welcome you to the Foodtown Card **as** I'm sure you'll find that it adds to the enjoyment of shopping at Foodtown in all sorts of ways.

• Extra Savings:
Every week approximately 1500 items are available **at** special low prices, exclusively for Foodtown Cardholders.
These products change from week to week, **so** look for their bright yellow tickets **whenever** you shop.

• Permanent savings on foodtown's own brand products:
Hundreds of items in Foodtown stores now **carry** the Foodtown name.
Each one has been carefully selected for quality **and** value **and** is backed by the Foodtown guarantee.

The full range of Foodtown products **is always** available at special prices, exclusively for Foodtown Cardholders.

2. Living Today Magazine

1. 과거분사, 접속사

《Living Today》 is Foodtown's magazine,/**packed with** articles, ideas & recipes. There is a new issue/for Spring, Summer, Winter & Autumn//and it's Free to all Foodtown Cardholders.
「Living Today는 Foodtown의 잡지입니다/기사, 아이디어와 조리법으로 가득찬 신간이 있어요/봄, 여름, 겨울과 가을에는//그리고 모든 Foodtown 카드 소지자에게는 무료입니다」

Living Today는 잡지 이름이네.

본문에서 만약 magazine 꼬리에 콤마를 붙이지 않으면 어떻게 될까? 분명 有無의 차이는 있겠지. 있는 건 좀 여유가 있고 뜻이 분명해진다.

그리고 **packed with**를 뒤따르는 세 마리의 명사들은 모두

3. Foodtown 101

packed with가 먹여살리는 졸개들. 그런데 '&' 표시는 무엇이냐구? 이건 and 대타다. 마치 뱀이 똬리를 틀고 있는 것 같다. 그래서 '뱀똬리'라고 부르고 싶은데 여성들은 징그럽다고 하네. 애완동물이라고 생각해요.

packed with는 무슨 뜻이람? 등산 가봤으면 패킹한다는 말을 많이 들어봤을 건데. **packing**은 '**짐꾸리기**'. **pack**은 '**짐을 꾸리다**'. 그러니까 **packed with articles, ideas & recipes**는 '기사, 아이디어, 그리고 조리법으로 가득 차 있는'.

article은 '**신문, 잡지 따위의**' 기사, 여러분이 달가워하지 않는 '**관사(a, an, the)**'도 article, 그밖에 '**조항, 품목**' 따위를 가리킨다.

recipe「조리법, 비결」

옆집 폴란드 사람이 김치 recipe를 가르쳐달라고 졸랐다. 그래서 가르쳐주고 하루 뒤에 가보니 허연 백김치를 만들어놓았다. 사연인즉, 시뻘건 고춧가루가 무서워서 그랬대나. 김치엔 고춧가루가 생명인데.

다음엔 보신탕 recipe를 가르쳐줄까? 그건 참자. 그런데 말이야, 복제 양이 탄생했는데…. 우리의 약용 멍멍이를 소나 코끼리에다 유전자 이식을 해서 멍멍이 cow, 멍멍이 elephant를 만들어내야지. 그러면 짜슥들이 보신탕 먹는다고 뭐라 카지 않을 끼다.

a new issue「신간」

issue는 '발행, 판, 호, 유출, 논쟁, 토론, 출구'.

2 ✹ 접속사

• Special Offers :
There are / many exciting offers **and** additional bene-

fits/available to Foodtown Cardholders.
「• 각종 특가 제공:
있어요/많은 아주 저렴한 가격 제공과 기타 혜택도/Food-town 카드 소지자에게만 가능한」

문장의 구조를 살펴보자.
and는 exciting offers와 **additional benefits**를 연결시켜 준다. 그리고 many는 이 둘을 덮어씌워 주는 지붕 역할을 하고 있다. 그리고 꽁무니의 available이 이들을 수식해 주고.

exciting 단순히 '흥분시키는, 자극시키는' 등으로 해석하면 곤란하다. 3류 잡지에 등장하는 어휘로 쓰인다면 몰라도. 본문에서는 **'신나는, 기똥찬, 기발한, 놀라운'** 등으로 해석하면 무리가 없다.

exciting과 excited를 비교해 보자. 이걸 모르면 엄청 고생 하는 수가 있다.

I'm **exciting**. 「나는 **다른 사람을 들뜨게 하는** 사람이다」

I'm **excited**. 「나는 **기분이 들떠 있다**」

I'm boring. 「나는 다른 사람을 지겹게 하는 사람이다」

I'm bored. 「나는 지겹다」

베이징 유학생의 boring이 생각난다. 그는 일요일마다 I'm boring이라고 하더니 6개월 뒤 boring의 참뜻을 깨닫고는 I'm bored로 바꾸었다. I'm boring이라고 본인이 떠들고 다닌다면 누가 말상대라도 돼주겠는가! 더 지겨울 수밖에.

offer는 '제공, 제의, 부르는 값' 등의 뜻이다.

3 ※ 부사절, remember, 명령문

> As some of these offers are based on your own shopping/at Foodtown,//**remember to** use your Foodtown Card/every time you shop!
> 「이들 특가 제공의 몇몇 경우는 귀하 자신의 쇼핑에 근거하기 때문에/ Foodtown에서//귀하의 Foodtown 카드를 사용하는 것을 잊지 마세요/귀하가 쇼핑할 때마다」

some of these offers 「이들 특가 제공의 몇몇 경우」
'these offers 중의 얼마' 니까 복수로 받아서 **are**가 왔다.
be based on 「…에 근거하다, …에 기반을 두다」
remember 「기억하다」
이걸 모르는 사람이 어디 있겠노! 그런데 이 단어도 가끔 골치를 썩일 때가 있다. 주의하시라! remember는 부정사나 동명사 둘 다 거느릴 수 있는 특권이 있다. 그런데 이들은 서로 굉장한 뜻의 차이를 갖고 있다.
다음 문장을 비교하면 무슨 말인지 분명해질 것이다.
  • I remember to give you the ring.
「나는 당신에게 그 반지를 줄 것을 기억하고 있소」
  • I remember giving you the ring.
「나는 당신에게 그 반지를 준 것을 기억하고 있소」
every time you shop 「당신이 쇼핑할 때마다」
every time 뒤에 관계대명사 that이 생략되었다. **every time(that)**은 **whenever**로 바꿔쓸 수 있다.

Living Today Magazine

《Living Today》 is Foodtown's magazine, **packed with** articles, ideas & recipes. There is a new issue for Spring, Summer, Winter & Autumn and it's Free to all Foodtown Cardholders.

• Special Offers :

There are many exciting offers **and** additional benefits available to Foodtown Cardholders.

As some of these offers are based on your own shopping at Foodtown, **remember to** use your Foodtown Card every time you shop!

1 ※ 접속사

> No, we don't pass/your name **and** address/to anyone else.
> 「아니요, 저희는 넘기지 않습니다/귀하의 이름과 주소를/다른 사람에겐」

누가 묻지도 않았는데 **No**가 왔네. 당연하게 물을 거라고 생각한 모양이구먼!

본문 내용을 파악했는가? 모른다구? 누가 고시 pass했다 카더라, 누구는 고시 pass 후 애인을 차버렸다고 카더라. 그놈의 pass에만 익숙해서 본문은 깜깜!

다음을 해석해 보라.

Would you pass me the salt, please?

「소금 좀 건네주시겠습니까?」

이때의 **pass**는 '**건네주다**'. 본문의 pass의 뜻도 마찬가지다.

본문 내용은 카드 신청시 주소와 이름이 들어가는데 이걸 딴사람들에게 내돌리지 않겠다는 거다.

2 ✸ 조건절, 관계대명사, would, 접속사

> **If** we find information and offers / **which** we believe **would** be of interest to you, // we may write and tell you about them.
> 「저희가 구매 정보와 매매 제의가 있으면/저희 생각에 귀하에게 흥미가 있을 법한//저희는 그것들에 관해서 귀하에게 서신으로 알려줄 것입니다」

information and offers가 한 묶음으로 관계대명사의 which의 선행사다. 우선 if절을 해석해 보라.

종절의 **we believe는 삽입절**이다. 그 뜻은 '우리 생각에'. 그리고 would be가 있는 것으로 봐서 관계대명사 which절엔 주어가 없다. 그러면 which가 주어의 역할을 해야지. 그래서 **which**의 직함은 **관계대명사의 주격**이 아니던가!

삽입절을 골라내는 법이라!

잘 나가다가 삼천포로 빠졌다. 이게 웬일인가, 글쎄! believe가 나오고, 조동사, 그리고 be동사. 이런 식으로 출연 순서가 엉망이다. 자, 정신을 가다듬고. 배운 바를 최대한 활용해 보자.

동사들 중엔 **조동사가 제일 앞좌석**을 차지한다. 그렇다면 본문에서 조동사 would 앞좌석의 believe는 낯선 동네 친구다. 그러면 believe가 속한 동네의 동장은 누구인가? 바로 앞자리에 앉아 있는 we다. 이게 바로 삽입절이다.

we believe를 넣어서 관계대명사 which와 선행사 information and offers를 아무리 붙여주려고 해도 영 궁합이 안 맞다. 그러나

would be of interest to you를 집어넣으면 찰떡 궁합의 수준을 뛰어넘어 강력본드 궁합이다.

of interest「흥미 있는」

of+명사=형용사구. 본문에선 **보어**로 사용.

본문은 종절이 주절의 앞좌석에 출연했죠. 이런 경우 종절의 건방진 행동을 주절이 멍하니 보고 있을 수만은 없겠죠. 그래서 콤마를 찍어서 침범하지 못하게 구분해 뒀어요.

본문의 would는 과거의 **추측**을 나타낸다. '흥미가 있었을 법한'

종절인 if절이 먼저 오고 주절이 왔다. 주절의 may는 can과 비슷한 뜻. 접속사 and 뒤엔 동사가 있다. 따라서 and는 뒷동사와 앞동사를 짝짓기하고 있다.

write and tell「편지를 써서 알려주다」

여기서의 write는 단순히 글을 쓰다가 아니라 '편지를 쓰는 것'을 말한다. 그리고 write and tell이라고 해서 편지는 편지대로 쓰고 말은 말대로 전하는 게 아니다. '편지를 써서 그걸로 전한다'는 뜻이다. 편지가 말을 하느냐고 물으면? 할 말이 없다.

비슷한 예를 한번 들어보자.

금발 코쟁이가 길을 가는데 간판이 하나 걸려 있다. 그 간판엔 영어로 Kimchee라고 적혀 있었다. 그래서 그 친구가 말했다.

Look what it says.

직역하면, '그것이 무엇을 말하는지를 보라'.

의역하면, **'뭐라고 쓰여 있는지 보라'**.

그리고 제일 꼬랑지에 붙은 them은 information and offers를 가리킨다.

3 ✹ 수동태, 접속사, 구

> Any information we receive/**is held**/in confidence//
> and you are free/to access and correct your details/at
> any time.
> 「저희가 받는 어떤 정보라도/보관됩니다/비밀로//그리고
> 귀하는 자유롭습니다/귀하의 관련 기록을 살펴보고 수정하
> 는 것이/언제든」

본문의 창설 멤버는 수동태, 관계대명사, 접속사뿐이다. 그런데 의미를 파악하려면 아무래도 +α가 있어야 할 듯하다.

Any information we receive에서 any의 뜻이 과연 뭘까? 흔히 any를 some과 대별하여 의문문과 부정문에 쓰인다고들 한다.

그렇다면 왜 그런가? 분명히 any는 위에서 언급한 내용 이상을 품고 있다.

심심한데 번지 점프(bungee jump)나 한 번! 그런데 막상 하려고 난간에 서니 간이 콩알이 되었는지 영 녹아버렸는지 뱅글뱅글 저승이 보일락말락이다. 그때 조교가 빈정대듯 한마디 던졌다.

Come on, any one can do it.

「누구라도(어떤 사람[놈]이라도) 할 수 있어」
따라서 이 경우 any는 **'어떤 누구라도'** 의 뜻이다.

그렇다면 다시 고향으로 돌아가서 Any information we receive를 해석하라. **「우리가 받는 어떤 정보라도」**

Any information we receive가 본문에선 주부(주인이 되는 부분)다. 그런데 뒤따르는 인물들이 아리송하네. be held는 '개최하다' 인데. 88올림픽 덕분에 잘 배워뒀지.

The 88 Seoul Olympics were held in Korea.

그런데 본문의 is held는 잘 안되는데. 아무래도 성질이 다른가 봐. held가 되기 전의 모습은 뭘까? hold다.

hold는 '갖고 있다, 보관하다, 유지하다'.
야, 이제 한 놈은 해결됐다.
be held「보관되다」
오케이, 당첨! 그런데 뒤따르는 놈은 또 뭘까?
confidence는 '자신, 확신, 신뢰, 신용'. 그리고 앞좌석에 in이 있는 **in confidence**는 '**비밀로**'라는 숙어올시다.
is held in confidence「비밀로 보관되다」
and가 두 번이나 출연하는데 첫 번째는 문장과 문장을 연결하는 and이고, 두 번째는 문장 속에서 동사와 동사를 연결하는 좀 소극적인 and다.

and you are free to access and correct your details at any time에서 be free to는 '…하는 것이 자유롭다, 자유롭게 … 할 수 있다'. 걸핏하면 You're free to… 하는 문장이 등장한다. 자주 대하다 보면 저절로 익혀지기 일쑤다. 하지만 여기서 끝장을 내시오.

access란 또 뭐람? 아이구, 나도 모르겠다. 여러분이 알아서 하시오. accessory는 잘 알면서 말이야. 보시오! 머지않아 액세서리 없는 패션이 오고야 말 것이오. 장롱 속의 금덩어리, 다이아몬드를 모조리 땅속으로 돌려주시오(고린도전서 21세기?).

access「…에 다가가다, 들어가다, 접근하다」
본문에 적합한 내용을 골라잡아라. 놈들 중에서 맞춤이 없으면 헐렁한 거라도 끌고 와야지.
correct your details「당신의 신상 명세서를 고치다」
details는 '세부 사항', your details는 신상 및 구매 선호품, 취향 등에 관한 기록의 의미를 가지므로 간단히 '귀하의 관련 기록'.
at any time「언제라도」

4 💥 to부정사, 명령문+and…, 명사절

> If you do not wish/to receive information,//simply write or phone/**and** we will ensure/that you do not.
> 「귀하가 원하지 않는다면/정보를 받는 것을//편지를 하거나 전화만 주십시오/그러면 저희는 확실히 하겠습니다/귀하가 받게 되지 않는다는 점을」

읽으며 해석이 된다면 어디서 끊기는지, 다시 말해서 종절과 주절의 38선이 어딘지 충분히 알았겠죠?

wish나 want는 때에 따라 약간의 차이가 있지만 비슷한 내용으로 쓰인다.

simply write or phone 여기의 simply가 진정으로 뜻하는 바가 뭐냐는 게 중요하다. simply의 뜻은 '간단히, 단순히'. 그러니까 **'편지를 하거나 전화만 하면 된다'** 이런 식이 되겠죠. 그리고 or는 두 동사를 연결하고 있다.

명령문+and 「…하라, 그러면~」

ensure 「책임지다, 보장하다, 확실하게 하다」

맨 뒷좌석의 **you do not**은 생략된 형태다. 앞에 이미 출연했기에 다시 반복하고 싶지 않다는 거다. 그러나 무엇이 생략되었는가는 알아야지. 문장의 내용 파악에 중요하니까.

원래의 얼굴을 찾으면,

→ you do not receive information.

5 💥 미래형 조동사

> NOTE: this **will** also exclude you/from any of our Promotions & Draws.

> 「주의 : 이것은 또한 귀하를 제외시킬 것입니다/모든 판매 촉진 상품 제공과 추첨 기회 부여로부터」

NOTE 괜히 대문자로 나와서 나의 애를 끓이나니! 강조하고 싶다는 얘기겠죠.

exclude는 include(포함시키다)의 반대. 그러니까 '제외시키다'.

promotion 잡다한 뜻이 많지만 본문에 해당되는 말은 '**판매촉진 상품 제공**' 행위이다. 그러니까 판매 촉진을 위해서 가격을 좀 낮추어 내놓은 상품, 세일 물건 등을 제공하는 것이죠.

draw는 '추첨'. 그러니까 행운권 같은 걸 뽑는 것 따위.

본문 내용을 보니 자칫하면 추첨에서 제외되는 경우도 있네요. 이걸 a dog case(야, 적지 마. 암기하지 마. 엉터리 영어라구! 개 같은 경우)라고 하지. 우매, 가볍게 생각하다간 큰 코 다치겠네. 나는 상품 추첨엔 강하니까 말이야.

6 💥 조건절, 명령문

> If you have any queries, suggestions or anything **at all**// you **would like to** talk to us about,//please do call on Auckland 2752601 or 0800220786. We would love to hear from you.
> 「만약 귀하가 어떤 질문이나 제안이나 그밖의 무엇이든 갖고 있다면//귀하가 저희에게 말하고자 하는//오클랜드 2752601이나 0800220786으로 부디 전화주십시오. 저희는 귀하로부터 소식 듣기를 원합니다」

이제 서서히 머리가 무거워진다. 그래도 용량은 충분하니까. 용기를 내어 쭉 읽어내려 가자. 그런데 **query**가 뭐지? 야, 뒷걸음치지 마. 도대체 이런 영어가 있을까! 물론 있으니까 나온 거 아니야. 문장 내용을 보니 저놈의 query는 분명 **question의 친구** 같은데…. 사전을 보니 맞네!

at all을 연구해 보라. 자주 등장하는 뜻은 여러분이 사전에서 찾아보기로 하고. at all은 **긍정문**에선 **'어쨌든, 하여간'**이란 뜻이다. 아마도 잘 몰랐을 거다.

전열을 가다듬고 다시 전진. at all 뒤에 주어가 나오고 동사 무리들이 등장하네. 고민하자, 고민, 고민, 고민. 고민 뒤엔 안 고민이 오고, 영광이 오느니라.

옳아, 그렇지! at all **뒤에 관계대명사 that이 생략**되었구나.

would like to 「…하고 싶다」
이거야 개구리 올챙이 적에 배웠잖아.

그런데 주절의 동사 **call on** 앞에 do가 붙었다. 이건 어디서 굴러 온 수박이냐? 일반동사 앞에 **do가 붙으면 강조**하는 거라고 했잖아. 야, 내 입술 봐라, 부르텄지.

꽁지에 붙은 **would love to**는 **would like to**와 **마찬가지**의 뜻이다. 그런데 **love**를 넣으니까 훨씬 **부드러운 느낌**이 드네요. love의 힘은 대단한 거지요.

7 ✸ 명령문, 부사절

> Please sign your card//**and**, next time you're shopping,/give it/to the checkout operator/before you pay.
> 「귀하의 카드를 사인하세요//그리고 귀하가 쇼핑하는 다음 번에/그것을 주세요/계산 점원에게/계산하기 전에」

명령문 다음의 and는 통상 '그러면'으로 해석된다. 그러나 이건

and 다음에 주어 + 동사 형태의 문장이 올 때의 얘기다. 그러나 본문에선 또 명령문이 등장했다. 물론 next time 이하를 말하는 것이 아니다. 이건 뒤에 오는 명령문의 종절이다. 이 경우엔 and의 뜻이 원상 복구되어 '그리고'다.

next time you're shopping「귀하가 다음에 쇼핑할 때」
주목 : **현재가 아니라도 현재진행형**이 사용된 건 **next time을 현재로 보았기 때문**이다.
checkout operator는 억지로 풀이하려고 땀깨나 흘릴 만한 인물이군.

호텔에서 실컷 잘 자고 밖으로 나오려니 checkout 하느냐고… 야, 웬 시비야. 내가 무슨 수표를 꺼냈다고 그래? 호텔에서 자봐야 알지. 그렇다고 단어 하나 건지려고 비싼 호텔비를 들여서 실습할 수도 없고.

아무튼 checkout은 호텔만의 전유물이 아니다 **쇼핑 센터나 백화점 등에서도 checkout**을 쓸 수 있다. 그러니까 볼 일 다 보고 밖으로 나가려고 계산하는 걸 말하죠.

그런데 operator는 뭔가요? 전화 교환수도 operator, 운전하는 사람, 그러니까 기계를 작동하는 사람도 operator…, 슈퍼마켓에서도 점원이 **기계를 작동하니까 operator**라고 하는 모양이다.

8 ※ 관계대명사의 생략, 수동태

> That's all//you need to do. Your Foodtown Card savings will be deducted automatically.
> Welcome & THANK YOU/for shopping at Foodtown.
> Yours faithfully,

「그것이 전부입니다/귀하가 해야 하는. 귀하의 Food-town 카드 절약 내역은 자동으로 제해질 것입니다.
환영합니다. 그리고 감사합니다/Foodtown에서 쇼핑하는 데 대해
이만 줄입니다」

간단한 문장들이다. 그래도 혹시 하는 생각에. 돌다리도 두들겨 보고 건너라고 했잖은가! 하기야, 요새 돌다리가 어디 있겠냐마는. 성수대교를 두들겨보고 건너라고? 그래 봤자지 뭘.

That's all you need to do. 요따위 문장은 회화체에서도 자나 깨나 튀어나오는 문장이다. 「너(귀하, 선생님 등. 상황에 따라서 입맛대로)가 해야 할 건 그게 다야」

be deducted 「공제되다, 제해지다」

automatically는 '자동적으로'. 흔히 오토라고 말하는 건 automatic을 줄여서 하는 말인데, 저쪽 사람들은 잘 쓰지 않더라구.

Yours faithfully 이건 **Sincerely yours**와 마찬가지 뜻.

그런데 이건 yours가 뒤에 왔다.

그런데 요놈들이 위치를 맘대로 바꿔도 되는가? 그렇다.

Yours faithfully, = Faithfully yours,

Sincerely yours, = Yours sincerely,

간단히 말하면 편지 꼬리다. '이만 줄이겠어'에 해당되는 말이다. 이걸 억지로 해석하면 우스꽝스럽게 되고 만다.

누구누구는 자신에게 온 펜팔 편지 밑바닥의 Yours faithfully를 '충실하게 당신의 것'이라고 해석했다. 그래서 청혼으로 착각했다고 한다. 이것은 일종의 정중한, 판에 박힌 형식적인 인사말에 불과하다. '이만 줄인다'는 표현으로 **All for now**를 쓰기도 한다.

Foodtown Information

No, we don't pass your name **and** address to anyone else.
If we find information and offers **which** we believe **would be** of interest to you, we may write and tell you about them.
Any information we receive **is held** in confidence and you are free to access and correct your details at any time.
If you do not wish to receive information simply write or phone **and** we will ensure that you do not.
NOTE : this **will** also exclude you from any of our Promotions & Draws.

If you have any queries, suggestions or anything **at all** you **would like to** talk to us about, please do call on Auckland 2752601 or 0800220786. We would love to hear from you.

Please sign your card **and**, next time you're shopping, give it to the checkout operator before you pay.
That's all you need to do. Your Foodtown Card savings will be deducted automatically.
Welcome & THANK YOU for shopping at Foodtown.
Yours faithfully,

Roommate
독신녀인 집주인이 자신의 친구 Abby에게
룸메이트 수지에 관한 일을 이야기 하는 내용이다.
주말이면 아이들을 데리고 와 자신의 집을 어지럽히는
이 룸메이트와 사는 것이 얼마나 힘든 것인지
호소하고 있다.

4. 맘에 안드는 방 친구

1. Dear Abby (1)

1 ※ have to

> DEAR ABBY : **What's a roommate to do?** My roommate, Susie, has five children.
> 「룸메이트란 어떻게 처신해야 하지요? 제 룸메이트 수지는 다섯 아이가 있어요.」

Dear Abby의 글이다. 문장이 짜리몽땅해서 끊을 데가 없다.
What's a roommate to do?는 무슨 뜻인가? 원래 얼굴은 **What has a roommate to do?**이다. '룸메이트는 어떻게 해야 하지요?' 다시 말해 룸메이트의 처신에 관해서 묻고 있다.

have/has to 「…해야만 한다」
본문에서 My roommate와 Susie는 동격이다.
roommate는 '방을 같이 쓰는 사람'이다. 때로는 남편이나 마누라도 roommate에 해당된다.

미국이나 영국 등지에서 자취할 경우 남자가 여자를, 여자가 남자를 룸메이트로 맞이하는 일이 흔하다. 오히려 남자가 남자, 여자가 여자를 맞이하면 약간은 고민해 봐야 한다. 혹시 하는 생각에.

아이, 소변 마려워. 화장실… 아니, 벽에 웬 전화번호가! 무서운 세상이다. 아니, 온몸에 두드러기가 난다. 그렇다고 혼자 살려니 돈도 많이 들고 무섭고. 아직은 그래도 우리 집 앞마당(코리아)이 제일이여!

mate는 '짝, 짝꿍', classmate는 '급우'

2✹ from A to B, 접속사

> They range in age/from 11 to 18. **Two** live with her,//
> and **three** live/with their father.
> 「그들은 나이 사이에 있어요/11세에서 18세까지의. 둘은 그녀와 살고//그리고 셋은 살지요/그들의 아버지와 함께」

range는 '범위가 …다' 라는 뜻. in age는 '나이에 있어서'.
range in age from 11 to 18 나이에서 범위가 11에서 18까지다, 그러니까 **'나이가 11세에서 18세까지 있다'** 는 뜻이다.

그리고 나이를 말하는데, 뒤따르는 명사 없이 수사만으로 '11(열하나)에서 18(열여덟)'로 했다. 하지만 문제될 게 없다. 우리말도 마찬가지가 아닌가. 걔는 19이야. 그 할머니는 99이야.

본문의 **two**와 **three**는 복수니까 동사의 **원형인 live**가 왔다. 주어를 여럿(복수) 모시면 동사는 화장할 필요 없이 원형 그대로 나타난다는 원칙에 입각해서.

접속사 and 뒤엔 수사가 왔다. 그렇다면 앞동네에서도 수사를 찾아봐야 하느니라.

3 ※ 부사절, 부사구

> When all five are here/**for a month/in the summer**,//
> life is difficult.
> 「다섯 명 모두가 여기에 있을 때/한 달 동안/여름에//생활이 어려워요」

우리말로는 **다섯 명 모두**, 모두 다섯, 어느 식으로도 괜찮지만 영어로는 five all하지 않고 항상 **all five**로 표현한다. 물론 five all이란 말이 없는 건 아니다. 특히 경기의 스코어를 부를 때 **5 대 5 동점**일 경우 **five all**이라고 한다.

for a month in the summer 「여름 한 달 동안」
좀더 알기 쉽게 in까지 풀이하면 여름에 한 달 동안. 그냥 '**여름 동안**'은 for summer.

Life is difficult. 「사는 게 어려워요」
사는 게 말이 아니라요. 이땐 관사가 붙지 않지요. 증거를 대볼까요?
Life is short, art is long. 「인생은 짧고 예술은 길다」
life의 뜻은 '생명, 수명, 생활(상태)' 등 다양하다.

4 ※ 관계대명사 who, few, 접속사

> The children/**who** live with their father/**have few** rules, no chores, curfews or discipline/in their home.
> 「아이들은/아빠와 함께 사는/규율이 거의 없고, (각자 맡은) 집안 일과 귀가 시간 제한이나 가정 교육이 없어요/집에서」

명사가 나오고 who가 튀어나왔다. 일단 관계대명사인지를 의심해 보고 다음으로 나가자. 달려가니 또 동사가 나왔다. 이런 경우

4. Roommate 121

앞동사는 앞동네를, 뒷동사는 뒷동네를 책임진다. 이 경우 뒷동사가 앞동사보다 권세가 더 강하다.

형용사 역할을 하는 관계대명사절이 나타나기만 하면, 뜻은 안중에도 없이 꽁무니까지 갔다가 머리통으로 되돌아오는 구시대적 발상을 전수받아 아직도 고수하고 계시나이까, 그대여! 제 버릇 개 못 준다는 말처럼 일단 가까이 하면 버리기 힘든 게 버릇이다.

그라믄 마 우찌해야 된단 말씀인고.

읽으면서 머리 암산으로 해석이 착착! 물론 영어는 우리말과 어순이 다르다. 그렇다고 해서 죽으나 사나 꽁지부터 해석을?

머리 암산식 해석 : **The children**인데 누구냐 하면/ 아빠와 함께 살고 있는 아이들인데 (그들이 우쨌단 말인가 하면)/규율이 없고, 할 일이 없고, 귀가 시간도 없고, 가정 교육도 없고, (어디서 그런가 하면)/**집에서.** 뭐 이런 식으로.

아무리 제까짓 영어가 어렵다손 치더라도 머리에서 꼬랑지까지 왔다리 갔다리 훑고 또 훑으니 못 훑을 리 없건마는, 도대체 실력이 늘어야 흥이 나지.

그렇다! 여러분은 주판 도사의 후예들, 바로 암산 도사가 아닌가! 어찌 아메리카 대륙에서 인디언을 몰아내고 늑대와 춤을 추어대는 그들보다 못할쏜가!

wild ginseng(산삼)을 먹은 힘센 뒷동사가 주인을 모시게 된다. 그러면 선행사를 포함한 앞동네, 즉 **주부**를 해석해 보자.

「아빠와 함께 사는 어린애들은」

물론 여러분 중엔 야야, 치아라 치아. 그걸 누가 몰라. 하지만 뻔히 알고 있는 것도 숙달을 해야재. 단군 할아버지한테 물어봐라.

한 가지 의문이 있어요. few rules, no chores, curfews or discipline in their home에서 rules와 chores는 각각 few(거의 … 않는)와 no가 붙어서 부정을 뜻하고 있어요. 그런데 어찌하여 curfews와 discipline엔 요런 놈이 없죠?

언어란 인간사에서 가장 이치에 맞게 만들어진 작품 중 하나다. 인간들이 굶으면서, 죽어가면서도 내뱉는 게 언어가 아닌가. 따라서 이런 언어를 어찌 고물 없는 찐빵 취급을 할 수 있단 말인가.

왜 rules 머리엔 few가 붙어 있고 chores 머리엔 no가 붙어 있는가? 따져 봅시다. few(거의 …않는)와 no는 뜻이 다르다.

curfews와 discipline 머리엔 앞선 no chores의 영향을 받아 no가 생략되었다. 반복을 피하는 게 신선함을 주기 때문이다. 칭찬도 가끔, 뽀뽀도 가끔이어야지, 지나친 반복은 싫증을 가져온다. 다 수긍이 간다고?

chore 허드렛일, (복수 형태로) 가정의 잡일/curfew (야간) 통행 금지/discipline 훈련, 규율

5 ※ 부사절, 접속사 and, 부사구

> When they arrive,/they are frequently rude, **complaining**, unappreciative, and disrespectful/to their mother, their siblings and to me.
> 「(이곳에) 그들이 당도하면,/그들은 빈번하게 불손하고, 투덜대고, 감사할 줄 모르며, 그리고 존경할 줄 몰라요/그들 어머니에게, (이곳에 사는) 형제들에게 그리고 나에게」

종절이 먼저 얼굴을 내밀었다. 이런 경우엔 통상 꽁무니에 콤마를 찍어서 주절과 차별 대우한다.

주절엔 여러 명의 형용사 손님들이 줄줄이 and로 연결되어 있다. 그리고 to their mother, their siblings and to me도 and로 연결되었는데 앞에는 and가 생략되어 있다. 흔히 and로 연결할 때는 실컷 잘 나가다가 **꽁무니에 한 개를 남겨두고 and가 튀**

4. Roommate 123

어나와 마무리해 버리지요. 할매, 할배, 김 영감, 홍길동, 이순신, 임꺽정, 강감찬, 김유신, and(그리고) 나. 이런 식이죠.

frequently「자주, 종종, 때때로」
often과 비슷한 뜻이죠.

rude「불손한, 버릇없는」
nude가 아녜요. 하기야, nude도 버릇없기는 마찬가지. 아, 그건 아니라구요? 그렇지, 목욕탕에서야.

complaining「불평 많은」
-ly=complainingly「불만스레」
complaint「불평」

I have a complaint in my stomach은 무슨 뜻이오? '위가 불평을 한다'면 **'위장이 나쁘다'** 는 얘기가 아닌가! 속에 들어앉았다고 불평도 못한담!

unappreciative「감사할 줄 모르는」
appreciate는 '감사하다', appreciation은 '감사, 감상'.

disrespectful「실례되는」
disrespectable은 '**존경할 수 없는, 존경할 가치가 없는**'. +able에 유의하면서 입력해 주세요.

siblings「형제 자매」
같은 음식이라도 꽃순이하고 먹으면 맛있고, 같은 노래라도 올리비아 뉴튼존이 부르면 더욱 땡긴다. 다시 말해서 분위기가 중요하다는 말이다. 그런데 웬 분위기? 야, siblings를 무작정 외워 봐라. 잘 되냐? 요럴 땐 단어의 분위기를 파악해서 입력하면 솜사탕처럼 사르르 넘어가지. **si는 sister**에서, **b는 brother**에서 따오고 꼬랑지의 **ling**은 접미사, 일명 꼬랑지사로 '**…에 속하는 사람, 물건**'이란 뜻이오.

ling이 들어가는 말들을 한번 살펴볼까? duckling(오리새끼), nurseling(젖먹이, 유아, 귀염둥이), youngling(유아, 동물의 새끼,

애송이)등이 있다.

노파심이 발동한다. 혹시 nurse를 간호사라고만 알고 있을까 봐 걱정돼서. nurse는 그외에도 '유모, 보모, 간호원, 아이를 보다, 돌보다, …에게 젖을 먹이다, 키우다, 양육하다' 등의 뜻도 가지고 있다우.

주목, 그리고 미안! 중요한 걸 빠뜨렸다.

When they arrive를 그들이 도착할 때라고 해석하면 내용상 궁합이 삐그덕거린다. 아마 when이 부사절을 이끌면 '…할 때'라고만 알고 있지요? 그런데 이 when도 둔갑을 한다. 그래서 의미도 변한다. **when=…하면=if가 된다**는 사실을 꼭 알아두세요. 정 믿지 못하신다면 사전을 한번 찾아보세요.

Dear Abby (1)

DEAR ABBY: **What's a roommate to do?** My roommate, Susie, has five children.
They range in age from 11 to 18. **Two** live with her, and **three** live with their father.
When all **five** are here **for a month in the summer,** life is difficult.

The children **who live** with their father **have few** rules, no chores, curfews or discipline in their home.
When they arrive, they are frequently rude, **complaining,** unappreciative, and disrespectful to their mother, their siblings and to me.

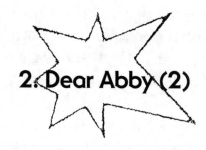

2. Dear Abby (2)

1💥 자격의 as, 부사구, 종절

> As **a homeowner and single woman,**/I cringe/when the children arrive.
> 「집주인이고 독신녀로서/저는 쩔쩔 매요/애들이 오면요」

본문의 **as는 자격**을 나타낸다. 그래서 '…**로서**'로 해석된다. 앞선 문구에선 and가 앞뒷집을 중매섰고 부사구로서 주인을 섬기는 종이다. 따라서 주인 나으리와 차별을 위해 콤마 표시를 해뒀다.
 single의 뜻은 '**단 하나의**'.
그렇다면 '**그녀는 독신 여성이다**'는 어떻게 하는가?
She's single woman.
She's a single woman.
문제는 '**a를 붙여야 하느냐, 안 붙여도 되느냐?**'이다. 골라 잡으시오. 둘 중 하나. **붙는다.** single woman은 독신 여성이므로 독신 여성이 한 사람이면 당연히 a의 힘을 빌려야 한다. 하지만 본문의 경우는 다르다. homeowner 앞좌석의 a가 뒤에 오는 single의 woman에도 은혜를 베풀었다. 한 사람이 집주인이고 또 독신이다. 그러니까 a가 앞에 하나만 붙으면 足.

cringe「움츠러들다, 비굴해지다, 무서워하다」

when the children arrive '아이들이 도착할 때' 라고 하면 주절의 해석과 조화가 잘 안돼 왠지 꺼끌꺼끌하죠? when=if로 **'아이들이 도착하면'** 으로 해석하면 주절과 매끄럽게 조화가 이뤄진다.

2 💥 접속사 that의 생략, 부사절엔 will, shall 초청 사절

> I know/there will be no peace/in my home/**until they leave.**
> 「저는 알아요/평화가 없을 것을/제 집에서/그들이 떠날 때까지는」

I know 문장과 뒤따르는 문장이 딱 들러붙어 있다. 누가 이 짓을 했단 말인가? 이건 접속사, 즉 중매쟁이의 몫인데 말이야. 그런데 무슨 이유로 중매쟁이가 출연을 하지 않았지? 그렇지! 훈장 선생님 말씀이 생각났다. 목적격의 that은 생략할 수 있다고. 야야, 잠깨라. 훈장 선생님이 아니라 ET(English Teacher)가 그랬다.

peace「평화」

Peace Corps는 **'평화 봉사단'**. 집집마다 원피스, 투피스 하는데 이게 '한 평화', '두 평화'면 얼마나 좋겠노! 발음이 똑같은 이 **piece**는 **'쪼가리'** 다. 권투할 때 사용하는 것은 mouthpiece.

in my home「제 집에서는」

until they leave 「그들이 떠날 때까지」

본문에서 there will be no peace엔 조동사 will이 하숙하고 있다. 그런데 until they leave엔 미래를 짊어져야 할 조동사가 왜 코빼기도 안 보이는가? 이상하도다, 이상하도다! 문법책을 뒤적거려 보자. **부사절에선** 죽어도 **미래조동사를 쓰지 마!** 쓰지 말라면 쓰지 마! 야, 겁나네. 당장 머리에 들어오네. 더 고함질러 주세요. 깨갱깨갱, 꼬끼오…! 고막 터져버렸다.

그런데 왜? **until**은 '**…할 때까지**'로 **시점이 정해져** 있다. 따라서 조동사를 일부러 초청해 아까운 외화를 낭비할 필요가 없다.

3 💥 구, 접속사, to부정사

> I worry/about my pets, swimming pool or trampoline accidents, my belongings/and my ability **to hold my tongue.**
> 「저는 걱정이예요/제 애완동물들, 수영장이나 트램펄린 사고, 제 물건들/그리고 제 인내력(잔소리를 하지 않고 견딜 수 있는 능력)에 대해서」

'워리(worry)'는 개 부를 때 쓰는 말인데. 본문에서 **about을 뒤따르는 졸개들**을 살펴보자. 상당한 대군이다. my pets, swimming pool or trampoline accidents, my belongings and my ability.

그런데 어떤 인물은 my가 붙었고 어떤 인물은 my를 배급받지 못했네요. 여기가 북한인가, 왜 배급도 제대로 못 받지! 무슨 영문인가? 없는 인물은 swimming pool or trampoline accidents군.

왜 없을까요? 이놈들에게도 my를 붙여봅시다. 그럼! **my swimming pool or trampoline accidents.**

이놈을 해석하면 **내 수영장 사고 또는 내 트램펄린 사고.** 결국 my와 수영장, 그리고 트램펄린 모두 사고를 꾸미게 된다. 그렇다면 내 사고란 말은 합당치 않다. 좋은 건 안 돌아오고 사고만 떠맡아야 한단 말인가. 따라서 이 경우 **my의 초청은 불필요**하다.

trampoline 이거 아세요? 그림이나 사진을 좀 보여드리면 좋겠는데. 둥그런 철 테두리에 용수철로 이어놓은 기구지요. 아이들이 올라가 붕붕 방방 뛰어대며 논다. 일종의 널뛰기다.

pet이란 무엇인가? 여러분은 pet에 대해서 얼마나 알고 있나요? 알고 있다고? 시시하다고? 공부란 아는 것을 기본 축으로 해서 쌓아가야 하는 것. 그래서 우리 조상님들도 낫 놓고 기억자를 배운다고 안했나! 글쎄, 난 우리 조상 대대로의 이러한 저력을 탐낸 서양인들이 우리 것을 무지하게 도둑질해 갔다고 봐. 루브르 박물관이나 무슨 박물관을 들추면 규장각뿐만 아니라 단군 할아버지와 웅녀 아줌마가 쓰시던 지게와 낫도 있을지 모른다구. 낫과 지게를 갖고 간 서양인들은 낫 놓고 L자를, 지게 놓고 A자를 배웠을거야. 비록 도둑들이지만 대단한 양반들이야. 아마 머지않아 서당개까지 몰고 가 풍월을 읊게 할지도 몰라.

봐, 김치를 갖고 가서 일본인들은 '기무치'라고, 미국인들은 '킴취'라고 바꿔버렸잖아. 그뿐인가! 두부를 토부, 된장국을 미소수, 김밥을 스시, **Korean cabbage**를 **Chinese cabbage**, 그것도 모자라 동해를 **Sea of Japan**이라고 우겨대니. 아이고, 배아파 죽겠다. 학생들이 이런 걸 위해 국제적인 데모를 좀 해야 할 터인데. 우리 안방에서 최루탄이나 무차별 터트려대니.

자, 잔소리는 그것으로 족하고.

pet은 여러분이 야전 잠바 안에 넣고 다니는 휴대용 난방 강아지? 그런데 pet이란 개뿐만 아니라 고양이, 새, 뱀, 쥐, 다람쥐, 지렁이 등 **애완동물**은 모조리 다 지칭한다. 이쯤은 안다고요?

Good!

동사로 살짝 둔갑하면 '**귀여워하다, 총애하다, 애무하다**'. 뭐? 애무하다? 아니, 왜 갑자기 눈이 커지고 그래? 김새는 애기로 돌리자. pet에 '**삐지다**'는 뜻도 있어요. 거참! 실컷 애무(페팅)해 주었는데 삐지다니.

my belongings and my ability는 사실 my를 따로 붙일 필요가 없다(고개 갸우뚱). 그런데 뒷좌석에 죽치고 있는 to hold my tongue이 ability만을 협조 융자해 주고 있어서, 구별을 위해 my가 특별 출연한 거다.

my ability to hold my tongue「입을 다물고 있을 나의 능력」

직역하니 좀 그러네. 아리송해! 입을 다물고 있을 나의 능력이라…. 그러니까 잔소리를 하고 싶어도, 욕을 하고 싶어도 혓바닥 관리를 잘해야 할 텐데 하는 뜻이구먼! 그리고 본문의 to hold my tongue에서 **to부정사**는 앞선 명사 **my ability를 원조**해 주는 구실을 한다. 그래서 **형용사적 용법**이라고 하지.

hold one's tongue 「입을 다물다, 침묵을 지키다」

4 💥 가정법, 화법, 관계대명사 what, 수동태, 부사절

> The question : Would I **be out of line**/if I spoke up and said,/"That is what's expected **of you**/while you are visiting/in my home?"
> 「질문 : 주제넘은 짓일까요/만약 제가 큰소리로 이렇게 말한다면/"그럴 줄 알았어/너희가 있는 동안/내 집에?"」

가정법 없인 연애도 못한다. 연애 없이 무슨 재미로 사노? 연애는 인생의 영원한 탐험. 또 옆길로 샌다 새. 그래도 할 수 없다. 연애는 달콤한 속삭임. 영어로도 sweet nothings. 달콤한데 알고 보면 모조리 헛것.

달콤한 것들의 대부분은 가정법이다. 내가 새라면 너에게 날아갈 텐데, 내가 부자라면 네게 코걸이와 혓바닥걸이, 발바닥걸이를 해줄 텐데, 우리가 결혼할 수만 있다면 일곱 쌍둥이를 낳을 텐데.

본문엔 **가정법과 화법**이 동시 출연했다. **가정법 과거**란 얼굴 **모양은 과거**지만 **뜻은 현재의 사실에 반대**되는 것을 가정하는 것이다. 그래서 주절엔 would, should, could, might 중에 문맥상 적당한 놈이 오고, **if절엔 과거형**이 와야 한다.

화법, 즉 " "속에 든 건 **직접화법**이니까 그대로 옮겨놓은 것이다. " "로 봉한 이유는 바람들어 변질되지 말라고 한 것. 화자(話者)의 말의 내용이 변질되지 않아야 그대로 옮길 수 있지.

out of line 단어들을 풀이하니 '선의 바깥'이다. 결국 **'주제 넘은, 시대에 뒤떨어진다'** 는 뜻이 되네.

speak up and say 「목청 높여 말하다」

본문에서 spoke and said로 과거형이 온 건 가정법 과거니까 그렇다. speak up은 소리 높여 말하다.

That is what's expected of you. 이 문장에선 초대 손님이 많다. 먼저 선행사를 포함하는 관계대명사라 선행사 없이 단독 출연한 what이 있다. what은 '…하는 것'으로 해석된다. 그리고 be+pp. 형식의 수동태와 of들이다. 때론 of가 from의 뜻을 지닐 때가 있다.

'그게 너로부터 기대되는 것이다.'

다시 말하면 **'그럴 줄 알았어, 뻔할 뻔자야'** 식의 내용이다.

그리고 **while**은 '…하는 동안', 주로 문장을 이끄는 명장.

5 must be, similar to

> Abby, there must be other people/in situations/similar to mine. What do they do/under these circumstances?
> 「애비, 틀림없이 다른 사람들도 있을 거예요/상황에 처한/저와 비슷한. 그들은 어떻게 할까요/이러한 상황에서?」

must be 「…임에 틀림없다, 틀림없이 … 하다」
이걸 모르면 당신은 must be a 돌(농담). 알아듣네! 돌은 아니다 이거?

in situations 「여러 가지 상황에서」

similar to 「…과 닮은, 같은」

What do they do under …? 「…하에서 그들은 어떻게 하는가?」 해석상 what은 종종 '어떻게'로 된다.

under these circumstances 「이런 처지(하)에서, 이런 환경(하)에서」

흔히 영화에서 경찰이 **You're under arrest**라는 말을 많이 한다. 이건 '넌 체포하에 있어.' → **'넌 체포야'**.

circumstances는 주로 복수형으로써 '상황, 환경, 처지, 사정' 따위를 나타낸다.

Dear Abby (2)

As **a homeowner and single woman,** I cringe when the children arrive.

I know there will be no peace in my home **until they leave.**
I worry about my pets, swimming pool or trampoline accidents, my belongings and my ability **to hold my tongue.**
The question: Would I **be out of line** if I spoke up and said, 'That is what's expected **of you** while you are visiting in my home?"

Abby, there must be other people in situations similar to mine. What do they do **under these circumstances?**

> **Planning for Your Future**
> 재테크에 해당되는 내용이다. 어떻게 반전될지 모르는 인생에 있어서 돈을 저축하고 투자하는 것, ANZ(Australia and New Zealand) 은퇴 플랜 등에 대해서 설명하고 있다. 말년에 고생하지 않으려면 미리미리 이런 것들을 알아두고 준비해 둬야 겠지….

5. 비오는 날을 위한 맑은 날의 계획

1. Planning for Your Future (1)

1 ※ 대명사, to부정사, 접속사, 사역동사

> For most of us,/money is a key ingredient/**to maintain** our lifestyle/and **make** our dreams a reality.
> 「대부분의 우리에겐/돈은 주요한 요소지요/생활 방식을 유지하기 위한/그리고 우리의 꿈을 실현시키기 위한」

　most를 두드려 잡자. 아니, 잘 모시자. most는 many와 much의 최상급이다. 야, 그거야 누가 모르나? 누구는 그걸 몰라서 시험에 떨어진 줄 알아? 대한민국에서 미역국 먹은 애들은 다 안다.
　그럼 most people과 most of the people을 구별해 보시오. 모른다고? 기본 실력이 거기라 이거지. 거기가 바로 바닥이야. 바닥 보이면 창피야, 창피!
　most people은 특정인들이 아닌 막연한 '대부분의 사람들'. **most of the people**은 그 사람들의 대부분이다. 정관사 the가 범위를 제한하고 있지 않은가. the의 위력을 무시하면 곤란해요. 그렇다면 most of people은 뭔가? 미안하지만 이건 안된다. 간단하게 most people이 있는데 뭐할라꼬 of까지 넣어서 사서 고생하는가! 그런데 most of us는 오케이다. 본문에 나온 걸 보면 몰라? 그런데 그 이유를 알아야지.

most of us에서 **us는** 일반명사가 아닌 **대명사**다. 대명사는 특별 대우를 받는다. 그래서 요놈도 **most of the us**처럼 **the가 들어가면 불량품**이다. 그 이유는 정관사란 명사 앞에 온다고 했지, 대명사 앞에 온다고는 하지 않았다. 감히 大자 붙은 인물 앞에 어찌 the가?

key ingredient「주요 성분」
ingredient「성분, 원료, 재료」

to maintain our lifestyle and make our dreams a reality
「우리의 생활 방식을 유지하고 꿈을 실현시키기 위한 (주요한 요소)」

본문의 to부정사는 명사를 도와주지 않고는 못 견디는 형용사의 역할을 한다. 그러니까 형용사적 용법이다.

make our dreams a reality「우리의 꿈을 실현시키다」

'**실현시키다**'를 주로 **come true**라고 한다. 따라서 본문의 a reality 대신에 come true를 넣어도 마찬가지다. 말이란 한 가지 뜻을 나타내기 위해서 동원되는 가족이 무한정이니까.

접속사 and는 누구와 누구를 짝짓기하는가? and 뒤엔 make란 동사가 왔다. 그렇다면 앞동네의 동사와 사귀고 있는 거다. 앞동네 동사를 찾아보니 maintain이다. 그렇다면 이놈 두 동사가 to를 모시고 있는 거다.

maintain「유지하다, 지탱하다」
lifestyle「생활 방식」

2 ※ 접속사, 주절과 종속절, 접속사와 관계대명사의 생략

> **While** money alone doesn't guarantee/success and happiness,//we usually need enough money to do the things/we want **for ourselves and those**/we care for.
> 「돈만으로는 보장하지 못하지만/성공과 행복을//우리는 늘 여러 가지를 할 만큼 충분한 돈을 필요로 하지요/우리가 자신과 …한 사람들을 위해서 원하는 (여러 가지)/우리가 아끼는 (사람들)」

while이 이끄는 종절이 주절을 제치고 앞으로 튀어나왔다. 종절이 앞으로 나오면 당연히 종절의 **뜻하는 바가 돋보이게** 된다. 배급도 앞선 놈이 먼저 타고, 매도 앞선 놈이 먼저 맞고, 줄도 앞선 놈이 고참이다.

야, 잠깨라. 중요한 게 나온다. 이거 모르면 명퇴도 못하고 황퇴(황당한 퇴직) 당해요. 명퇴, 명태, 동태, 황태. 남편이 명퇴한 후로는 그렇게도 좋아하던 명태국, 동태국만 끓이면 마누라를 오뉴월 마른 명태 패듯 두들겨 팼다. 여성 동지 여러분, 미안합니다(하필이면 이런 얘기를!). I love you all(아니, 이러면 일부다처제?). 어쨌든 어느 날 남편은 전화를 받았다. 남편의 명퇴를 위해서 '잘 가세요, 잘 가세요, 그 한마디였었네'를 불러주던 친구였다. 명퇴 후보에 들려고 인사 부장하고 한잔하고 나오는 길이라고. 그후 남편의 두들겨 패는 버릇은 사라지고 명태국을 먹기 시작했다나.

while은 흔히 '…하는 동안'의 뜻으로 출연한다. 그러나 본문에서처럼 자꾸만 걸리적거리는 얄궂은 면도 있다. 그러나 이놈과 영원히 껄끄럽게 지낼 수는 없는 노릇.

while「…하지만, …하면서도, (그런데)한편으로는, 비록 …는 아니지만(=though)」

아니, 이것만 알면 되네 뭘!
본문에서 필요로 하는 내용을 한번 골라보라.
money alone「돈만으로」
guarantee「보장하다」
need enough money to do the things we want 부정사가 나왔는데 조놈이 무슨 책무를 띠고 나타났는가?
해석을 하면? '우리가 원하는 것들을 하기 위한 충분한 돈을 필요로 하다.'
이런 식의 해석만 나오면 문제가 없는디. 그런데 **enough가 명사로도** 쓰이는가? 그렇다. 명사로도 쓰이고말고. 그래서 이렇게 써도 되다. need enough to do the things we want, 해석은 '충분한 양으로 한다'.
enough(형용사) money = enough(명사)
for ourselves and those we care for '우리가 아끼는 자신과 사람들을 위해서.' 이 해석이 과연 맞는가? 아니다. **'우리 자신과 우리가 아끼는 자들을 위해서'**로 해야 이치상 맞다. 따라서 ourselves는 독립된 개체로 보고 those는 관계대명사가 생략된 절의 영향권하에 있다고 봐야 한다. **생략된 관계대명사**는 선행사를 사람으로 갖는다. 그렇다면 who나 whom인데, 주격은 we가 차지하고 있으니까 **목적격**이 필요하다. 그놈이 바로 **whom**이다.
care for「…을 돌보다, …을 바라다, …을 좋아하다, …에 관심을 갖다」

3 ✹관계부사, 가주어와 진주어, to부정사, 구, 관계대명사의 생략

That's why // **it** is so important / **to set** aside money / to

> have **the means**/in the future/to do the things//you dream **about** today.
> 「그래서//대단히 중요해요/돈을 저축하는 일이**(진주어)**/수단을 갖기 위해서**(to부정사의 부사적 용법의 목적)**/장차/여러 가지를 하기 위해서**(부사적 용법)**//귀하가 오늘날 꿈꾸고 있는」

관계부사 why가 초청되었다. 관계부사 why는 원래 모습이 **the reason why**다. 그런데 이놈들은 한 놈씩만 출연해도 되지요. 무슨 말인고 하니 the reason만 와도 되고 본문에서처럼 why만 와도 된다는 뜻이에요.

That's why. 원래 이놈을 해석하려면 '그것이(이때는 that을 저것이라고 하면 곤란) 그 이유다' 뭐 이런 식이 되지만 촌티를 벗으려면 다음처럼 하는 것이 좋을 거구만유!

「그래서 (어쩌고저쩌고)」

그래도 못 미더우면 예문을 하나 구경해봅세.

You're wearing earrings. That's why I don't want to go out with you.「넌 귀고리를 하잖아. 그래서 난 너와 데이트하고 싶지 않아.」

남자가 귀고리를 하는 건 왠지…. 아참, 여기서 **go out with**라고 하는 건 '…와 함께 외출하다'가 아니라 **'남녀가 데이트하다'**.

문장에서 it이 주어로 튀어나오는 경우는 날씨라든가, 무게, 시간, 가격, 거리, 그리고 가짜 주어다.

본문에선 **it이 가짜 주어**로 쓰였다. 이 경우엔 주로 **It …for …to**의 형태인데 **for 다음**엔 to부정사의 의미상 주어가 온다. 그러나 특별 인사가 아닌 **일반 인물일 경우 의미상 주어는 생략**해 버린다. 본문에서 돈을 저축하는 건 특정 인물을 가리키는 게 아니라 일반인 누구나를 총망라한 말이다. 그 옛날 노래 가사에 억울하면 출세하라고 했던가! 특정인이 되려면 출세하고 볼 일이여.

so important 「대단히 중요한」
so 대신 very를 써서 very important라고 하면 어떤가? 거의 같다.

to set aside money 「돈을 저축하는 것」
'…**하는 것**.' 이건 to부정사의 **명사적 용법**이다. 우리말에 '…것' 이 붙으면 모조리 명사가 아니던가.
set aside 「저축하다」

to have the means 「수단을 갖기 위해서」
'…**하기 위해서**'는 to부정사의 **부사적 용법 중 목적**을 나타낸다.

mean을 잘 알아둬야겠다. 요놈은 둔갑에 능하거든요. 동사로도 형용사로도 재주를 부리는 놈이지요. **동사**로 쓰이면 '**의미하다.**' 그래서 '무슨 말인지 알아?' 라고 하면 **Do you know what I mean?** 특히 군대에서 고참이 졸병에게 '내 말 알아듣겠어?' 식으로 할 때 자주 애용되는 말이다. 그렇다고 해서 사회에선 전혀 사용되지 않는 것은 물론 아니다. 말이란 분위기에 따라서 욕도 칭찬으로 들리게 되니까 말이다.

mean이 **형용사**가 되면 '**못된, 버릇없는, 상스러운, 비열한, 비천한, 중간의, 평균의**' 등으로 쓰인다. 자주 쓰이는 형태 한 가지만 보자. **That guy is mean.** '저놈은 애가 좀 못돼 먹었어.' 그런데 본문에서처럼 **mean**에다 -s가 딱 달라붙으면 뜻이 180도 팽 돌아버린다. 그 뜻은 '**수단, 방법**'이라고 아뢰오.

in the future 「장차, 미래에」
the를 빼먹고 in future라고 해도 마찬가지다.

to do the things you dream about …에서 about은 어디서 굴러온 dog뼈다귀란 말인가? 원래 **about 뒤에 다른 말이 있었다**는 거 아이가? 그렇지 않고서야 어떻게 말이 되겠는가? 아무것도 없는데 뭐에 관해서 어떻단 말인가 말이여!

그렇다고 보면 이놈의 about 뒤에 있던 놈(the things)이 관계대명사의 선행사 자리가 비었다는 소식을 듣고 부랴부랴 앞으로 달려 나간 것. 그래서 **흔적만 남기고** 사라졌어요.

아무튼 조금이라도 더 여러분에게 맛있고 유익한 밥상을 차려드리려니 미주알고주알 늘어놓는 것 같구만요. 이해하시라.

4 ✹ 동명사

> **Setting money aside**/for retirement/is especially critical. But just setting money aside/is not enough.
> 「돈을 저축하는 일은/은퇴를 위해서/특히 중요해요. 그러나 단지 돈을 저축하는 것만으론/충분치 않아요」

Setting money aside 「돈을 저축하는 것」
이 경우 money를 뒤로 보내서 Setting aside money라고 해도 무관하다. setting은 동명사꼴인데 이놈이 주부를 이끌고 있지요.
retirement 「은퇴」
retire는 '**은퇴하다**'. '**사임**'은 **resignation**이고, 요놈의 동사는 resign.

　인생의 단막극 : 출생 미역국 → 대입 미역국 → 고시엿 → 스캔들 ▶resign → 정치엿 → 정년 : retire → 하직▶Byebye. 왔다가 갈 걸 무엇하러 왔던가!

　그런데 클린턴이 과연 여자 문제로 대통령직을 사임(resignation) 한다면 그 사건은 무슨 게이트가 될까? 매스컴에선 지퍼 게이트란 말도 쓰던데. 게이트라고 하니까 대문만 생각하는 것 같은데. 게다가 지퍼도 있으니까 그럴싸하기도 하지.

그런데 게이트는 '스캔들'이란 뜻으로, 그 자체에 그런 뜻이 있는 것이 아니고 닉슨 대통령의 Watergate 사건에서 유래되어 그런 뜻으로 굳어졌다.

critical「중요한, 치명적인」

just setting money aside「단지 돈을 저축하는 것, 돈을 저축하는 것만(은)」

money가 사이를 비집고 들어갔다. 그러나 aside 꽁무니에 붙어도 괜찮다.

5 ✸ to부정사, 사역동사, 원형동사

> You need a plan/**to make it grow.**
> 「귀하는 계획을 필요로 하지요/그것(돈)이 불어나게 하는」

to make it grow「그것을 자라게 하는」

to부정사의 형용사적 용법. 여기서 it은 money. make는 시키는 동사(사역동사)로 it을 grow하게 하는 것이다. 돈이 자란다니까 좀 이상하지만 불어난다는 얘기다.

그리고 **사역동사** 뒤에는 화장(make-up) 발을 받지 않아 헬쑥한 모습 그대로의 **원형동사**가 온다.

6 ✸ by -ing, 동명사

> You can accomplish this/by taking four simple actions :
> 「귀하는 이걸 성취할 수 있어요/네 가지 간단한 조치를 취함

으로써 :」

accomplish「성취하다」
by -ing「… 함으로써, … 해서」
이런 형태의 문장이 흔하게 출연한다. 중요하다는 말이다. 하기야 안 중요한 말이 어디 있겠는가마는 잘 알아두지 않으면 헤맨다.
by taking four simple actions「네 가지 간단한 조치를 취함으로써」
take actions「조치를 취하다」
four simple은 actions를 꾸미는 때때옷.

지는예, 미국에서 온 선교산데예, 저 뒷집 아저씨는 때 밀어주고서 때돈을 벌었대예. 매일 아침 거무티티한 때옷을 입고 출근한다 캅디다. 그런데예, 그 집 애는 오늘 때때옷을 입었다 안 캅니꺼. 그기 도대체 뭐라예? 야, 그건 산수 문제 아이가. 때+때는 때때.

7 ✹ not … but …

• Make the decision/**not** just to save/**but** to invest.
「• 결정을 내리세요/단지 저축하기 위해서가 아닌/투자하기 위한(결정을)」

not A but B「A가 아니라 B다」
본문에서 눈썰미 있게 봐둬야 할 건 save가 to를 모시니까 뒤에 오는 동사 invest도 to를 모셨다는 거다. 앞에 나오면 반복을 싫어한다고 했는데(머리 긁적긁적)…. **but이란** 인물은 **등위접속사**. 등위접속사란 비슷한 무리끼리 짝을 지어주는 임무를 띠고 있죠.

그리고 not이 to 앞에 온 것은 **부정사의 부정**은 **not을 to**

앞에 모신다는 성경 구절 때문. 부정을 하려면 앞에 붙어야지. 당연한 말씀!

8 ※ 명령문

(경제, 윤곽 등) 뚜렷이 하다.
(한) 정하다. 명시하다.

> • Define your **retirement goals**.
> 「• 은퇴 목표를 세우세요」

본문은 명령문이다.

야, 명령한다. 전 중대원은 5분 내로 러닝 바람으로 집합하라. 이 녀석이 러닝 바람이라고 했는데 어디 팬티 바람으로, 이 녀석은 또 바지 바람으로? 조인트 팍팍! 그렇지! 러닝 바람은 아랫도리를 생략하고 러닝만 달랑. 명령! 말만 들어도 무시무시하군.

그런데 명령문이라고 해서 반드시 화자(話者)의 욕심을 채우기 위해 부려먹는 행위의 문장만을 뜻하는 건 아니다. 주어가 생략되고 동사가 문장을 이끄는 건 다 명령문이다. 또한 **명령문에 please 만** 붙이면 어감이 **부드러워진다.**

define 「규정짓다, 한정하다, 정의를 내리다」
retirement goals 「은퇴 목표」

9 ※ 명령문, 간접의문문, 명사절

> • Decide/how much you can regularly put away/for your future.
> • Ask us for help.
> 「• 결정하세요/귀하가 얼마나 많이 정기적으로 저금할 수 있는지/귀하의 장래를 위해서」

> • 저희에게 도움을 청하세요」

여기서도 명령문과 상봉하게 되네요. 그리고 뒤따르는 **종절은 간접의문문**이네요. 간접의문문이란 원래의 의문문이 종절로 좌천됨에 따라서 의문문이 갖춰야 할 **서열과 '?'를 상실**한 문장이다.

본문의 종절 문장은 원래 How much can you regularly put away…? 이런 식이었죠. 그런데 decide가 앞에 오는 바람에 간접의문문으로 좌천된 것.

그리고 본문의 종절은 '…을 결정하다(decide)'의 '…'에 해당되는 말이다. 따라서 '**…을**'로 해석되는 건 목적어인데 이게 절이니까 **목적절**.

regularly「정기적으로」

부사의 몸으로 뒤따르는 동사 put away를 제압하려고 바로 앞좌석에 왔다.

put away가 뭘까? 이런 뜻일까, 저런 뜻일까! 상당히 망설여지는 말귀다. '치워놓다, 떼어놓다' 라는 뜻은 더러 접해봤지요? 그렇다면 돈을 치워놓거나 떼어놓는다는 뭔가? 그건 '**저금하다**' 란 뜻. **put aside와도 같은 뜻.** *투자하다, 내다*

for your future「당신의 장래를 위해서」

ask for「…을 요청하다」

us와 같은 대명사는 가운데를 비집고 들어갈 수가 있다. 대명사는 명사를 대신하는 말로서 간단한 게 장점. 복잡한 녀석이 가운데를 파고들어 봐라. 누가 그냥 두냐!

Planning for Your Future (1)

For most of us, money is a key ingredient to maintain our lifestyle and make our dreams a reality.
While money alone doesn't guarantee success and happiness, we usually need enough money to do the things we want for ourselves and those we care for.

That's why it is so important to set aside money to have the means in the future to do the things you dream about today.
Setting money aside for retirement is especially critical. But just setting money aside is not enough.
You need a plan to make it grow.

You can accomplish this by taking four simple actions:
• Make the decision not just to save but to invest.
• Define your retirement goals.
• Decide how much you can regularly put away for your future.
• Ask us for help.

2. Planning for Your Future (2)

1 ※ 의문사, 동명사

> Just why is investing so important?
> 「투자하는 게 왜 그리 중요할까요?」

　문두에 **just**가 버티고 있다. 아무래도 신경이 좀 쓰일걸. 앞에 선 놈은 항상 힘이 세다. 그래서 **전체를 장악**하는 거다. just가 '**단순히, 단지**'의 뜻으로 문장을 꽉 쥐고 있다.

investing 「투자하는 것」
　동명사로 출연. 마이클 잭슨이 무주 리조트에 investment를 좀 하려고 왔다던데.

so 「대단히」
　very와 거의 비슷한 뜻.

2 ✹ to부정사, 부사절, 과거분사

> **To maintain** your current lifestyle/after you retire,//
> you'll probably need/about 80% of your income,/adjusted
> for inflation.
> 「귀하의 최근 생활 방식을 유지하기 위해서는/은퇴 후에//
> 귀하는 아마 필요로 할 겁니다/귀하 소득액의 약 80퍼센트
> 를/인플레이션을 감안해서 계산된」

To maintain「…을 유지하기 위해서」
'위해서'라고 해석되는 건 부정사의 부사적 용법이다. 본문의 to maintain이 부정사의 부사적 용법이냐, 형용사적 용법이냐, 아니면 명사적 용법이냐, 그리고 부사적 용법이면 뭐에 해당되느냐, 그리고 목적에 해당되면 그 이유는 뭣인가에 목숨을 걸 필요는 없어요.

선결 과제는 내용 파악이다. 문장의 내용 파악을 위해서 문법을 배우는 것. 내용 파악을 확실히 할 수 있다면 문법 공부는 신경을 좀 덜 써도 될 것이다.

maintain「유지하다, 지탱하다」

To maintain your current lifestyle after you retire를 부사구와 부사절의 두 묶음으로 묶자.

「귀하의 현재의 생활 방식을 유지하기 위해서」··········한 묶음
「귀하가 은퇴한 후」······································한 묶음
위 두 묶음을 암산하라.
「귀하가 은퇴 후 현재의 생활 방식을 유지하기 위해서.」
current「현재의」

adjusted for inflation「인플레이션을 위해서 맞춰진」
도대체 무슨 말인가? 배고프면 건너뛰고, 또 배고프면 찬물 한잔 들이켜고, 또 배고프면 생략하고, 안 먹고, 거르고, 그러다 라면으로 한 끼 때우고…. 이렇게 5년 동안 1,000만 원을 저축했는데 요놈

의 인플레이션 때문에 돈 값어치가 곤두박질쳐 버렸다. 5년 전이면 1,000만 원으로 아파트 한 채를 살 수 있었건만 지금은 1,000만 원으로 쓰러진 초가집도 살 수 없다. 고놈의 인플레이션 땜에.

그런데 본문에선 인플레이션을 감안해 준다고 하네.

수입의 80퍼센트인데 현재 수입의 80퍼센트가 아니라 은퇴 후 현재 수입을 인플레이션에 맞추어 계산한 것의 80퍼센트란 뜻.

그런데 왜 adjusted for inflation 앞에 '**콤마(,)**'를 **두어서** 띄었는가?

콤마, 즉, 쉼표가 뭣인가? 숨쉬라는 거 아이가. 좀 쉬면 **여유**가 생기고 **의미가 강조**된다. 이런 건 엿장수 맘대로다. 엿장수 맘대로란 말을 X세대들이 이해할지 모르겠네.

6·25사변 후엔 엿장수가 많았지요. 이유는 쇠붙이가 값 나가던 터라 그걸 수집하려고. 엿장수들은 전쟁이 남긴 탄피, 수류탄, 대포 부스러기 등을 주우러 가위를 철거덕거리며 동네방네 쏘다녔다.

그 후 엿장수의 비즈니스는 약 20여 년 간 지속됐다. 엿장수는 시루떡처럼 한데 붙은 엿을 갖고 다녔다. 달려가 탄피를 하나 건네면 엿장수는 목수 연장 같은 끌을 대고 망치로 엿을 팡팡 쳐서 잘라줬다. 그런데 똑같은 2원 어치라도 순자와 철수의 몫이 달랐다. 항의하니 '엿장수 맘대로'라나.

참, inflation이 심하죠? 요새 어디 가서 2원 어치 엿 사먹겠수!

3💥구, 조동사

> Over the long term,//inflation can **nibble away**/at your savings.
> 「장기간에 걸쳐//인플레이션이 야금야금 (돈을) 축낼 수 있어요/귀하의 저금에서」

Over the long term「장기간에 걸쳐」

이건 '구'다. 구가 뭔가? 구란 두 개 이상의 단어가 힘을 합쳐 새로 탄생한 신상품이다. 입력하세요. 100억 개의 뇌세포를 갖고 있는 당신인데.

long term「장기간, 장기간의」

nibble away「축내다」

nibble이란 뭣인가? 사전을 한번 찾아볼까요? 조금씩 **'물어뜯다, 갉아먹다'**. 명사로는 **'물어뜯기, (물고기의)입질'**.

다음의 초대장 글귀를 보고 nibble이란 단어에게로 바짝 다가가 보자.

You're invited to PRE-CHRISTMAS DRINKS & NIBBLES.「당신을 크리스마스 전 음료수와 간단한 음식을 준비한 (파티에) 초대합니다」

이 예문은 수동태다. 그러나 우리말로는 능동태로 해석하면 뜻이 더 자연스럽다.

pre-Christmas는 **'크리스마스 전 모임'**이라는 뜻. pre-는 '…전' 이란 의미의 접두사.

nibbles는 초대장 글귀에선 '간단히 먹을 수 있는 갖가지의 음식'을 말하지요.

4 ※ 가정법 과거완료, 구

> For instance,/if you **had** put $100.00/in a piggy bank/in 1970//it **would be** worth only $9.90/in today's dollars.
> 「예를 들면/100달러를 넣어두었다면/돼지 저금통에/1970

> 년도에//9.90달러밖엔 되지 않을 거예요/오늘날의 달러로 (돈 가치로)」

본문에서 had는 무엇인가? had는 과거, 과거완료, 가정법에 쓰인다. 'had+과거분사(put)'니끼니 **가정법 과거완료**다. 가정법 과거완료는 **과거의 사실에 반대**되는 걸 가정한다는 사실.

for instance「예를 들면」=for example

가정법 과거완료와 가정법 과거가 동시에 등장했네요. 그렇다고 꽁꽁 얼 필요는 없다. 우선 손님을 반갑게 맞이하자. 만인의 공통화제(독신주의자는 제외)인 가정법의 '집안'으로 쳐들어가 보자.

「내가 10년 전에 짐과 결혼했더라면 지금쯤 부자가 되었을 텐데」

→ **If I had married** Jim ten years ago, I **would be** rich now.

글쎄, 어떻게 해서 부자가 된다는 소린지 모르겠지만….

여하튼 윗문장의 **종절은 가정법 과거완료**다. 그러나 얼굴 모양과는 달리 속셈은 콩밭에 가 있어요. 그 콩밭이면 진짜 콩밭이냐? 요놈은 과거의 사실에 반대되는 사실을 가정하는 것이지요. '10년 전에 짐과 결혼했더라면'이라는 건 '10년 전에 결혼하지 않았다'는 얘기다.

그리고 **주절**에서 **would be는 가정법 과거**에 해당된다. 요놈도 얼굴 모양은 과거지만 이놈이 **현재의 사실에 반대**되는 걸 가정하고 있지요.

이놈을 돈 되게 바로 익혀버리자. 어떤 이는 명 짧고 돈 많은 인물을 찾아 호시탐탐 노린다지만 여러분은 가정법으로 돈벌어야죠. 열심히 공부하시란 말씀이오.

「네가 무엇인가를 한다면」 If you would do something,

「나는 행복할 텐데」 I would be happy.

5. Planning for Your Future 153

「나는 슬플 텐데」 I would be sad.
「나는 선물을 살 텐데」 I would buy a present.
「나는 공부를 열심히 할 텐데」 I would study hard.
「나는 군에 갈 텐데」 I would join the army.
「나는 애국가를 부를 텐데」 I would sing the national anthem.
「나는 파티에 갈 텐데」 I would go to the party.
「나는 춤을 출 텐데」 I would dance.

위에서 '…할 텐데' 대신 '…할 수 있을 텐데'가 되면 would 대신 could를 넣으면 된다. 연습해서 입술에 녹음하자. 그래야 독해에도 도움이 된다. 빨리 이해할 수 있고 문제를 넉넉한 맘으로 풀 수 있기 때문이다.

put in 「집어넣다」
in a piggy bank 「돼지 저금통에」

돼지 은행에? 아니다. 돼지 은행이 어딨노? a piggy bank는 돼지 저금통이다. 저금통을 돼지로 하지 않고 황새나 기린으로 한다면 어떨까? 얼마 들어가지도 않고 쓰러지고 말 것이다.

piggy는 **새끼 돼지**를 말한다. baby처럼 꽁지에 -y가 붙어서 애기 말(語)이 된 거다. **강아지**는 **doggie.**

in 1970, 연도 앞엔 in을 쓴다는 사실도 항상 머리에 입력해 두시고.

worth 「…의 값어치가 있는」
in today's dollars 「오늘날의 달러로, 오늘날의 화폐 가치로」

5 ✸ 접속사, 동명사, to부정사

As you can see, // **doing** nothing means / **taking** the biggest risk of all — / **losing** the buying power of your

> money/and **not having** enough to retire comfortably.
> 「귀하가 아는 바와 같이//아무것도 하지 않는다는 것은(…을) 뜻하지요/가장 큰 모험을 한다는 것-/귀하의 돈이 구매력을 잃고/그리고 편안히 은퇴할 만큼 충분히 갖지 못하는 것을」

As you can see, 「당신도 알 수 있듯이」

as는 '…하듯이, …하는 바와 같이'. see는 자나깨나 '보다' 란 뜻만 지니는 것은 아니다. 절개 지킨다고 수절상 받을 일도 없는데 뭐하려고. 이놈은 때에 따라서는 '알다' 라는 뜻으로도 쓰이죠. 상대방의 말에 대한 답변으로 I see라고. 그런데 요놈의 I see가 I know와는 또 달라요.

「뉴질랜드에선 크리스마스가 여름이래요」

이에 대한 응수로 **존은 I see**라고 하고, **다이앤은 I know**라고 했어요. 그렇다면 존은 약간 의외라는 듯이 '그렇구나!' 하는 것이고, 다이앤은 '알고 있어' 라고 말하는 것이죠. 다시 말해 **존은 그런 소릴 처음 듣는다**는 뜻이고 **다이앤은 이미 알고 있다**는 뜻이올시다.

As you can see 다음에 이어지는 문장들은 모조리 '잉잉' 거리고 있다. doing, taking, losing, not having으로 -ing의 연속이다.

야, 정신차려! 밥상에선 풀밭이라고 투정부리더니만 여기선 동명사가 잉잉거린다고 투정이구먼!

제일 **앞좌석의 doing**은 동명사로, 주어의 역할을 하고 있다. 그러나 다음의 '잉잉' 식구들은 means의 목적어다. the biggest risk 다음에 of all이 와서 the biggest risk를 더욱 강조했다. 어떻게 강조가 되느냐구요? of all을 한번 봐요. 그 뜻이 '모든 것들 중에서' 잖아요. 모든 것들 중에서도 가장 커다란 모험이니까 강조가 안되고 버티겠어요. 그 다음 '-'로 이어진 말은 앞의 the biggest risk of all을 보충 설명하는 말이다.

buying power「구매력」

losing … and not having … 답변이 두 가진데 어찌하여 최상급이 왔느냐? 다시 말해 '우리 나라에서 제일 잘 빠진 여자는 몇이오?' 하면 이에 대한 답변은 한 女子다. 그런데 본문에선 the biggest risk라고 해놓고 '―' 다음에 나열된 risk는 두 가지다. 웬 날벼락인가!

한 묶음으로 보았다는 거다. 어떻게 엿장수 맘대로 한 묶음으로 볼 수 있느냐가 문제가 되겠죠? 본문에서 돈이 구매력을 잃었기 때문에 결과적으로 편안한 은퇴를 할 수 없다는 원인 결과 관계가 성립되지요. 깊은 관계를 갖는 건 한 묶음으로 볼 수가 있어요.

한 꺼풀, 두 꺼풀(couple)처럼 말이에요.

본문에선 **enough 다음에 to부정사**가 모셔졌다. 이때의 뜻은 '…할 만큼'. 이왕 내친김에 enough의 다른 둔갑도 머리에 담아두고 입에 담아두고 귀에 담아둡시다. **형용사 꽁무니**에, **명사 앞통수**에 온다는 사실을 다음 예들을 통해서 익혀둡시다. 한 문장만 제대로 익혀둬도 충분히 응용할 수 있다.

I'm **old enough to** die. (이렇게 말하는 사람이 어디 있을까?).「나는 죽을 만큼 충분히 늙었어」

I have **enough money to** buy a car. (명사 앞에 왔죠?)「나는 차를 살 만큼 돈이 충분해」

Planning for Your Future (2)

Just why is investing so important?

To maintain your current lifestyle after you retire, you'll probably need about 80% of your income, adjusted for inflation.
Over the long term, inflation can **nibble away** at your savings.
For instance, if you **had** put $100.00 in a piggy bank in 1970 it **would be** worth only $9.90 in today's dollars.

As you can see, **doing** nothing means taking the biggest risk of all — **losing** the buying power of your money and **not having** enough to retire comfortably.

3. A Retirement Plan Geared to Your Needs

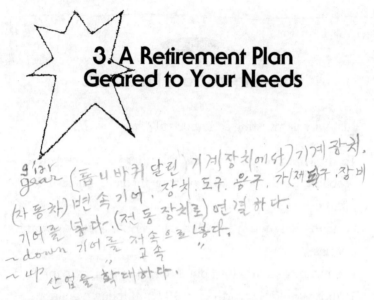

제목부터 한번 볼까요?

A retirement plan/geared to your needs.

「은퇴 계획/귀하의 요구에 부응하는」

A retirement plan「은퇴 계획」

야, 은퇴라면 이승 고지를 넘어서 저승 고지로 향하는 길인데. 계획까지 세울 심적인 여유가 생길는지. 아, 허망한 인생이여! 이토록 잠깐인 줄 미처 몰랐노라! 마, 공부할 맘 안 생기네.

geared to your needs가 대관절 무슨 뜻일까? gear라면 집집마다 하나씩 다 갖고 있긴 한데. 자동차 기어 있잖아. 뭐, 티코도 한 대 없다구? 아무튼 자동차에도 기어가 있고, 장비·도구·용구도 기어. 여기도 기어, 저기도 기어, 기어가 판친다. 진짜 세상은 요지경이네.

be geared to 「…에 맞게 조정되다」

be geared to가 명사 뒤에서 수식하려면 be동사가 빠지면 된다. 그래도 수동의 의미를 고스란히 간직하게 된다. 이해가 잘 안 가면 달리 설명해 볼까요?

제 모습 찾기를 해보자. 본문에서 plan 뒤에 관계대명사 which와 be동사 is를 넣으면 which is가 된다. 이게 바로 성형 수술하기 전의 원래 얼굴이다. 그런데 다시 수술한 얼굴로 돌아가면 **which is 를 몽땅 빼버리면** 된다. 과부가 된 **geared**가 홀몸으로 굳건히 버틸 수 있다는 거다. 왜냐면 **과거분사는 수동**의 뜻을 갖고 있기 때문이다.

1✹not, 관계대명사, do

> **Not** everyone has/**the same** amount of time/to invest/ or **the same** feeling/about the amount of risk/they're willing to take/when they **do** invest.
> 「모두가 갖지는 못해요/똑같은 양의 시간을/투자할/또는 똑같은 느낌을/위험의 양에 관한(위험 부담에 관한)/그들이 기꺼이 취하려고 하는/그들이 투자할 때에」

문두의 Not everyone has, 그리고 the same amount of time, 그리고 이를 받쳐주는 to invest, 그리고 앞의 the same 가족과 동등한 자격의 the same feeling about the amount of risk, 그리고 the same의 두 가족들을 받쳐주는 they're willing to take, 그리고 문장 전체를 받쳐주는 when they do invest. 이런 식으로 보니 가장 앞좌석이나 뒷좌석에 오는 인물이 가장 넓은 영역을 받쳐주네요.

영어도 참 과학적이지요? 하기야 수백 년, 수천 년을 온갖 사람의 입에서 얼마나 발전되었겠어요….

문장의 속을 알기 위해서 한 걸음 더 파고들어 가자.

부정을 뜻하는 not이 문두에 와서 문장 전체를 부정하고 있다.

the same 뒤에 또 다른 the same이 뒤따랐다. 그렇다면 이들은 비슷한 자격으로 출연했다고 보면 된다. 중매쟁이 or는 끼리끼리 중매를 서니까.

the same amount of time to invest「투자하기 위한 똑같은 양의 시간」→「똑같은 양의 투자 시간」

to는 꽁무니에서 앞내용을 통제하고 있다.

the same feeling about the amount of risk「위험의 양에 관한 똑같은 감정(느낌)」→「똑같은 위험 부담감」

be willing to「기꺼이 …하다」

the amount of risk they're willing to take를 잘 주시해 봅시다. 어떤 현상이 일어났는가를. 뒷자리의 문장이 앞자리의 명사를 장악하기 위해선 형용사 역할을 하는 인물이 필요하다. 그게 바로 관계대명사다.

일단 해석을 해보면, 뒷문장 they're willing to take는 형용사절로서 앞선 명사를 선행사로 모시고 있음을 알 수 있다. 관계대명사가 생략이란 이름을 빌려 출근하지 않은 거다.

그렇다면 어째서 생략이 가능하며 도대체 어떤 놈일까? **관계대명사의 목적격**은 **생략**할 수 있으며, 본문에서 그놈은 사물을 선행사로 모실 수 있는 자격증을 갖고 있는 인물이어야 한다. 그렇다면 여기에 부합되는 인물은 **which와 that**이다.

그리고 꽁무니에 붙은 take는 원래 risk와 걸리는 동사다. 다시 말해 take the risk는 '위험을 무릅쓰다, 모험하다'는 뜻이니까. 선행사로 가는 바람에 흔적만 남긴 거다.

문장 끝에 있는 do는 invest라는 동사를 강조하려고 특별 출연한 배우다. 일반동사 앞에 do가 붙으면 강조된다고 했지.

I **do** love you.「사랑한다 **카이께**」

invest「투자하다」

2 ✺ to부정사, 과거분사

> To meet a variety of needs,//the ANZ (Australia and New Zealand) Retirement Plan offers you/four different investment options,/all **managed by** professional **experienced** fund managers.
> 「다양한 요구 조건을 충족시키기 위해서//ANZ 은퇴 플랜은 귀하에게 제공하지요/네 가지 다른 투자 항목을/모두 전문적이고 경륜이 있는 자금 담당자에 의해 운영되는」

To meet … 「…을 충족시키는 일」
'…**하는 것(일)**'로 해석되는 to부정사는 **명사적 용법**이다.

meet은 '만나다' 라는 말 외에 '**충족시키다**'는 뜻으로도 자주 등장한다. 그래서 To meet a variety of needs는 '다양한 요구(조건)를 충족시켜 드리기 위해서'. 이때 a variety of needs를 요구(조건)의 다양성 따위로 해석해도 별 무리가 없긴 하지만, 이왕이면 앞에서 바로 이해하는 버릇을 들이는 차원에서 a variety of를 그냥 '다양한 …' 이라고 하면 되겠다.

offer만 나오면 무조건 '오파상'을 연결짓는 사람들이 많은데, 여하튼 연관지어 생각한다는 건 참 좋은 버릇이다. 낫 놓고 기역자요, 지게 놓고 A자를 깨닫는 것도 다 연관짓다 보니 태어난 자식들이니까. 그리고 offer가 **동사**로 쓰여지면 '**제공하다**' 란 뜻이 된다.

four different investment options 요놈도 한 꾸러미다. 문법적으로 이것이냐, 저것이냐 하는 지시대명사를 제외하곤 수사가 제일 왕초로 앞좌석을 차지한다.

그런데 수사가 뒤로 빠지고 different four investment options 식이 되면 어떻게 될까? 인간사가 그렇듯 **앞좌석을 차지하는 놈이 왕초**다. 마치 각종 취임식 때나 올림픽, 월드컵 개폐회식 때 앞좌석을 차지하는 인물일수록 높은 사람이듯이.

four different investment options
→「**네 가지 다른** 투자 옵션」
different four investment options
→「**다른 네 가지** 투자 옵션」

한국말은 여러분도 잘하니까 위의 말들을 비교해서 잘 새겨보기 바란다. 위에선 four가 전체를 장악하고 있는 반면, 아래에선 different가 전체를 장악하고 있다.

all managed by professional experienced fund managers 문장은 어떤 꼴인가? all 다음의 managed by professional experienced fund managers는 all을 위해서 태어난 인물들의 집합이다. managed by가 비록 완전한 형태의 수동태 문장 속에 기거하고 있는 건 아니지만 수동태의 뜻을 지니고 있음은 두 말하면 잔소리요, 세 말하면 곡소리(I go, I go… → You go, You go…)다. 아무튼 해석하면 '**전문적이고 경륜이 있는 자금 담당자들에 의해서 관리되는 모든 것들**'.

위에서 **all**은 앞에 등장한 **four different investment options**다. 설사 우리말로 해석할 시 꽁무니에서부터 '전문적이고 경륜이 있는 자금 담당자들에 의해서 관리되는 모든 것들'이라고 했다손 치더라도, 여러분은 길 사람이 아니라 날 사람이니까 방법도 달라야 한다. 번역이 아니라 독해를 해야 한다. 여러분은 **암산 독해하는 습성을 길러야** 하는 사명을 띠고 이 땅에 태어났다.

따라서 막바로 쭈우욱, all, managed by, professional experienced, fund managers, 그리고 이해 끝. 물론 첫 술에 배부른 법은 없다. 첫 술에 배부른 사람은 이미 실컷 먹고 한 숟갈 들어갈 공간밖에 없는 사람이다.

managed by「…에 의해서 경영되는, 관리되는」

business management 「경영학」
experienced 「경륜이 있는」

an experienced lover는? 이런 건 안 가르쳐줘도 잘 알더라! 그 참 희한한 일이기도 하지. 그래도 착한 천연기념인을 위해 풀이하자면 '바람둥이', 더 나아가 '육체적 관계가 많은 사람'. 순결이냐 경험이냐. 헷갈린다. 그래, 인생이란 어차피 헷갈리는 존재가 아니더냐! 옆에서 그러니 더 헷갈린다.

3 ※ 대명사, 과거분사, 구

> These **range/from** higher risk growth-orientated portfolio,/**designed** for those investing/over the longer term,/**to** a low risk conservative portfolio,/**designed** for those seeking a more stable return/on their investment.
> 「이들은 쭉 있어요/높은 위험 부담의 성장 위주 포트폴리오에서부터/투자하는 분들을 위해서 고안된/장기간에 걸쳐/낮은 위험 부담의 보수적 포트폴리오에 이르기까지/더 안정적인 이득을 추구하는 분들을 위해서 고안된/그들의 투자를 바탕으로」

본문에서 **These(이들은)**는 앞서 나온 네 가지의 다른 투자 옵션이다. 앞선 말이 없는데 '이들은' 하고 어떻게 감히 말을 꺼낼 수 있단 말인가!

range from 「…에서부터 …까지 있다(되다)」
from이 나오면 자동적으로 to가 나올 걸 예상해야 한다. **from 과 to는 바늘과 실의 관계**니까. **from A to B는 'A에서 B까지'**. 본문에서도 분명히 to가 어딘가에 있을걸세.

higher risk growth-orientated portfolio 「더 높은 모험의 성장 위주의 포트폴리오」

portfolio는 '유가증권 명세표'를 말한다.

orientated=oriented 「…위주의, …중심의」

orient는 잘 알고 있죠? 뭐? 손목 시계라고요? 그건 상표죠.

orient는 '동방의, 동쪽으로 향하다'.

designed는 수동형으로 뒤따르는 졸병들을 거느리고 앞의 higher risk growth-orientated portfolio를 설명해 주고 있다. 다시 말해 이 포트폴리오는 오랜 기간 동안 투자하는 사람들을 위해서 설계된 것이란 뜻.

to a low risk conservative portfolio 「낮은 위험의 보수적인 포트폴리오」→「위험부담이 적은 보수적 포트폴리오」

앞에 이미 등장한 from과 실과 바늘 관계로 연결된 인물 to임.

뒤에 또 designed for가 등장한다. 이건 앞에 나온 designed for와 같은 체급. 이들이 힘을 합쳐 a low risk conservative portfolio는 어떤 것이냐를 말해주고 있다. 다시 말해서 '모험이 적은 보수적인 포트폴리오는 투자에 관한 더 안전한 이익을 추구하는 사람들을 위해서 설계된 것'이란 뜻.

본문에서 those investing, 뒤에선 those seeking이 서로 대구를 이루고 있다. 이 경우, 앞이 잉(-ing)이면 뒤도 잉(-ing)이다. 이것 역시 같은 체급끼리 붙어야 한다는 원칙 땜에.

those investing 「투자하는 사람들」

현재분사나 과거분사는 말의 앞뒤에서 옷을 입혔다 벗겼다 할 수 있는 힘을 갖고 있어요.

those inviting 「초대하는 사람들」
those invited 「초대받은 사람들」

대명사가 오면 앞에서 옷을 입힐 수가 없어요. 다음을 보세요.

inviting those (×)

invited those (×)
한꺼번에 너무 많이 삼키면 체하니까 언젠가 같은 보따리를 갖고 또 만날 것을 기약하면서 다음으로.

those seeking「추구하는 사람들」
those를 모시려고 seeking이 꽁무니에 왔다.

a more stable return「더 안정적인 이익」
stable은 '안정된'. return은 '돌아오다'. 명사로는 '보답, 보수, 반환, 반품, 귀향, 귀가' 등의 뜻.

on their investment「그들의 투자에 대한」
on「…에 관한」

4 💥 by -ing(…함으로써), of -ing(형용사구)

> **By investing**/in the ANZ Retirement Plan,//you'll have/a flexible, realistic way/**of securing** your future.
> 「투자함으로써/ANZ RP(Retirement Plan)에//귀하는 갖게 될 것입니다/융통성 있고 현실적인 방법을/미래를 보장하는」

by -ing「…함으로써」
by investing「투자함으로써」
flexible「융통성 있는, 구부러지는, 유연성 있는」
realistic「현실적인」
위에서 flexible과 realistic은 다 같이 way를 수식하는 말이다. 형용사가 두 개 한꺼번에 겹치기 출연하니까 콤마로 갈라놓았다. 이것은 주위를 환기시켜 또박또박하게 해준다.

of securing your future「당신의 미래를 보장하는」
of는 전치사니까 다음엔 명사, 대명사나 동명사가 온다. 그래서

securing이 온 거 아이가. 요놈의 of -ing(securing)가 형용사구가 되어 앞의 명사 손님을 모시게 되죠.

5 ✸ 명령형, 접속사, any

> The ANZ Retirement Plan booklet explains/all the investment options **available**. You will find a copy/at any ANZ or PostBank branch/or call us free **on** 0800 736 034/and we will be happy/to send **one** to you.
> 「ANZ RP 소책자는 설명합니다(ANZ RP 소책자를 보면 알 수 있습니다)/이용 가능한 모든 투자 옵션을. 귀하는 복사본을 볼 것입니다/ANZ나 PostBank 지점 어디에서나/또는 저희에게 0800 736 034로 무료 전화주세요/그러면 저희는 기쁠 것입니다/귀하에게 하나(복사본)를 보내게 되면」

Wanted(지명 수배)! 주어와 동사.

찾긴 했는데 **booklet**은 뭔가? 이놈은 암만 봐도 book과 사촌지간일 것 같구나. 촌수는 그렇다손 쳐도 이놈과 brochure, leaflet, **pamphlet**의 관계는 또 어떻게 되는 것일까?

booklet 「소책자」= pamphlet = brochure

leaflet은 '**낱장**으로 된 **광고** 전단'. 잘 기억되지 않으면 leaf(나뭇잎)를 생각하세요. leaflet은 '작은 잎'이란 뜻도 있다.

flyer, 또는 flier는 '**광고 전단**'. 흔히 비행기 등에서 뿌리는 '삐라'를 뜻한다.

주어와 동사를 찾고 나니 **all the investment options**를 available이 꽁지에서 받쳐주는 묶음이 보인다. available이란 놈은 주로 꽁무니에 붙어 산다. 그렇다고 괄시해도 되는 존재는 아니죠.

option 「선택」

야, 너 나하고 결혼할래? 시어머니 모시기는 옵션이야. 야야, 옵션이 맨션보다 낫니?

You will find a copy at 「넌 …에서 카피를 발견할 것이다」 → 「…에 가면 카피가 있을 거예요」

본문에서 **전화 번호 앞에 on**이 왔다. 명심하시고. 0800은 toll free 번호에 붙는 숫자다. toll free란 요금이 없다는 얘기. 전화 요금까지 안 받고 손님을 모시겠다고 하니까 손님을 왕대빵으로 모시겠다는 것. 다 돈 되니까 왕으로 모시니 어쩌니 하는 일 아이가.

그런데 **'손님은 왕이다'**를 영어로는? 물론 Customers are kings라고 해도 뜻은 통할지 모른다. 그런데 주로 쓰이는 문장은 **Customers are always right**이다. '손님은 항상 옳다.' 그럴듯하죠? 야, 뽀이야, 이거 너무 짠데. 아니, 손님, 오늘 짜다고 한 분은 손님뿐이옵니다. 맹물이라도 손님이 짜다면 짠 거야, 이 미스터 뽀이야.

영어 표현 중 **We'll be happy to do something**도 재밌다. 직역하면 '저희가 어떤 것을 한다면 기쁠 거예요'가 된다. 다듬으면 **'저희가 기꺼이 something을 하겠습니다'**로 된다. 아무래도 초벌구이보다 재벌구이가 낫죠?

그리고 본문에서의 **one**은 **a copy**를 가리킨다. 문법적인 설명을 덧붙이자면 **부정관사 + 명사를 대신**하는 말이 one이다.

A Retirement Plan Geared to Your Needs

Not everyone has **the same** amount of time to invest or **the same** feeling about the amount of risk they're willing to take when they **do** invest.

To meet a variety of needs, the ANZ(Australia and New Zealand) Retirement Plan offers you four different investment options, all **managed by** professional **experienced** fund managers.

These **range from** higher risk growth-orientated portfolio, **designed** for those investing over the longer term, **to** a low risk conservative portfolio, **designed** for those seeking a more stable return on their investment.

By investing in the ANZ Retirement Plan, you'll have a flexible, realistic way **of securing** your future.

The ANZ Retirement Plan booklet explains all the investment options **available.** You will find a copy at any ANZ or PostBank branch or call us free **on** 0800 736 034 and we will be happy to send **one** to you.

4. Boosting Your Investment Power with Regular Contributions

제목부터 보자.

Boosting your investment power/with regular contributions.

「귀하의 투자력을 상향시키는 것/정기 분담금으로」

boosting 「끌어올리는 것」

난청 지역이라 텔레비전이 시원찮게 나오면 〈웃으면 복이 와요〉도 못 본다. 그래서 여기에다 무선 주파 증폭기, 영어로는 booster라고 하는 놈을 연결시키면 웃을 수도 있고 복도 맛볼 수 있다.

your investment power 「당신의 투자력」

with regular contributions 「정기예금으로」

아래에서 보시는 바와 같이 contribution은 여러 가지 뜻을 갖고 있다. 이것을 잘 참조해서 뜻풀이에 맞게 대입시키시오. 방정식 배워뒀다 어디 쓰게.

contribution 「기부금, 의연금, 보험료, 분담금, 세금, 조세」

본문 내용들을 끌어모으자. 결국 investment power는 '손님이 투자한 돈이 솔솔 불어난다'는 말이다. 닭이 여러 개의 알을 낳고, 알들이 새끼가 되고, 여러 새끼가 다시 여러 개의 알을 낳고, 논 사고 밭 사고 아파트 사고. 금강산 투자, 나진·선봉 투자까지.

1 ✹ no matter which, much + 비교급, 양보절

> **No matter which** investment you choose,//your money should grow **much faster**/with regular, disciplined deposits,/**even if** these deposits are small.
> 「귀하가 어떤 투자를 선택할지라도//귀하의 돈은 훨씬 빨리 불어나야 하지요/정기적이고 엄선된 예금으로/비록 이들 예금의 규모가 작다 할지라도」

no matter which 「어떤 것이든」=whichever
의문사에 -ever가 붙어서 whatever, wherever 등이 되지요. 참 재밌는 둔갑이군요.

much faster 「훨씬 더 빠른」
이것도 중요한 인물이다. much가 비교급 앞에 둥지를 틀면 '많은'이 아니라 '훨씬'이란 직함을 달게 된다.

우리말로는 '돈이 불어난다'고 하는데 영어로는 '돈이 grow한다'고 하지요. 이것도 일종의 작은 반란이군요. money tree가 따로 있는 줄 알았다고?

with regualr, disciplined deposits 「정기적이고 엄선된 예금으로」

even if 「…일지라도」=even though
even if절은 **종속절인 동시에 양보절**로서 '…일지라도'의 뜻이다.

종이 주인을 따르는 건 당연지사인 고로 종절이 뒤에 오면 콤마

ensure him against danger, 위험으로부터 그를
" himself *from harm* 위해로부터 그 자신을 지키다

를 찍지 않는 게 원칙이다. 그런데 본문에선 보시는 바와 같이 **종속절 앞에 콤마**를 찍어줬다. **의미의 강조나 문장의 여유**를 부여키 위해 쉼표를 선물한 것이다.
deposits「예금」

2 ※ 접속사, 부정사, from A to B

> The way to ensure/that you do this/is **to set up** a direct debit/**from** your bank account/**to** your ANZ Retirement Plan. This direct debit is completely flexible.
> 「안전하게 하는 방법은/귀하가 이것(투자)을 하는 것을/직접 출금을 정해놓는 것이죠/귀하 은행 구좌에서/ANZ RP 로. 이 직접 출금은 완전한 융통성이 있어요」

안전하게 하다,
지켜 보험에 들다.

in since

오스트라리
아와 뉴질랜
드의

The way to ensure「안전하게 하는 방법」
to ensure가 명사인 the way를 수식하니까 이건 형용사적 용법이다.
<u>ensure</u>「…을 안전하게 하다, 확실하게 하다, …을 책임지다」
that you do this「당신이 이것을 하는 것」
'…하는 것'으로 해석되니까 이건 명사의 성격인데 이놈이 절을 이끌고 있으니까 명사절이며, 목적격으로 쓰였으니까 **목적격 명사절**이다. 그래, 이런 건 몰라도 뜻만 제대로 해석하면 된다. 알면 더 좋지만 뇌세포가 걱정돼서.
to set up「세우는 것」 정해 놓는 것.
'…하는 것'은 명사 냄새를 풍기는 것. 그러면 요놈이 to부정사니까 to부정사의 명사적 용법.
debit「차변, 출금」

from A to B는 기본 지식이고.
bank account 「은행 계좌」
completely flexible 「완전히 유연한, 융통성 있는」
부사인 completely가 형용사 flexible을 수식하기 위해서 앞좌석을 차지했다.

3 ※ 접속사 or, 구

> You can increase, reduce **or** suspend/these regular contributions/at any time.
> 「귀하는 증가시키거나 줄이거나 연기할 수 있어요/이들 정기 분담금을/언제라도」

본문을 보니 **동사가 연거푸 출연**했다. 그들은 increase, reduce, suspend다. 쭈욱 나오다가 끝에서 or를 딱 붙여놓았다. 그런 것으로 봐서 reduce 앞엔 or가 생략되었다는 사실을 쉽게 알 수 있다. 그런데 increase or reduce or suspend라고 **or를 빠짐없이 써먹으면** 틀리느냐? **원칙적으론 틀린다.** 특히 효율성을 강조하는 business letter에선 별로 달가워하지 않는다. **그러나 일상 생활에선** or를 틈틈이 붙여놓는 경우도 있고, 일부러 붙이는 경우도 있다. 엿장수 **맘대로.**

  suspend의 중요한 의미를 몇 가지 알아두자.
「매달다, 중지하다, 연기하다, 정학시키다」
at any time 「언제라도」

4 ※ even, 사역동사 have

> You can **even have** your contributions/automatically **adjusted**/for inflation each year.
> 「귀하는 귀하의 분담금을 되도록 할 수조차 있어요/자동으로 조정되도록/매년 인플레이션에 대해서」

even 「…조차」

문장의 의미를 강조하는 말이네요.

윗문장을 소총 분해하듯 뜯어보자. 흔히 문법 공부를 한답시고 걸핏하면 have+목적어+과거분사를 달달달 외워대는데 이들은 뭣들 하는 집단인가?

왜 목적어 **your contributions** 다음에 과거분사가 오는가? **과거분사**는 **피동의 뜻**을 지니고 있다고 하지 않았던가! 그렇다면 본문의 **contributions는** 자기 맘대로 adjust할 수가 없다. 다시 말해 **adjust당한다**는 뜻. 그러니까 피동의 뜻을 지닌 과거분사가 오는 건 당연한 말씀이 아닌가.

I have my hair cut을 보라. my hair가 cut할 수 없는 상황이므로 cut의 과거분사형 cut이 온 거다. cut-cut-cut. 따라서 이때의 **have는 사역동사**, 즉 시키는 동사다.

automatically는 adjusted 앞에서 이를 수식하고 있다.

Boosting Your Investment Power with Regular Contributions

No matter which investment you choose, your money should grow **much faster** with regular, disciplined deposits, **even if** these deposits are small.
The way to ensure that you do this is **to set up** a direct debit **from** your bank account **to** your ANZ Retirement Plan. This direct debit is completely flexible.

You can increase, reduce **or** suspend these regular contributions at any time.
You can **even have** your contributions automatically **adjusted** for inflation each year.

5. Investing Made Easy

제목을 풀이해 보면, Investing/made easy.「투자하는 것/쉬워진」→「쉽게 할 수 있는 투자」

1 ※ there are a …, to부정사

> The major benefits of the ANZ Retirement Plan : There are a range of investment options/to choose **from**. It takes only $100/to start investing.
> 「ANZ RP의 주요 혜택 : 다양한 투자 옵션이 있어요/그 중에서 선택할 만한/100달러밖에 안 들어요/투자를 시작하는데」

아니 100달러밖에라니, 원 참!

There are a range of investment options. 본문에서처럼 꼬리를 길게 하지 말고 간단히 이것만으론 안될까? 물론 된다. 하지만

5. Planning for Your Future 175

to choose from을 붙이면 좀더 구체적인 내용이 될 것이다.

There is(are) … 구문을 다시 상기하자. There is(are) a bird(birds) in my room. 아이구, 내 방이 새장이 되었구먼! 새장이 돼도 알 건 알아야지.

There is(are) 다음에 오는 명사는 **부정명사**라야 한다. 다시 말해서 定해지지 않은 명사란 뜻이다. 따라서 부정관사 a, an 등이 붙은 명사가 뒤따른다. 언젠가 한번 언급한 적이 있기에 여기선 영광스런 생략을.

a range of 「다양한」
to choose from 「…로부터 선택할」
to부정사의 형용사적 용법
본문에서의 **take는** '돈이 얼마 들다, 비용이 얼마 들다'.
to start investing 「투자를 시작하는 것」
to부정사의 명사적 용법. it이 가주어고 to 이하가 진주어네요.

2 ✸ any, 접속사 or

> You can make a deposit/of any amount/at any ANZ or PostBank branch.
> 「귀하는 예금할 수 있어요/어떤 액수라도/ANZ나 PostBank의 어느 지점에서도」

make a deposit 「예금하다」
any가 두 군데서 등장한다. any는 그 뜻이 **'어떤 … 라도'** 니까 당연히 any 존재가 없을 때보다 의미가 강조되는 것이다.

여러번 언급했지만 **중매쟁이 or는** 비슷한 체급끼리 맺어준다. 그 기준은 or의 궁둥이를 보면 표가 난다. 본문에서 or 뒤에 명사가 출연했다. 그러면 이놈은 앞뒷집의 명사를 혼인시켜 주는 것이다.

of any amount「어떤 액수의」

amount는 양을 나타내는 말이지만 돈을 얘기하는 것이니까 이건 액수라고 하는 게 바람직하다.

at any ANZ or PostBank branch에서 at과 any는 or가 중매한 앞뒷집에 다 혜택을 주고 있다. 그리고 branch는 꽁무니에서 뒤질세라 앞뒷집에 골고루 혜택을 베풀었다.

그러고 보니 영어 공부는 참 재밌어! 두 번만 읽으면 충분히 끝나겠어! 영어 공부를 열심히 해서 코쟁이들 꼬셔 갖고 뉴욕 42번가 창녀촌을 밀어버려야지. 그리고 그 자리에 김치 공장과 간장 공장, 도토리묵 공장을 빼곡히 지을 테다. 그러고는 동포들을 초청해서 한 자리씩. 김치 공장 공장장, 간장 공장 공장장, 도토리묵 공장 공장장….

3 ※ 구, may, 관계대명사, to부정사

> For regular or additional deposits//you may change the proportion/you wish to invest/in each portfolio/**at any time**/**at no cost**.
> 「정기 예금이나 그 밖의 예금에 관해서//귀하는 비율(금액)을 변경할 수 있어요/귀하가 투자하기를 바라는/각 포트폴리오에서/언제라도/비용을 들이지 않고」

문장을 접할 때마다 초겨울 김장 배춧단 묶듯 꽉꽉 묶으면서 이해하라. 구슬이 서 말이라도 꿰어야 보배지.

For regular or additional deposits「정기 예금이나 그 밖의 예금에 대해서」

or가 형용사와 형용사를 짝짓기해서 함께 명사인 deposits에게 옷을 입혀주고 있네요. 그리고 for는 이들 모두가 쓰고 있는 우산.

additional deposits는 '그밖의 예금'. 그러니까 정기 예금을 제외한 예금을 말한다.

may 「해도 좋다, … 일지도 모른다」

요놈도 문장에서 상당한 위력을 가진 놈이다. 고참 동사로서 상당한 대접을 요한다.

proportion 「몫, 비율」

본문의 wish는 **want와 비슷**한 뜻이다. 그러나 엄밀하게 말해서 약간의 뉘앙스 차이가 있으며 의미의 강도도 다르다. 마치 비빔냉면과 물냉면이 매운 맛에서 차이가 나는 것처럼. 예를 들면, We wish you a merry Christmas!의 문장을 We want you to have a merry Christmas!로 바꾼다면 맛이 어떻게 달라질까? 물론 다르다. 그 이유는 **wish는 '소원을 빌다' 라는 뜻이 강**하기 땜에.

at any time 「어떤 때라도」
anybody 「누구든, 어떤 놈이든」
at no cost 「비용 들이지 않고」

4 ✸ 빈도부사, from A to B

> **Usually**/you may also switch investments/from one portfolio to another.
> 「통상/귀하는 투자(항목)을 바꿀 수 있어요/한 포트폴리오 에서 다른 포트폴리오로」

빈도부사 출연 → **usually**, always, seldom, sometimes
빈도부사야, 널 만날수록 반갑구나. 그런데 넌 '조 뒤', 즉 **조동사 뒤**에 온다고 했는데… 본문에선 왜 앞좌석에 주제넘게 앉아 있는가! 한번 튀어보겠다는 거로군. 그래, **앞으로 튀면 강조된**

다이 말씀이구나.
switch「바꾸다, 바꿈」
'개폐기'는 on-off switch, on and off는 '이따금, 가끔'.

5 ※ 접속사 or

> You have the option of **single**/or **joint** accounts with another person.
> 「귀하는 단독 계좌를 선택할 수 있어요/또는 다른 사람과 함께 공동 계좌를」

of가 자신의 꽁무니를 몽땅 묶어서 the option에게 갖다 바쳤다. 그리고 **or의** 꽁무니엔 명사가 있다. 따라서 or는 앞동네의 명사, 즉 single과 joint를 연결해 주는데 single은 or로 이어지니까 joint accounts의 accounts에 걸린다.

그러나 원래 single은 특성상 복수형 accounts가 아닌 단수형 account를 받는다.

문장 꽁지의 **with another person**은 joint accounts를 적극 밀어주고 있다. 공동 구좌란 혼자서 되는 게 아니니까.

Investing Made Easy

The major benefits of the ANZ Retirement Plan : There are a range of investment options to choose **from**. It takes only $100 to start investing.

You can make a deposit of any amount at any ANZ or PostBank branch.

For regular or additional deposits you may change the proportion you wish to invest in each portfolio **at any time at no cost.**

Usually you may also switch investments from one portfolio to another.

You have the option of **single** or **joint** accounts with another person.

> **Call & Tax**
> 전화 한 통화도 더 싸게 걸라고 야단들이다.
> 호주에서 외국으로 외국에서 호주로 걸 때 저렴한
> 요금으로 걸 수 있는 방법을 소개하고 있다.
> 전화국에서 경품을 걸고 문제를 내기까지 한다니
> 문제도 풀고 상도 타는 수가 있나보다.

6. 국제 전화 요금

1. International Call (1)

1 ※ to부정사

> The price of international calls continues **to fall.**
> 「국제 전화 요금이 계속 내려요」

국제 전화 요금이 내렸다고? 듣던 중 반가운 소리구먼그려!
international call「국제전화」
international = **inter(가운데 中, 사이 間)** + national(국가의). 그래서 '국가간의, 국제적인'의 뜻이 된다.

■ **inter-에서** 생겨난 말들을 살펴보자.
interact「상호작용하다」
interbreed「이종(異種) 교배시키다」
intercept「중간에서 가로채다, 도중에서 가로채다」(빛, 둘의 통로) 가로막다 방해하다 (저지)
interchange「교환하다, 주고받다」 교대하다.
intercourse「교제, 교섭, 왕래, 성교(sexual intercourse)」
또 있어요. 이번엔 inter가 아닌 intra인데, 서로 헷갈릴까 봐서

interceptor 방해자 (물)

알뜰히 설명하고자 합니다.

■ **intra(안에, 내부에)에서** 생겨난 말들
intramural「교내의」 도시안의, 건물안의, 교회내.
intraparty「정당 내의」
intrastate「주내의」

continue to fall 내리는 것을 계속하다니까「계속 내리다」
'내리는 것'이라고 해석되므로 이건 to부정사의 명사적 용법이다.

2 ✸ 진행형, 접속사

> Telecom **is cutting** the economy rate/for all international calls/by up to a massive 37%/**and** the standard peak time rate/by at least 14%/from January 1998.
> 「텔레콤은 이코노미 요금을 내릴 예정이에요/모든 국제 통화 요금에 대하여/엄청난(엄청나게) 37퍼센트까지/그리고 스탠더드 피크타임 요금을/적어도 14퍼센트까지/1998년 1월부터」

is cutting은 분명 **현재진행형**이다. 그러나 현재진행형이라고 해서 반드시 현재 진행되고 있는 동작만 나타내는 것이 아니라 **예정을 나타낼 때도 쓰인다**는 사실을 알아두자.

economy rate「일반 요금」
economy「절약, 경제, 저렴한, 경제적인」
rate「요금, 비율」

'**환율**'은 **exchange rate**. IMF 직후 미국 달러가 850원에서 1600~1800원대로 팍 뛰어올랐었지. 남한 땅을 다 팔면 미국 땅을 다 사고도 남는다더니. 그때 다 사둬야 하는 건데.

by up to「최고 … 만큼」
by는 '… 만큼', up to는 '… 까지'.
「나는 너보다 **2피트만큼** 키가 크다」
→ I'm taller than you **by two feet.**
= I'm two feet taller than you.
massive「엄청난, 대량의」
mass는 '덩어리'. 성당의 '미사' 도 mass(매스)라고 한다. 매스 매스 하니까 massacre(대량 학살)와 영화 〈Killing Field〉가 떠오르는구나! 살아서 총놀이하던 아해들이 해골바가지를 남겼도다.
peak time「성수기(의), peak는 꼭대기」
at least「적어도」

그놈의 전화 요금 땜에 할 말도 제대로 못하고 '야야, 전화 요금 많이 나온대이. 얼른 끊자 마' 그러다 끊으시던 어무이… 으흐흑. 바야흐로 세월이 흘러 세상도 변하고! 전화 요금 안 내리면 우리 어무이한테 인터넷 가르쳐드려야지. 곧 '효자 인터넷' 나오겠군.

3 ✸ 접속사의 생략, to부정사

> That means//it will cost you less/**to keep** in touch/with friends and family overseas.
> 「그건 뜻하지요//귀하에게 비용이 덜 들게 할 거라는/계속 연락을 취하는데/해외에 있는 친구들과 가족들에게」

That means 직역은 '그건 뜻한다'지만 **'무슨 말이냐 하면 …이다'** 로 이해하면 된다. 바로 뒤에 주어와 동사, 즉 문장의 요건을 갖춘 무더기가 출연했다. 그렇다면 앞문과 뒷문을 연결하는 접속사가 있어야 될 건데. 목적격이라고 해서 생략되었구려.
it will cost you less「너에게 돈이 덜 들게 할 거다」

이런 건 달달 외워라. 입술 부르트면 립스틱 바르고. 많이 트면 짙게 바르고. 그런데 it은 왜 자리만 차지하느냐고? 원래 **it은 무게, 가격, 시간, 거리** 따위를 나타낼 때 아무런 **뜻 없이 주어 좌석에 앉아** 폼만 잡는 인물이다.

keep in touch with 「…와 계속해서 연락을 취하다」

'계속해서' 란 뜻이 어디 있느냐구? keep을 주시해 보라. keep은 '유지하다, 지속하다'. 그러니까 그게 그 말이지 않은가.

overseas 이놈은 -s를 붙여도 되고 안 붙여도 된다. 사실 이런 것들이 헷갈리게 만든다. 붙이려면 붙이고 안 붙이려면 안 붙이지 말이야. 촌놈 얕잡아보고서. 그런데 요놈이 또 **형용사로도 부사로도** 다 쓰여요. 형용사로는 '해외로, 외국의, 해외로 가는'. 부사로는 '해외로, 해외에, 해외에서'. 그러나 사전적인 뜻만 갖고는 해석이 잘 먹혀들지 않을 때가 종종 있다. 본문에서 **friends and family overseas**를 '해외에 친구들과 가족들' 로 하면 찜찜하다. 그래서 머리를 굴려보자.

→ **해외에 있는 친구들과 가족들**

이젠 됐다. 지금부턴 overseas를 잊지 말자. 죽을 때까지만이라도.

4 ※ 미래 시제, 접속사

> The standard rate for calls to Australia/will drop from $1.16 per minute to only 99 cents per minute// **and** calls to the UK/will cost only $1.69 per minute, down from $1.99.
> 「호주로 하는 전화의 표준 요금은/분당 1.16달러에서 분당 단지 99센트만으로 떨어질 것입니다//그리고 영국으로 하는 전화는/분당 1.99달러에서 단지 1.69달러만 될 것입니다」

길다란 건 같아도 묶어버리니까 부담 없지요? 하지만 시험칠 땐 묶어주지 않는다고 불평하지 말아요.

주부를 파악키 위해선 동사의 존재 위치를 알아야 한다. 읽는 도중에 calls가 혹시 '동사가 아닌가 하고 눈을 흘겼더니 아니래. 앞에 전치사가 있다고. **전치사는 명사나 동명사, 대명사만**을 모시는 미식가다. 그러고 보니 Australia 뒤에 오는 **미래 조동사 will**이 있다. 이놈이 숨통을 틔워주는군.

그렇다면 주부를 해석해 보자.

주부도 보아하니 두 개의 작은 묶음으로 되어 있다.

The standard rate와 for calls to Australia는 '표준 요금'과 '호주로 거는 전화에 대한'.

두 개를 보태기 하면 '호주로 거는 표준 요금'.

주부 보따리를 정리하고 동사 고개를 넘어가니 어디선가 안면 있는 녀석이 튀어나왔다. 이름하여 **from A to B**(A에서 B까지).

$1.16 per minute 여기서 **per는 '…에 대하여'**. 그러니까 촌스럽게 해석하면 '분에 대하여 1.16달러', 좀 세련되게 하면 **'분당 1.16달러'** 왜 같은 값이면 좀더 명확하게 1분에 대하여, 즉 per a minute라고 하지 않는가? 거기에 대한 답변은 간단하다. **per는 a의 대용**이니까.

본문의 **and는** 앞문장과 뒷문장을 연결하고 있다. 그래서 표시나게 //를 했다. 비스므리한 걸 여러 번 했기에 여기선 생략한다.

down from $1.99는? 이건 '원래 요금이 1.99달러였는데 거기서 내려서 (1.69달러)'.

5 💥 미래조동사, 접속사

> The economy rate to Australia/**will fall** from 88 cents per minute to 55 cents,/and calls to the UK from $1.69 per minute to $1.09.
> 「호주로 하는 일반 요금은/분당 88센트에서 55센트로 내릴 것입니다/그리고 영국으로 하는 전화는 분당 1.69달러에서 1.09달러로 내리고요」

시키는 대로 쭉 읽어 나갔다. **접속사 and**가 두 개의 문장을 연결시켜 주고 있다. 좀더 확실하게 하려고 and 앞에 콤마까지 찍어놓았다. UK는 United Kingdom, 즉 대영제국을 말한다. 듣기에 거북하다. 돌아다니면서 남의 땅을 긁어모아 놓고 '해가 지지 않는 나라' 라고 떠들어대고, 게다가 United Kingdom이란 이름까지. 가소롭군! Kingdom이 뭔지 알지?

calls to the UK 다음엔 **will fall이 생략**되어 있다. 그걸 어떻게 아느냐고? 앞에 나왔으니까 알지.

6 💥 진행형, 사역동사, 목적보어, to부정사

> We are also **making** our international call plans easier to understand. From January,/there will be only one international call plan — the World Plan.
> 「저희는 또한 국제 전화 플랜을 더 쉽게 만들려고 해요/이해하기에. 1월부터/1개의 국제 전화 플랜만 할 겁니다 ─ 이름하여 월드 플랜」

make는 '만들다, …하게 하다.' 그러니까 일반동사로 안 쓰이면 사역동사로 쓰인다는 걸 퍼뜩 떠올려야지.

make가 **사역동사로 쓰일 경우**를 보자.

make + 목적어 + 목적보어 식으로 나열해 놓으니까 복잡하고 머리부터 아프기 시작하지? 그러나 위에서 목적보어만 이해하면 쉽다. 목적보어란 목적어를 보태주는 말이다. 어떤 식으로 보태주는지는 한마디만 익혀두면 된다.

You make me laugh.「넌 나를 웃기게 한다」*(웃기네!)*
이건 목적보어로 동사가 왔다. 그런데 본문에선 형용사를 얘기하고 있다. 그렇다면 이놈의 형용사가 있는 문장도 익혀두자.
「짧게 잘라 주세요(이발소에서 머리를)」 Make it short.
이제 감이 좀 잡혔는지 모르겠네. 그러면 본문으로 돌아가 보자.

are also making our international call plans easier
「또한 국제 전화 플랜(계획)을 더 쉽게 만들려고 한다」
진행형에다 비교급에다. 해골이 좀 복잡한 것 같지만 그게 그거다. our international call plans가 목적어고 easier가 목적보어다.

to understand「이해하기에」
이건 **형용사인 easier를 수식**하는 to 부정사다. to부정사는 명사적·형용사적·부사적 용법 외에 형용사나 부사를 수식하는 것도 있다.

한 가지 헷갈릴 소지가 있는 걸 짚고 넘어가자. **There is(are)의 주어는 정해지지 않은** 인물, 즉 부정관사류를 포함한 인사가 온다고 했다. 그런데 본문에선 이미 정해진 주어 the World Plan이 오지 않았는가? 그렇다. 하지만 진짜 원래 주어는 앞좌석의 **one international call plan**이고 the World Plan은 '―'로 부연 설명을 해놓은 것이지. 그렇다면 one international call plan은 왜 정해진 게 아니란 말씀인가? '한 가지의 국제 전화 플랜'이라고 했지, 사실 그게 뭔지 어떻게 안단 말인가?

7 ※ 부사절, 접속사, 미래조동사

> Because/all customers **on** the International Friends and Family Plan/will be better off **on** our standard rates,// we will automatically switch you over.
> 「왜냐하면/인터내셔널 프렌드와 패밀리 플랜에 올려져 있는 모든 고객은/스탠더드 요금으로 하는 게 더 나을 것이므로//저희가 자동으로 바꾸도록 하겠습니다」

문장 형태는 그리 어려울 게 없는데, 내용을 이해하기엔 좀 그렇죠? 본문에선 종절이 주절 앞에 왔기에 종절 뒤에 콤마를 붙였죠. 그런데 종절 내에서 주부를 찾아내야겠군요. 주부는 동사 앞마당까지죠.

본문에서 **전치사 on**은 '…위에'. 그러나 문장 해석상 **'올려져 있는'**으로 해야 한다. 두 번째 on은 기초, 근거를 나타낸다. all customers 뒷좌석에 관계대명사 who are가 생략되었다고 보면 쉽게 이해될 것이다. 하지만 억지로 관계대명사를 끄집어다가 집어넣어 해석할 필요는 없다. 해석 때마다 그럴 경우 비효율적이다.

be better off「형편이 나아지다, 전보다 더 잘 지내다」
standard rates「표준 요금」
switch over「바꾸다, 전환하다」

명사로는 '스위치'. 불을 끄고 켜는 스위치 말이에요. 캄캄한 암흑에서 광명으로, 광명에서 암흑으로 바꾸니까 스위치죠.

International Call (1)

The price of international calls continues **to fall**.

Telecom **is cutting** the economy rate for all international calls by up to a massive 37% **and** the standard peak time rate by at least 14% from January 1998.

That means it will cost you less **to keep** in touch with friends and family overseas.

The standard rate for calls to Australia will drop from $1.16 per minute to only 99 cents per minute **and** calls to the UK will cost only $1.69 per minute, down from $1.99.

The economy rate to Australia **will fall** from 88 cents per minute to 55 cents, and calls to the UK from $1.69 per minute to $1.09.

We are also **making** our international call plans easier to understand. From January, there will be only one international call plan — the World Plan.

Because all customers **on** the International Friends and Family Plan will be better off **on** our standard rates, we will automatically switch you over.

2. International Call (2)

1 수동태, 명령형

> A brochure **is enclosed** /with more information/on the changes. For further details/call 0800 PLANET.
> 「브로셔가 동봉되어 있어요/더 많은 정보를 담은/바뀐 내용에 대한. 더 자세한 내용은/0800 PLANET으로 전화주세요」

제일 앞토막 **A brochure is enclosed**를 익히자. be enclosed는 서신 교환시 단골 손님으로 등장하는 말이다. 단골 손님을 몰라봐서야.

본문 내용을 잘 뜯어보자구요. 브로셔가 동봉되는데 더 많은 정보를 갖고 있고 이건 바뀐 내용에 관한 거지요. 이런 식이라면 '더 많은 정보를 갖는' 은 어디에 연결된 말인가? 너무 어려워요? 우선 수동태를 **능동태**로 바꿔서 생각해 볼까요?

→ We enclose a brochure with more

information on the changes.

이해하겠어요? 이걸 다시 수동태로 엎어치기 하면

→ A brochure with more information on the changes is enclosed.

그런데 영어는 머리가 굵다란 걸 싫어한다. 버릇도 얄궂지. 그래서 이놈을 떼어서 꽁무니로 보낸다.

→ A brochure is enclosed with more information on the changes.

on the changes「바뀐 내용에 관한」

For further details「더 상세한 내용을 아시려면」

우리말 표현대로 하자면 If you would like to know(get) further details식이 될 것이다. 물론 이런 식으로 해도 된다. 하지만 간단한 게 좋은 거 아이가. 그래서 저쪽 사람들은 늘 For further details로 쓰죠. 그러니 따라가는 수밖에. 또 details 대신 information을 바꿔넣어 **For further information**이라고도 많이 한다. 골라 잡으시오.

For further details는 **부사구**다. 구 종류나 종절이 문두에 오면 주인이 되는 절, 즉 주절과 구별하기 위해 '콤마'를 꽁무니에 찍죠. 그런데 본문에선 이놈이 없네요. 없는 경우도 자주 등장하는데, 특히 구가 올 경우에 그렇다.

For further details 다음에 바로 동사 call이 팍 튀어나오니까 당혹스럽다. 하지만 익숙해지면 미운 놈도 사랑스러워 질거다.

2 ✸ to부정사, 부사구, 명령형

To win one of 10 $100 credits/on your phone bill,/find the answers/to the following three questions/in this

> newsletter :
> 「10개의 100달러짜리 상금 중 1개를 따기 위해서/귀하의 (상금 액수만큼 할인된) 전화 요금 고지서를 위한 정답을 찾으세요/다음 세 가지 질문에 대한/이 뉴스레터의 :」

부사구가 문두에 온다고 **꽁무니에 콤마**를 찍어뒀다. 그러면 꽁무니에 콤마를 붙이는 이유는 이제 충분히 터득했을 줄로 믿는다. 그래도 한 번 더?

이유 없는 반항은 있어도 이유 없는 문법은 없다. 길다란 부사구가 앞머리에 딱 붙어버리면 주절의 위치가 불분명해진다. 옛날엔 '양반 노는 골에 상놈아 가지 마라', '상놈 노는 골에 양반아 가지 마라' 했죠. **섞이면 기분 나쁘다는 거죠.**

one of 다음에는 **복수명사.**

우선 이치를 잘 따져보자.

one of+복수명사에서, one은 '하나', of는 '…중'. 그러니까 여러 개의 명사 중 하나라는 말이죠. 보기를 들어볼까.

He's one of my best friends.

말이란 참 재밌는 거죠. 원래 문법상으론 최상급은 한 개밖에 있을 수가 없다. 그런데 윗문장에서 my best friend가 여럿 있다고 friends로 했다. 이럴 경우 **my best friends의 무더기가 있는데 그 중 한 사람으로 one**을 쓴 것이다.

친한 친구가 여럿 있는데, 한 명만을 best friend, 즉 He's my best friend라고 한다면 나머지 친구들은 얼마나 섭섭해 하겠는가. 이럴 경우 He's one of my best friends의 쓰임이 기똥차네. 꾀 많은 녀석들같으니라구.

본문을 얼마나 많은 독자들이 이해할까? 문장 구조는 어려울 게 없는데…. 다 함께 연구를 해봅시다. 인류 문화는 연구의 산물.

「귀하의 전화 청구서에서 10개의 100달러짜리 크레딧의 하나를 얻기 위해서」 그런 식으로밖에 해석 못하겠어?

하기야 **credit**이라곤 credit card밖에 모르니 원 참! 본문의 credit은 뭘까? 부기 장부 기입할 때 **'대변'**이란 게 있죠. 이게 바로 대변. 선생님, 화장실 가고 싶어요. 야, 정신차려! **'차변'**이란 것도 있는데 이건 **debit**이라고 한다.

그렇다면 대변은 뭐고 차변은 뭔가? 간단히 말해서 대변엔 들어오는 수익금을 적고, 차변엔 나가는 지출을 적는다. 이젠 여러분의 눈치 코치가 해결해 줄 것이다.

win 「이기다, 상금 타다, 당첨되다」

이어지는 본문의 주절을 보자.

Find the answers to the following three questions in this newsletter.

「이 뉴스레터에서 다음 세 가지 질문에 대한 정답을 찾으세요」

그러니까 세 가지 질문에 대한 정답을 찾아서 적어보내면 100달러를 주는데, 그 상금을 돈으로 보내주는 게 아니라 전화 요금에서 공제해 준다는 뜻이죠. Understand?

the answers to the following three questions

「다음 세 가지 질문에 대한 답변」

to가 들어간다는 사실을 익혀두자.

3 💥 의문사, 구

1. What is the new standard rate **to** Australia?
2. From what date/can you buy the Christmas Phone-Card series?

「1. 호주로 하는 새 스탠더드 요금은 얼마예요?
2. 며칠부터/귀하는 크리스마스 전화 카드 시리즈를 구입할

수 있나요?」

From what date「며칠부터」

from은 전치사고 전치사 뒤엔 명사나 대명사, 동명사가 예약해 뒀다. 역으로 말해서 what date는 명사니까 명사 앞엔 전치사가 올 수 있다.

그런데 date와 day는 잘 알고 있는가? **무슨 요일이냐고 할 때는 day**를 쓰고, **며칠이냐고 할 경우엔 date**를 쓴다는 사실을.

date는 '남녀 간의 데이트(하다), 날짜'.

한국 아가씨들과 데이트하기 제일 힘들다. 콧대 세고, 자존심 강하고. 반면에 노랑머리들은 수월타. 남자가 돈 다 대는데 뭐 밑질 게 있냐는 식이다. 그래, 메뚜기도 오뉴월 한철이다. 실컷 뛰어라.

4 ※ 의문사, 진행형

3. By **how much** are HomeLine rentals dropping **in** December?
「3. 12월엔 가정용 전화 대여비가 얼마까지 내릴 예정입니까?」

영어에선 **의문사가 왕초**다. 주어를 제치고 항상 앞좌석을 차지한다. **그러나** 의문사도 **전치사에겐 맥을 못 춘다.** 물론 이때의 의문사는 명사의 성격을 띠어야 한다. 그러지 않고서야 근방에 올 수도 없다. 본문에서의 how much도 **명사적 의미**로 쓰였다.

By how much 「얼마까지」

본문의 **주어는 HomeLine rentals**이다. 그렇다면 어느 정도 윤곽이 잡혔다.
in December 달 앞에는 **in**이 온다.

5 ✸ 명령문, 구, 접속사

> **Write the answers**/on the back of a standard envelope/ with your name and address, then send it to : November Prize Draw, Telecom, P. O. Box 244, Wellington,/to reach us by 5 pm, 15 December 1997.
> 「답을 쓰세요/규격 봉투의 뒷면에다/귀하의 성함과 주소와 함께, 그리고 그걸 (:다음 주소)로 보내주세요:11월 추첨(담당자 앞) 텔레콤, 사서함 244호, 웰링턴,/1997년 12월 15일 오후 5시까지 저희에게 도착하도록」

November Prize Draw「11월 상금(상품) 뽑기」
draw는 제비뽑기나 행운권 추첨 따위를 말한다.
꽁무니에 **to reach us by 5pm, 15 December 1997**이 있네.
to reach「도착하도록」
by 5pm「오후 5시까지」

International Call (2)

A brochure **is enclosed** with more information on the changes. For further details call 0800 PLANET.

To win one of 10 $100 credits on your phone bill, find the answers to the following three questions in this newsletter:
1. What is the new standard rate **to** Australia?
2. From what date can you buy the Christmas PhoneCard series?
3. By **how much** are HomeLine rentals dropping **in** December?

Write the answers on the back of a standard envelope with your name and address, then send it to: November Prize Draw, Telecom, PO Box 244, Wellington, to reach us by 5pm, 15 December 1997.

> **Adoption in New Zealand (1)**
> 입양을 고려하는 이들을 위한 안내이다.
> 아동들에게 안정된 생활을 제공하는 입양은
> 우리에게 있어 결혼과 마찬가지로 새로운 법적 관계를
> 뜻하는 것이지 친부모와 양부모 가족 사이에서 아동을
> 고립시키는 것은 아니다.

7. 남의 아이 기르기 (1)

1. Some Questions and Answers

1💥조동사, 비교급

> Some questions and answers/for people **considering** adopting.
> A pamphlet of this size/can never be/**more than** a brief summary.
> 「몇 가지 질문과 답변/입양을 고려하고 있는 사람들을 위한.
> 이 정도 크기의 팜플렛은/결코 …일 수는 없어요/간단한 요약 이상」

Some questions and answers를 보자.
some이 questions와 answers 둘에 모자를 씌우고 있다.
for people considering adopting「입양을 고려하고 있는 사람들을 위한」
현재분사와 동명사는 얼굴이 같다. 그러나 현재분사는 진행형을 만드는 원료고 동명사는 명사를 만드는 원료다. 그리하여 **현재분**

사가 문장에 쓰이면 **진행의 뜻**을 지니게 되고, **동명사는 명사의 뜻**을 품게 된다. 따라서 위의 considering은 현재분사요, 뒤따르는 adopting은 동명사다. 이해를 도울 수 있는 약간 촌스런 해석을 해보자.

→「입양하는 것을 고려하고 있는 사람들을 위해」

다음 본문으로 가서, '이 정도 크기의 팜플렛은 결코 간단한 요약 이상일 수 없어요.'

→「이 정도 크기의 팜플렛을 가지고는 간단한 요약밖에는 할 수가 없어요」 입양이라, 할 얘기가 많겠지.

can never be「결코 …일 수 없다」

can을 사용한 자주 쓰이는 표현 중에 **Couldn't be any better!** 가 있다. 직역하면 **'더 이상 좋을 수 없다'**. 새겨보면 더 이상 좋을 수가 없다는 건 **'매우 좋다'** 는 의미다. 말이란 이래서 헷갈리기도 하지만 재밌기도 하다.

결국 인생이란 게 다 헷갈리는 건데 뭘. 그래서 가시밭길을 헤맨다 아이가. 안 헷갈리면 뭐 할라꼬 가시밭길을 헤매겠노. 예수도 광야를 40여 일 간 헤맸고, 석가모니도 보리수 밑에서 헤매다가 그만 道를 닦아부렀어.

more than「… 이상」

'이하' 는 less than.

brief「간단한」

브리핑은 잘 알고 있잖아. 걸핏하면 백악관 브리핑이 어떻고저떻고. briefcase도 있지? 서류 가방.

summary「요약」

2 ※ 접속사 and

> It is not a complete and authoritative statement/of the laws and procedures **currently in place.**
> 「그건 완벽하고 권위 있는 내용이 아닙니다/현재 적절한 법과 절차를 지닌」

a complete and authoritative statement에서 콩알만한 a가 complete와 authoritative를 장악하고는 이들과 함께 statement를 후원해 주고 있다. 그리고 of는 statement의 꽁무니에서 laws와 procedures를 and로 붙들어매서 그 내용을 제한시켜 주고 있다.

complete「완전한」
authoritative「권위 있는」
statement「진술, 내용」
procedures「진행 과정, 절차」
currently in place「현재 적절한」
currently「현재」
in place「적합한, 적절한, 적소에」

currently in place 앞엔 원래 which are가 살고 있었다고 보면 이해가 쉽다. **관계대명사 + be동사는 생략해도 무방**하다는 대원칙에 입각하여 사라져버렸다. 그런 건 자동 해결이 돼야겠는데. 자네는 난 사람도, 나는 사람도 아니면 도대체 뭔가! 가수 존 덴버 좀 봐라. 그냥 못 나니까 비행기타고 날려고 안했나? 그러다가 그만. 그래서 자네는 기는 게 차라리 낫다 이거야? Sunshine on my shoulder makes me happy라고 야단이더니만…. 아니, 그날은 비가 왔었나?

3 ※ 조건절, 관계대명사, 접속사

> If you would like more information,/**call at**, **or write to**,/the nearest Adoption Information and Services Unit,//which is **part of** the New Zealand Children and Young Persons Service.
> 「귀하가 더 많은 정보를 원한다면,/방문하거나, 편지를 쓰세요/가장 가까운 입양 정보 서비스 유니트로//뉴질랜드 아동 및 청소년 서비스(사무소)의 일부인」

information 「정보, 안내」
흔히 공항이나 대형 건물 등의 내부에 information이란 푯말이 있지요? 미국 안 가봐서 잘 모른다구요? Gee! 영화도 안 봤나? Anyway, 그건 '안내'를 말하는 것이오.

call at 「방문하다」
call at 다음에 전화 번호가 오기도 하죠. 그런데 전화 번호가 아니라 건물이 나왔네요. 이 경우엔 '방문하다'란 뜻이죠. call at, or write to, 요놈들의 콤마를 떼어버려도 되지만 좀더 분명히 하기 위해서 콤마로 경계 표시를 해뒀네요. 이건 글 쓰는 이의 맘이지 뭘.

write to 「…에게 편지 쓰다」
요사인 편지 쓰는 사람은 골동품이다. 인간도 구식이고 돈 나가면 골동품이지 뭘. 요새 인간들은 컴퓨터로 편지 쓰고 채팅하고 연애하느라 옆집 사람하고 얘기할 시간도 없어요. 누가 노크하네. 옆집 사람인데 컴퓨터 좀 봐달라고.

관계대명사 **which**가 **계속적인 용법**으로 쓰였네요. 계속적인 용법은 **콤마를 관계대명사 앞에** 모신다. 거참, 이상하네. 달리는 길 위에다 콤마 돌멩이를 딱 얹어놓고서 계속적인 용법이라니. 그래도 해석은 달려간다 이거지. 한정적인 용법은 뒤에서 뜻을 한정하지만.

part of 「…의 일부」

Some Questions and Answers

Some questions and answers for people **considering adopting.**

A pamphlet of this size can never be **more than** a brief summary.

It is not a complete and authoritative statement of the laws and procedures **currently in place.**

If you would like more information, **call at, or write to,** the nearest Adoption Information and Services Unit, which is **part of** the New Zealand Children and Young Persons Service.

2. What Is Adoption?

1 ※ 동명사, 접속사, 현재완료, 관계대명사

Answer. Recent **literature** describes adoption as :
"a means/of providing some children **with** security/and **meeting** their developmental needs/by legally transferring on-going parental responsibilities/from their birthparents to their adoptive parents;/recognising/that **in doing so**, we have created a new kinship network/that forever links/those two families together/through the child."

「답변. 최근의 간행물은 다음과 같이 입양을 설명하고 있어요 :
"한 가지 수단/특정 아동들에게 (생활) 안정을 제공하고/그들의 성장 요건을 충족시키는/법적으로 현 부모의 책임을 이전함으로써/친부모에서 양부모로;/인정하는(수단)/그렇게

> 하는 데 있어서, 사람들이 새로운 친족 관계의 네트워크를 이뤄냈다는 것을/영원히 연결지어 주는/그들 두 가족을 함께/해당 아동을 통해서."

잘 이해가 안되면 다음을 참고하시라.

「최근의 간행물은, 친부모에서 양부모로 부모의 현 책임을 법적으로 이전함으로써 아동들에게 (생활) 안정을 제공하고 그들의 성장 요건을 충족시켜주는 수단 ; 그렇게 하는 데 있어서 사람들이 아이를 통해서 영원히 두 가족을 함께 연결지어 주는 새로운 친족 관계의 네트워크를 이뤄냈다는 것을 인식하는 것으로 입양을 묘사하고 있어요.」

한 문장이구먼! 기차만 긴 줄 알았더니만 웬 녀석이 저러코롬 길당가! 길고, 무더기가 크다고 겁먹나? 그럼 벼룩은? 이놈 한 마리면 전 내무반이 며칠 동안 잠을 설치는데…. 그래서 다들 일어나자마자 벼룩의 간을 빼먹었대나. 그리고는 주말마다 flea market에 간대. 또다시 간 빼먹으려고. 무슨 놈의 잔소리가 그렇게 긴지. 본문으로 가자.

literature 보통 '문학'이라고 하는 장본인이 바로 literature다. 그런 짧은 실력으로썬 본문을 이해할 수 없다. 여기선 **'일반 간행물'** 이기 때문이다. 때로는 '논문'이란 뜻으로 등장하기도 한다. 하여튼 말이란 둔갑술을 품고 있는 요술쟁이다.

describe「묘사하다, 설명하다」
as「…로서, …처럼, …와 같이」

다시 한 번 강조한다. 독해는 읽음과 동시에 머리 속에서 통박 굴려 암산하라! 그러니까 컴퓨터 하지 말고 주산 배우라고 안했나. 우리 것이 최고인 기라.

그러기 위해선 먼저 **단어**를 알아야 하고 다음엔 단어들이 이뤄놓은 토막, 다음엔 묶음을 만들어 **내용 파악**을 해야 한다. 그리고 그 내용들을 **머리 속에서 엮어야** 한다. 그건 아마도 자동적으로 될 거다. 왜? 사람은 생각하는 갈대니까. 인간은 생각한다, 고로 존재한다. 그러다가 로댕이 〈생각하는 사람〉을 만들어버렸대이.

a means에서 한 가지 의문? 왜 means가 복수인데 a를 붙였냐구요? 머리 꼭대기에서 발끝까지 훑어도 복수인데. 하지만 요놈 means는 얼굴 모양은 복수지만 **의미는 단수**다. 나쁜 녀석! -s를 선물받고는 변절했다는구먼! 그래서 속 내용도 '**수단, 방법**'이 되었다고. 그러니까 한 가지 수단이나 방법이라고 할 때는 당연히 **a**가 와야죠.

provide A with B「A에게 B를 제공하다」

이것은 호랑이가 풍년초 피울 때 배웠나, 새마을 피울 때 배웠나? 그런데 전치사 **of의 영향** 때문에 **providing**이 되었다. and의 꽁무니에도 -ing 얼굴을 한 놈이 도사리고 있다. 그렇다면 이놈은 providing과 동창생이다.

meeting their developmental needs「그들(입양 아동들)의 성장 요건을 충족시켜 주는」

meet「충족시켜 주다」

by legally transferring on-going parental responsibilities.

legally「법적으로」

transfer「이전하다」

위 문구를 보면 좀 어리둥절하리라! 그 이유는 transferring이 on-going을 수식한다고 우겨보기 때문이다. 하지만 by 다음엔 동명사가 와서 '…함으로써' 라는 사실을 기억하고 있다면 별문제가 없을 줄로 믿는다. 다시 말해 transferring은 뒷식구를 목적어로 갖고 있다. 그렇다면 on-going이란 단어는 도대체 무슨 뜻일까? '진행하는, 진행중인, 계속되는'.

이젠 해석을 해보자.
→「**진행 중인 부모의 책임을 법적으로 이전함으로써**」
그래야 입양이 되지.
from their birthparents to their adoptive parents「친부모에게서 양부모에게로」
birthparents「친부모」
adoptive parents「양부모」
';' (semicolon)은 '.' (period)와 ',' (comma)가 합쳐진 것으로 생각하여 강력한 힘을 발휘한다고 착각할 수도 있다. 그러나 사실은 이들의 중간 정도의 힘밖에 발휘하지 못한다. 말하고자 하는 건 ';'이 붙으면 이미 단락이 결정되므로 ';' 뒷집의 인물이 ';' 바로 앞집의 다른 인물을 도와주는 것이 아니라 모타리가 상당히 커진다.

본문에서 내용 분석을 해보면 recognising은 저 멀리 providing과 음모를 함께하고 있다는 것을 알 수 있다.
in doing so「그렇게 함으로써」
이놈은 삽입구다. 그리고 바로 앞에 있는 that이 보기엔 외롭게 보일지 모르지만 대군을 거느린 명사절의 선봉장이다.

그리고 갑자기 we가 꽉 튀어나왔다. 이놈은 누굴까? 야, 누굴 보고 이놈저놈 하는 거야? 야, 내가 언제 저놈까지 얘기했어? 농담은 그만하고. 여기서 we는 일반 사람 전체를 막연히 지칭한다.

we 다음에 **현재완료** 시제가 이어졌는데 이건 **말하는 시점을 기준으로 하여 완료된 일**을 나타내고, 뒤따르는 명사는 선행사이며 선행사를 모시는 관계대명사 that의 존재가 보인다. that아, 넌 이미 알고 있다. 바로 뒤에 forever(영원히)가 왔는데 요놈이 동사 links 앞에서 기를 꽉 꺾어놓고 있다.

그리고 **those two families together**는 한 묶음으로 입에 달고, 머리에 집어넣어야 할 대목이다. **지시대명사** those와 **수사**

two의 서열에선 지시하는 놈이 **앞좌석을 차지**한다는 사실과 함께. 그리고 those two가 가리키는 건 뭔가? 바로 친부모와 양부모다.

아 참, 빠뜨린 게 있다.

a new kinship network「새로운 친족 관계의 네트워크」

2 💥접속사, not(neither) A nor B

> In adoption,/**as in marriage,**/the new legal family relationship/does **not** signal the absolute end of one family/and the beginning of another,/**nor** does it sever the psychological tie/to an earlier family.
> 「입양에 있어서/결혼에서와 마찬가지로/새로운 법적 가족관계는/한 가족의 절대적인 단절을 의미하지는 않아요/그리고 다른 가족의 시작(을 의미하지는 않아요)/그것(새로운 법적관계)은 심리적 연대감을 단절하는 것도 아니구요/(입양) 이전 가족과의」

야, 입양 한번 해보려니 영어가 장벽이야!

In adoption「입양에 있어서」
as in marriage「결혼에 있어서」

마찬가지로 삽입구다. 이건 문장의 앞에 가도 되고 본문에서처럼 가운데로 올 수도 있고. 제멋대로 가서 빌붙을 수 있다. 하지만 가운데 있어 삽입돼야 삽입구지.

as「…처럼, …와 마찬가지로」
the new legal family relationship「새로운 법적 가족 관계」
signal「신호하다」
the absolute end of one family「한 가족의 절대적 단절」

the beginning of another「다른 가족의 시작」
another 다음엔 family가 생략된 것이다.

그 다음 nor 뒤의 문장을 보자. nor 다음엔 **조동사 + 주어 + 동사의 순**이라고 하지 않았나! 기억 안 나요? 우리에게 익숙한 놈은 **neither A nor B**라고 했지요? 그것도 기억 안 나요? 참 머리가 자갈밭이가 우찌된 셈이고 마! 그래서 그런지 자갈밭 소리가 나는 거 같네. 간단한 산수 문제 하나 낼 테니 해봐라.

이 세상 사람 각각의 머리카락 수의 곱과 1은 어느 쪽의 값이 더 큰가? 머리카락 수? 정말 돌이네. 증명해 줄게.

개똥이 머리카락 2,0007×뒷집 할배 1998×율브리너 7×… 남편(대머리) 0 =? 알겠재? 앞으론 돌 굴리지 마. 통박 굴리란 말이다. 통박 굴리면 혹시…. 흥부 박에서 뭐 튀어나왔다는 소리 들었지?

sever「자르다」
psychological tie「심리적 연대감」
to an earlier family「(입양) 이전 가족에게」

위 둘을 합치면→「**이전 가족에게 연결되어 있는 심리적 연대감**」

3 ✸ 관계대명사의 주격

> Rather,/it expands the family boundaries of all those/who are involved.
> 「차라리/그것(새로운 법적 관계)은 모든 이들의 가족 영역을 넓혀줍니다/(입양에) 관련된」

Rather 혼자서도 잘 나서는 말이다. 본문에서 요놈의 뜻은 '**차라리, 그렇다기 보다는**'.
expand「팽창하다, 넓히다」

boundary「경계, 범위, 영역」

all those는 뒤따르는 관계대명사 who의 선행사며, who 뒤엔 문장의 주어가 없으니까 who가 그 자리를 차지하여 관계대명사의 주격이 되었노라!

전달한다. 전 중대원에게 비상! 중요한 사실 발견.

→ **all은 지시대명사 앞좌석을 차지한다.** 지시해 봤자지, all이라고 했는데 뭘.

be involved「관련되다, 포함되다」

What Is Adoption?

Answer. Recent **literature** describes adoption as :
"a means of providing some children **with** security and **meeting** their developmental needs by legally transferring on-going parental responsibilities from their birthparents to their adoptive parents ; recognising that **in doing so**, we have created a new kinship network that forever links those two families together through the child."

In adoption, **as in marriage**, the new legal family relationship does **not** signal the absolute end of one family and the beginning of another, **nor** does it sever the psychological tie to an earlier family.

Rather, it expands the family boundaries of **all those** who are involved.

3. How Do I Get Information about Adopting a Child?

1 ※ 의문사

> **How** do I get information/about adopting a child?
> 「어떻게 정보를 얻을 수 있나요/아이를 입양하는 것에 대해서?」

about adopting a child 「아이를 입양하는 데 관해서」
about은 전치사로서 꽁지엔 명사나 동명사를 붙이고 다닌다.
information은 **셀 수 없는 명사**니까 an, -s가 근접하지 못한다. 그래서 항상 고독하게 지내는 홀아비. 바보 같은 홀아비.

2 ※ 부사절, 수동태, 구

> Answer. If you are considering adoption,/information can be obtained/**by attending**/a group information

> meeting,/or an introductory interview/with an adoption social worker.
> 「답변. 만약 귀하가 입양을 생각하고 있다면/안내를 받을 수 있어요/참석함으로써/그룹 안내 미팅이나/소개 인터뷰에/입양 소셜 워커와 함께」

본문의 구조를 보면 if절, 수동형, by -ing가 전부다.
if절, 즉 종속절이 머리맡에 옴으로써 뒤에 '콤마'가 찍혔다.
be obtained「얻어지다」
by attending「참석함으로써」
by는 '…함으로써'. 이때 by는 **전치사**. 따라서 전치사는 **꽁무니에 명사 가족**들을 모신다. 동명사도 비록 동사에서 둔갑했지만 명사 가족이 아닌가.
a group information meeting「그룹 안내 미팅」
해석이 잘 먹혀들어 가는지 모르겠다. 여러 사람에게 정보를 제공하기 위해서 함께 모이는 meeting이란 말이다.
or는 뒷집의 명사와 앞집의 명사를 엮어서 attending에다 갖다 바치고 목적어의 직함을 받았다.
an introductory interview「소개 인터뷰」
다시 말해 입양 내용에 관한 소개를 하기 위한 인터뷰란 말씀이다. 알고 보니 입양하기가 쉽지 않은 것 같다. 오대양 육대주 빨주노초파남보로 입양하려 했더니 글렀어.
an adoption social worker「입양 소셜 워커」
social worker는 갖가지 **사회적 봉사 활동을 하는 사람**. 우리 나라에서도 이런 분들이 많이 배출되어야 하는데.

3 ※ 접속사, 부사구, 부사절, 수동태

> The Adoption Information and Services Unit/in your area/will be able to tell you//**when** their next meeting will be held.
> 「입양 안내와 서비스 유니트는/귀하 지역에 있는/귀하에게 말해줄 수 있을 것입니다//그들의 다음 모임이 언제 개최될 지를」

이런 것쯤이야, 누워서 잠자기지! 우선 커피, 차, 주스 중에서 보리차를 한잔 들이켜고. 읽어가면서 묶음으로 묶고, 그러면서 암산을 하고. 접속사 and의 궁둥이를 보니까 명사가 있다. 그러면 앞집에도 명사가 있으렷다! 야, 그런데 주부가 꽤 기네.

The Adoption Information and Services Unit「입양 안내와 서비스 유니트」

여기서 unit란 '부서'를 말한다. 야, 넌 무슨 부서에서 근무하니? 명퇴 대기조냐, 정리 해고 대기조냐? 난, 붕어빵 장수야.

야, 쓸데없는 짓 대강하고 본문이나 좀 관찰해 봐라. The Adoption이 제일 앞에서 커다란 모자로 뒷무리들 Information and Services를 덮어씌웠다. 요놈들이 동등한 자격으로 Unit를 떠받들고 있다.

다시 안방으로 쳐들어가 한 놈씩 묶어보자. 누가 밖에서 들으면 흉악범인 줄 알겠군. 묶으려고 달려가니 부사구인 **in your area**가 나오고 조동사와 그의 추종자들이 기다리고 있다. 여기가 바로 동사 마을. 그러니까 **주부는 동사 마을**, 즉 조동사 **앞자리에서 팍 끊어진다.**

in your area「귀하가 거주하는 지역에서」
be able to「할 수 있다」
when 은 대가족을 거느린 **종절의 추장**이다.

be held 「개최되다, 소집되다」

How Do I Get Information about Adopting a Child?

How do I get information about adopting a child?
Answer. If you are considering adoption, information can be obtained **by attending** a group information meeting, or an introductory interview with an adoption social worker.

The Adoption Information and Services Unit in your area will be able to tell you **when** their next meeting will be held.

4. How Do I Make an Application to Adopt?

1 ✹ 부정사, 조건절

> How do I make an application/**to adopt?**
> Answer. If you wish to adopt,/you can make an application/at your nearest Adoption Information and Services Unit.
> 「어떻게 신청을 해야 합니까/입양하기 위해서.
> 답변. 만약 귀하가 입양하기를 원한다면/신청할 수 있어요/
> 가까운 입양 안내 서비스 유니트에서」

make an application 「신청하다」

to adopt '입양할' 이냐? '입양하려면' 이냐? 좀 헷갈리니까 구체적으로 파고들어 보자.

'입양할 신청서(입양 신청서)'를 어떻게 작성해야 하지요?' **'입양하려면 신청서를 어떻게 작성해야 하지요?'** 전자로 하면 형용사적 용법이 되고 후자로 하면 **부사적 용법**의 조건에 해당된다. 그러나 make an application은 '신청하다'로 한 묶음이어서, 동사적 성격을 띠게 되어 뒤따르는 부정사는 부사적 용법이 된다. 따라서 '입양하려면' 식이 되어야 하기 때문에 후자의 견해가 더 믿음을 준다.

wish는 want와 같은 뜻이라고 보면 무리가 없다. 물론 문장에 따라서는 쓰임새가 좀 다를 수도 있지만, 앞에서도 말했듯이 **wish**에는 소원을 빌다라는 뜻이 포함되어 있어 **want보다는 더 강한** 느낌을 준다.

뉴질랜드에선 White Christmas는 텔레비전에서나 봐요. 워낙 Green and Clean을 부르짖다 보니 크리스마스도 green이야요. 제1의 도시 오클랜드가 있는 북섬엔 눈이 안 와요. 그리고 크리스마스가 여름이래요. 첫눈의 설레임, 그녀와 함께 덕수궁 돌담길을 뽀드득 뽀드득. 우리는 기어코 하얀 밤을 지새워버리고 말았죠.

2 ✹ 수동태, 분사구문

> An application form **needs to be completed**,/giving basic details about yourself.
> 「입양 양식이 작성되어야 할 필요가 있습니다/그리고 그건 귀하에 관한 기본 내용을 제시해 줍니다」

an application form 「신청 양식」

needs to be completed와 같은 토막을 잘 알아둬야겠다. 티끌 모아 태산 되듯, 토막이 모여서 문장이, 문장이 모이고 모여서 구절이, 구절이 모여서 실력 되어 시험에 꽉 붙는다 아이가. 얘기 삼아, 공부 삼아 다음 문장들을 넌즈시 한번 봐두자.

Your homework needs to be done by tomorrow.「너의 숙제는 내일까지 해질 필요가 있어」

Your hair needs to be cut soon.「너의 머리는 깎을 필요가 있어」

The dead body needs to be buried right now.「시신은 당장 매장할 필요가 있어요」

giving basic details about yourself는 분사 구문이다. and it gives…가 성형 수술 전 원래의 모습이다.

3 ※ 부정사, 관계대명사, 접속사

> You will be asked/to supply the names of two people/who know you well,/**and who** are prepared/to provide references/**which** are relevant to your application.
> 「귀하는 요청받을 것입니다/두 사람의 이름을 제공하라고/귀하를 잘 알고 있는/그리고 준비가 되어 있는/참고 사항을 제공할/귀하의 신청서에 부합되는」

You will be asked.「요청받을 거예요」

to supply는 '제공하도록'. 앞의 동사를 수식하고 있다. 동사를 도와주는 건 부사. 따라서 **부정사의 부사적 용법**이오.

명사 뭉치인 the names of two people이 나오고 who가 나오는 것으로 봐서 앞좌석은 선행사고 who는 형용사절을 이끌고 있는 보스다. 그렇다면 선행사가 확실하게 누구인가? who 앞좌석엔 the names of two people이 있는데 이놈들이 다 선행사가 될까? 아리송하죠? 그렇다면 연구를 해봅시다.

the names of two people who know you well을 해석하면 '당신을 잘 알고 있는 두 사람들의 이름들' → who 이하, 당신을 잘 알고 있는 것의 주체는 사람이지, 결코 이름은 될 수 없지 않은가? 그렇다면 **선행사**는 바로 **two people**이다.

접속사 and가 나타났다. 이번엔 누구와 누구를 결혼시켜 줄까? and 너 궁둥이를 한번 보자. 빨갛구먼! 원숭이와 원숭이를 살펴보니 궁둥이에 who가 원숭이 대군을 몰고 버티고 있다. 그렇다면 바로 앞에 나온 who와 내통을 했단 말인가? 살펴보니 모양이 비스므리하다. 그렇다면 이놈은 앞의 who와 힘을 합쳐 같은 선행사 양반을 모시고 있는 것.

who를 한 놈 두 놈 후닥닥 해치웠다. 그런데 이번엔 메뉴를 바꿔서 **which**가 등장했다. 녀석들이 별짓을 다 해댄다. 요놈도 **선행사**를 모시고 있는데 **references**가 바로 그 장본인이다.

관계대명사를 만나면 제일 먼저 염두에 둬야 할 건 우리말로는 궁둥이에서부터 해석이 되지만 **읽는 독해는 머리에서부터 꼬리로 달려야** 한다는 거다. 그래야, 수능이고 토익이고 토플이고 SAT고 LAST고 뭐고 다 물리치지.

4 ※ 수동태, 부정사, 부사구

> You will also **be asked**/**to give** permission/for the Adoption Information and Services Unit/**to obtain** medical information/from your family doctor/about your general state of health.
> 「귀하는 또한 요청받을 것입니다/허락하도록/입양 안내 서비스 유니트가/건강 진단서를 입수할 수 있도록/귀하의 가정의로부터/귀하의 전반적 건강 상태에 관해」

한 문장으로 다시 묶으면,

「귀하는 입양 안내 서비스 유니트가 귀하의 가정의로부터 귀하의 전반적 건강 상태에 관한 건강 진단서를 입수할 수 있도록 허락해 주기를 요청받을 것입니다」

또 수동태가 등장했지요. 진절머리가 날 테지.
You will also be asked.「당신은 또한 요청받을 겁니다」
ask는 '요청하다' 지만 수동태로 **be asked**가 되면 '**요청받다**'.

also도 주로 조동사 뒤에 둥지를 틀지요. 이런 걸 구구절절이 늘어놓기 전에 M16 자동소총 총알 빠져나가듯, 아니면 핫바지에 방귀 새듯 술술 돼야 될 텐데.

우선 본문을 토막내자.
to give permission「허락을 주도록 → 허락하도록」
for the Adoption Information and Services Unit 이때의 for는 '…을 위해서'가 아니라 다음에 이어지는 to부정사의 의미상 주어를 모시고 있다. 의미상 주어의 구실을 어떻게 하느냐는 다음 기회에 살피기로 하자.

to obtain medical information「건강 진단 내용을 얻을 수 있도록」

medical information은 '**건강 진단서**'를 말한다. 그리고 흔히 '**건강 진단**'은 **a medical check-up**이라고 하지요. 한 개 더 알아둔다고 해서 누가 소득세 내라고 안할 테니까 확실하게 해두소 마.

from your family doctor「귀하의 가족 담당 의사(가정의)로부터」
about your general state of health「귀하 건강의 전반적 상황에 관해서, 귀하의 전반적 건강 상태」

general이 가끔 걸리적거릴 때가 있다. 어떤 경우엔 '종합'이란 말로도 쓰이고 어떤 경우엔 '일반적인'. 이게 또 '장군'이란 의미로도 쓰이니 원 참!
a general hospital「종합 병원」
generally speaking「일반적으로 말해서」

General MacArthur 「맥아더 장군」
이 사람이 압록강 건너에 원폭을 터뜨리겠다고. 그런데 언 놈이 말렸지? 그놈은 아마도 땅따먹기에 관심이 별로 없었던 모양이군!

5 ✹ 부사구, 접속사, 부정사

> **In addition**,/the Adoption Information and Services Unit will ask your permission/to request a police check.
> 「덧붙여서/AISU는 귀하의 허락을 요청하지요/경찰 조회를 의뢰하기 위해서」

in addition 「덧붙여서」
단독 플레이를 자주 하는 인물이다. 걸핏하면 in addition.
to request a police check 「경찰 조회를 요청하기 위한」
'위한'은 꽁지에 명사를 초빙해야 말이 된다. 그렇지 않으면 불구가 된다. 그러니 요놈은 형용사적 용법.

police check 「경찰 조회」
본문에서 request는 누가 한다는 건가? 그렇지요. AISU지요. 그리고 a police check은 무엇인가? 경찰 점검이라고 하니까, 죄를 지었나 안 지었나를 보는 게지요. 쉽게 말하면 신원 조회 같은 게 되겠네요.

6 ✹ that절, should+동사의 원형, 종속절

> The Adoption Information and Services Unit **suggests** //**that** if you **have** any particular health problems,/or if you **have committed** offences,/you discuss these

7. Adoption in New Zealand (Ⅰ)

> with an adoption social worker/early in the process.
> 「AISU는 제안합니다//만약 귀하가 어떤 특별한 건강 문제를 갖고 있다면/또는 죄를 범한 적이 있다면/이러한 것(건강 문제나 전과)을 입양 소셜 워커에게 의논할 것을/진행 초기에」

입양하는 것도 보통 일이 아니다. 하지만 오늘날 똥개를 거래해도 족보를 요구하는데 하물며 만물의 영장이 족보를 옮기는 일을 어찌 경솔하게 할 수 있단 말인가!

본문에서 물론 The Adoption Information and Services Unit 까지가 주어다.

suggest가 튀어나왔는데 '제안하다, 제의하다'. 동사 **suggest, request, insist** 따위가 오면 종속절엔 should+**동사의 원형**이나 should를 버리고 동사의 원형만을 쓰는 걸 원칙으로 해왔다. 그런데 **요즘엔 현재시제를 그냥 쓰기도** 한다. 좋은 게 좋은 거지 뭘.

suggest 다음에 that이 나오는 걸 보니까 이건 절이고. 그런데 that 바로 뒤에 if가 따라온다. 이건 종절보다도 서열이 낮은 종종절이다. 뒤에 또 if가 따라온다. 종종절이 두 개인 셈이다. 에이그, 무셔라. 그리고 맨 나중에 주절의 종절이 왔는데 이건 앞에 있는 that에 걸린다.

모조리 순조롭게 파악되도록 연습해야지. 그래야, 시집도 잘 가고, 장가도 잘 가지. 요놈들 가만 보니까 모조리 국제 결혼하려고? 국제 결혼 많이 하면 그게 바로 외화벌이 아이가.

사람은 죽을 때가 되면 '고향 앞으로 갓' 한다는데 묘터는 조선 땅이 제일인 기라. 그러니까 광개토대왕이다, 장수왕이다, 김유신이다, 이순신이다, 인물들이 줄줄이 안 나왔나! 내가 하고 싶은 소리는 죽을 때는 $$$를 갖고 오너라, 이 말씀이여!

종절의 종종절을 연구해 보자.

if you have any particular health problems, or if you have committed offences 지금 뭘 하려고 하는지 아시오? 다 같은 종절임에도 불구하고 앞집엔 일반동사인 have를 썼고, 뒷동네에선 현재완료형을 썼다. 그 이유는? **현재시제는 현재에 영향을 미치는 일**에 사용하고, **현재완료는 현재 완료된 일에 사용한다**는 기본 철칙에 입각하면 금세 이해하리라. 뒷집은 말하는 순간을 현재로 기준 삼아서 완료된 일을 말하므로 현재완료형을 쓰게 된다.

commit offences「죄를 범하다」

offences가 복수로 된 건 죄가 여러 개일 수도 있다는 전제로 말하기 때문이지요(본문에서 problems도 마찬가지 이유). 다 알고 있다고요? 미안해요. 앞으로 조심하지요.

discuss these with an adoption social worker「입양 소셜 워커와 이들을 논의하다」

early in the process「일을 추진하는 초기에」

How Do I Make an Application to Adopt?

How do I make an application **to adopt?**
Answer. If you wish to adopt, you can make an application at your nearest Adoption Information and Services Unit.

An application form **needs to be completed**, giving basic details about yourself.
You will be asked to supply the names of two people who know you well, **and who** are prepared to provide references **which** are relevant to your application.
You will also **be asked to give** permission for the Adoption Information and Services Unit **to obtain** medical information from your family doctor about your general state of health.
In addition, the Adoption Information and Services Unit will ask your permission to request a police check.

The Adoption Information and Services Unit **suggests that** if you **have** any particular health problems, or if you **have committed** offences, you discuss these with an adoption social worker early in the process.

5. What Else Is Required of Me?

1 ※ 접속사

> What else **is required** of me?
> Answer. Participation／**in** the education **and** preparation program.
> 「나에게 그 밖에 무엇이 필요하죠?
> 답변. 참여／교육과 준비 프로그램에」

그 밖에 나에게서 필요한 게 뭔가?
be required of 「…에게 요구되다」
　of에 조심하시오. 당장 본문을 입력합시다. 어참, 입력하라니까 삼보컴퓨터에? 당신의 목 위에 달려 있는 컴퓨터 말이오.
　접속사 and 꽁지엔 명사, 그러니까 and가 앞집의 명사와 혼인시키려고 한다. 살펴보니 앞집에도 명사가 살고 있다. 이만하면 됐지 뭐가 불만이여! 아 참, 그리고 앞집과 뒷집의 명사가 **함께 in**을 모시고 있다.

7. Adoption in New Zealand (Ⅰ) 227

2 ※ 접속사, 완료, 수동태

> Once all references and reports/**have been received**,/and no particular concerns **have arisen**,/you will be invited to attend/an Education and Preparation Program.
> 「일단 모든 참고 자료와 보고서가/접수되고/특이 사항이 발생하지 않는다면/귀하는 참가하도록 초대받을 것입니다/교육과 준비 프로그램에」

종절의 문장은 두 개인데 앞자리를 차지하고 있다. 제일 앞자리 특석엔 once가 있다. 이 once는 '한 번'이란 뜻도 있지만 **일단 특석에 앉으면** 의심을 해봐야 한다. 그 뜻이 '한 번'과는 거리가 멀기 때문이다.

once 「일단 … 하면」

all references and reports 「모든 참고 자료와 보고 자료」

주어가 사물일 경우 주로 수동태가 오지요. 이유는 사물은 동작을 직접 하는 게 아니라 동작을 통제받으니까.

have been received 완료수동태지요. 사실 이런 건 입술이 부르트도록 달달달 외워둬야죠. 그래야 말할 때든 독해든 팍팍 넘어갈 수 있지요. 그런데 이거 하다가 입술 부르튼 사람은 한 번도 못 봤어요. 공부 좀 열심히 해보세요. 옛날엔 개똥벌레 잡아놓고 공부했다고 해서 형설의 공이란 말도 생겨났잖아요. 아참, 그런데 영어 공부 하다가 입이 부르트면 이건 뭐라고 하나요? 아이디어 공모.

그리고 수동태 문장에서 꽁무니에 by+사람(행위자)이 나오는데 본문에선 이놈이 행방불명이죠. Why? **by+사람(행위자)은 생략해도 무방**할 때가 있어요. 없어도 원통해할 인물이 없다는 거죠. 본문의 경우, 없어도 그 **행위자가 뻔히 정해져** 있죠. 어떻게? 이미 앞에서 여러 번 언급이 됐으니까, 그 행위자는 입양을 주선하는 측이에요. 좀더 자세히 언급하면 AISU.

그런데 주어가 사물이라고 해서 반드시 수동태가 오는 건 아니죠. 본문의 두 번째 종절 **no particular concerns have arisen**처럼 말이에요. 이유는 concerns가 타의에 의해서 행동 제약을 받는 것이 아니라 스스로 arise했기에.

You'll be invited to attend… 이런 형태의 **수동태**도 달달달.

3 ※ to부정사, 접속사

> The general aim of this program/is **to provide** you with information,/and **to offer** you on-going support.
> 「이 프로그램의 일반적인 목적은/귀하에게 정보를 제공하는 것입니다/그리고 귀하에게 지속적인 지원을 하는 것입니다」

The general aim of this program 「이 프로그램의 일반적인 목적」

is to provide you with information 「귀하에게 정보를 제공하는 것이다」

여기에 한마디의 숙어가 등장했다. 이미 암기했나요?

provide A with B 「A에게 B를 제공하다」

본문에서처럼 **be to부정사가 명사적인 용법으로** 쓰여 '**…하는 것이다**' 라고 했을 때 **생략할 수 있다**고 언급한 적이 있다. 다시 말해서 is provide처럼 말이다. Do you still remember that?

and 뒤엔 to offer가 등장했다. 앞집을 살펴보니 to provide가 있다. 이들은 동등한 자격의 동창생으로, 즉 문법적 용어를 빌리자면 주격 보어에 해당되는 말이다. **주격 보어**란 주어에게 보태주는 말이다.
on-going support 「지속적인 지원」
on-going 「지속적인」

4 ※ 조동사, 접속사, to부정사

> The program will also provide you with the opportunity/**to explore** issues/surrounding adoption, your own circumstances, and time/to examine attitudes and beliefs about adoption.
> 「프로그램은 또한 귀하에게 기회를 제공할 것입니다/문제들을 검토할/입양과 귀하 자신의 환경, 그리고 시간을 둘러싸고 있는 (문제들)/입양에 관한 자세와 믿음을 검토할 (시간)」

provide A with B에서 **A는 사람**이고 **B는 제공하는 사물**이란 사실을 잘 알아두자. 사람이 사물보다 위니까 A지.

프로그램이 또한 기회도 제공하는데 어떤 기회냐?

to explore issues 「문제를 탐험할 (기회), 문제를 발견해 낼 (기회)」

명사 없이 말이 안되고 명사를 기다리고 있으니까 이건 형용사적 성격을 지니고 있어요. 이걸 **to부정사의 형용사적 용법**이라고 하지요.

여러분 중에선 **explore**라고 하니까 항상 아프리카 탐험이나 우주 탐험만을 생각할지도 모른다. 하지만 본문과 같은 경우에도 얼마든지 써먹으니까 모르면 손해다.

문제를 탐험하는데, 어떤 문제를?

surrounding adoption 「입양을 둘러싸고 있는, 입양에 관한」

그런데 **surrounding**이 거느린 식구가 참 많네요. 뒤따르는 자들은 모조리 surrounding의 혜택을 받고 있구먼유! 그래서 이들을 보면, '입양, 귀하 자신의 환경, 입양에 관한 자세와 믿음을 검토할 시간을 (둘러싼).' 꽁무니가 약간 복잡하다.

time to examine attitudes and beliefs about adoption에서 우선 묶음이 time to examine과 attitudes and beliefs about adoption으로 나누어지는데, time to examine의 **to examine은 형용사적 용법**이죠. 그리고 위 내용의 검토할 시간은 바로 입양에 관한 자세와 신념을 검토할 시간을 말하는 것. 여기서 다시 강조하고 싶은 건 **접속사 and는 항상 끼리끼리 중매한다**는 사실이다. 문자 쓰면 유유상종!

본문에서 attitudes가 명사고 뒷집에도 명사니 이게 유유상종이 아니고 뭐더냐? 직감적으로 알아차려야 뒤따르는 about adoption도 두 마리 명사에 영향을 끼치고 있다는 사실을 알 수 있지.

5 💥 조동사, to부정사, 접속사, 과거분사

> This may help you/to make an informed decision/**as to**/whether you wish/to parent **an adopted child.**
> 「이것은 귀하에게 도움이 될 수도 있어요/정보에 근거한 결정을 내리도록/…에 관하여/귀하가 원하는지/입양한 아이를 기르기를」

informed「정보에 근거한」
as to「…에 관한」
as to 다음엔 주로 길다란 **절**이 오지요.
쪼맨한 놈이 간도 크지.
whether「…인지」
whether는 주로 **whether or not**의 형태로 많이 쓰이죠.

그 이유는 말할 때 **'무엇인지 아닌지'** 가 자연스럽게 이어지니까 그렇죠.

to parent an adopted child 「입양한 아이를 기르는 것을」

parent에 관해 잠시 짚고 넘어가자. **단수로 쓰이면 양친 중 한 사람**이고 parents처럼 **복수로 쓰이면 부모(양친)**이며 본문에서처럼 **동사로 쓰이면 '아이를 기르다, 양육하다, 부모 노릇을 하다.'** 그리고 an adopted child는 영어로는 child가 adopted되었기 때문에 자연히 수동의 뜻을 담고 있는 과거분사형을 썼지만 우리말로는 능동태로 '입양한 아이'나 수동태로 '입양된 아이'나 어느 쪽을 택해도 말이 되는 것 같다. 이래서 우리말이 좋다고 하는 것일까?

그런데 좋은 말 놔두고 굳이 영어로 힘주는 사람들이 많다. 백화점에 가서 숟가락 달라고 하니 "스푼 말이에요?" 하고 되묻질 않나, 옷가게에 가니까 가관이더군. 레자(leather를 잘못 말한 것)가 어떠니, 바디라인이 어떠니, 웨이스트에 액센트를 더 줘야겠다느니, 라인의 코디네이션으로 하모니를 잘 살렸다느니, 언밸런스가 어쩌고 저쩌고…뭐, 영어 공부하는 중이라고?

6 ※ 부사구, 접속사

> At the completion of the program/you may **then** proceed **and** enter the Waiting Pool.
> 「프로그램을 끝냄에 따라/귀하는 웨이팅 풀에 들어갈 수 있어요」

at the completion of 「…을 마칠 때」

흔히 종절이나 구 따위가 머리에 오면 콤마를 찍어 주절과 차별하는데 가끔 가다 이를 무시하는 경우가 있다. 그렇게 되니 종절이 주절에 착 달라붙어 어디가 머슴방인지, 주인방인지 헷갈릴 때가 많다.

then 「그러고 나서」

at the completion of를 썼으면 충분한데도 then을 다시 내세웠다. 이렇게도 자주 등장하니까 알아모셔야 할 일이다. 영어권에서 그렇게 쓰는데 이건 어디 가서 하소연하지도 못한다. 뭐, 국제 사법 재판소에 제소를? 그 사람들도 이렇게 쓰는데 뭘!

proceed 「진행하다」

접속사 and 뒤에 동사가 왔다. 그러면 앞동네의 동사와 결혼한 것. **앞동네의 동사**는 **proceed.** 말이 나왔으니까 말인데 결혼은 빨리 해야 돼요. 10대 후반에 결혼해서 아이 낳고, 20대에 아이는 친정이나 시집에 맡기고 맞벌이하고, 30대에 집 사고, 40대에 며느리·사위 보고. 뭐, 이런 식으로 꽉꽉 proceed해야지. 그러면 50대에 영어 공부하란 말이가! 영어 공부는 시집 오기 전에 다 해와야지.

pool엔 **car pool**도 있고, **pool**장도 있고, **당구**도 pool인데. 아, waiting pool이라! 저거 wedding pool을 잘못 쓴 건 아닐까? 그런데 wedding pool이란 말도 있나?

waiting pool 「대기자 모임」

pool은 원래 **'집결소'**를 말하는데 여기서는 사람들 모임을 의미. 입양을 원하는 사람들이 많이 모여 있는 곳이란 거지.

What Else Is Required of Me?

What else **is required of** me?

Answer. Participation **in** the education **and** preparation program.

Once all references and reports **have been received**, and no particular concerns **have arisen**, you will be invited to attend an Education and Preparation Program.
The general aim of this program is **to provide** you with information, and **to offer** you on-going support.
The program will also provide you with the opportunity **to explore** issues surrounding adoption, your own circumstances, and time to examine attitudes and beliefs about adoption.

This may help you to make an informed decision **as to** whether you wish to parent **an adopted child.**
At the completion of the program you may **then** proceed **and** enter the Waiting Pool.

> **Adoption in New Zealand (2)**
> 입양의 절차와 입양 이후의 두 가족 간의 연결고리 등에 대해 언급하였다. New Zealand에서는 입양 이후에 문제거리가 생기면 국립 입양 매니저에게 문제를 상의하고 해결 방법을 찾을 수 있도록 한다.

8. 남의 아이 기르기(2)

1. Preparation of a Profile before Entry into the Waiting Pool

1 ✹ 부사구, 수동태, to부정사, 현재분사

> Preparation of a profile/before entry into the Waiting Pool.
> During the program,//you will be requested/to prepare a profile/**giving** details about yourself.
> 「프로파일의 준비/웨이팅 풀에 들어가기 전.
> 프로그램 도중에/귀하는 요청받을 것입니다/프로파일을 준비하라고/귀하 자신에 관한 내용을 담은」

 제목이나 표어 등은 짧은 게 좋다. 그래서 **before** 다음에 주어고 뭐고 생략하고 **막바로 명사 entry**가 긴급 출연했다.
 그런데 말이여, 프로파일이 뭘까? 모르면서 질문도 안하고. 침묵은 금이다? 세계 금은 우리가 다 갖고 있겠네.
 profile은 file의 pro가 아니야요. pro는 professional의 준말도 되지만 여기선 '**…앞에**'. 그러니까 정식 파일을 제출하기 전에 대충의 윤곽만을 포함한 file을 말하죠.

이왕 내친김에 하나 더 건지자.

pros and cons란 아담하고 복스런 말이 자주 등장하던데, 이건 무얼까요? '**장단점, 찬반론**'.

During the program「프로그램 도중에」.

'…동안' 이란 뜻을 지닌 단어는 during 외에도 while, for 따위가 있죠. 모르시는 분들을 우대해서. 아, 그런데 뒤에 또 나온다. 기다려 주세요.

be requested「요청받다」

to prepare a profile「프로파일을 준비하도록」

giving details about yourself「귀하 자신에 관한 내용을 담은」

과거분사는 피동의 뜻이지만 **현재분사**는 본문의 **giving**처럼 능동의 뜻을 제공.

2 ✸ 수동태, 관계대명사, 현재분사

> Profiles are **then** presented to people(birthparents) / **who** are considering / **placing** a child for adoption.
> 「그리고 나서 프로파일은 사람들(친부모)에게 전달되지요 / 고려하고 있는 / 아이를 입양시킬 자리를 찾는 것을」

→「그리고 나서 프로파일은 아이를 입양시킬 자리를 물색하고 있는 사람들(친부모)에게 전달됩니다」

여기서도 수동태가 튀어나왔다. 여러분은 이 책에서 벌써 수동태를 수없이 만났다. 이젠 어느 정도 자신이 생겼을 줄로 믿는다.

be presented「제시되다, 제출되다」

present는 '제시하다, 제출하다, 발표하다'.

　본문에서 then이 약방의 감초처럼 문장 속에 푹 파묻혀 콧등을 내밀고 있다. 이놈은 문두에도 오고 가운데로도 간다. 뜻만 알면 별로 신경 쓸 게 못된다.

　형용사절을 이끄는 관계대명사 who가 눈에 띄고 placing이 보인다. 여기서 **placing**은 현재분사예요? 동명사예요? 현재분사는 진행형을 만들 때 사용하지요. 그래서 현재분사만으로도 진행의 뜻을 몸속에 지니게 된다. 그런데 **본문에선 동명사**다. 동명사는 '**…하는 것**'이라고 해석되야 하는데 과연 그렇게 되는지의 여부를 해석에서 찾아보도록 하라.

　place의 뜻을 분명히 알자.

　place「장소, 두다, 놓다, 자리(장소)를 찾아주다」

3 ✹ 관계대명사, 최상급

> Birthparents ultimately choose the couple(or person) //**who** they consider will be **most appropriate**/ for their child.
> 「친부모들이 궁극적으로는 부부(또는 누군가)를 택하지요// 그들 생각에 가장 적합하리라는/자신들의 아이를 위해서」

　관계대명사가 튀어나왔다. 이젠 겁내지 말고 반갑게 맞이하자. 마치 그리운 임을 맞이하듯이. 임이라 카믄 떠오르는 만해 한용운 선상님. 그런데 왜 〈님(임)의 침묵〉이라고 했을까? 혹시 침묵은 금이라고 해서 그란 건 아닌지 모르겠네. 헛소리 말고 '임'을 영어로 한번 해봐라. 얼른? 침묵.

　토막별 해석을 해보자.

　친부모가 궁극적으로 커플(또는 사람)을 선택하는데, 어떤 부부

(또는 누군가)냐면 그들이 생각하기에 자기 아이를 위해서 가장 적절하리라는 커플(또는 사람)이다.

마무리 작업을 한 완성품을 보면,

→「궁극적으로 친부모님 생각에 본인들의 아이에게 가장 적합하리라는 부부(또는 누군가)를 선택합니다」

they consider는 삽입된 말이다. 삽입이란 말은 사이를 비집고 들어간다는 말이다. 이런 삽입 말은 아무데나 들어갈 수 있다. 그러나 원칙적으로 말의 흐름을 방해하지 않는 곳에 위치해야 한다. 손해보는데 누가 끼워주나!

그렇다면 삽입된 말인지 어떻게 후딱 구별하는가? 일단 많이 접해야 한다. 원수도 자주 만나면 친구가 된다고 하지 않는가! 물론 친구를 자주 대하다 보면 원수가 되기도 하지만.

어쨌든 본문을 문법적으로 따져본다면 **who는 관계대명사의 주격**이다. 주격이란 말은 주어의 역할을 한다는 말. 주어가 오면 그 다음엔 동사가 와야 하는데 갑자가 they consider가 왔다. 이건 굴러온 돌이다. 그렇다면 여러분은 who와 **헤어진 동사**를 찾아야 한다. 다행히도 they consider 다음에 **조동사 will**이 얼굴을 쏙 내밀었다. 바로 이놈이다. 잡았다!

4 ✸ 부사절, 부사구

> **Because** birthparents come/from a wide range of backgrounds,//there is, correspondingly, a need for a wide range of applicants/in the **Waiting Pool**.
> 「친부모는 오기 때문에/다양한 환경으로부터//이에 걸맞은 다양한 신청자들이 필요해요/대기자 모임에는」

Because가 앞장서는 걸 보니까 이건 종절이다. 주절은 주어가 먼저 오지요.

본문의 토막들을 끌어모아 해석하면, 친부모(생부모)는 어디에서 오는가 하면 a wide range of backgrounds에서 온다. 그렇다면 **a wide range of backgrounds**는 무슨 말인가?

잘 안되면 우선 직역해 보라. 단어의 원뜻대로 직역하면 쉽게 이해되는 수도 있다. 그래도 안되면 돌 굴러가유우우, 난 몰라유.

a wide range 「넓은 범위」

backgrounds 「배경, 환경」

a wide range of backgrounds는 배경(환경)의 넓은 범위인데, 결국 이건 **'갖가지 환경'** 이란 의미다.

한 가지 책임 못 질 말을 했다. 주절은 주어가 먼저 온다고 했는데 **there is, here is는 주어가 뒤에 온다.** 하필이면 이런 게 몇 걸음도 못 가서 꽉 걸리노. 이왕 잡힐 바엔 The sooner, the better, right?

there is, here is 등은 주어를 거느리고 사는 배짱 좋은 인물들입죠. 가령, '그 사람의 집 안에 못생긴 여자가 있어요' (이런 부정적인 말은 하면 안되는데)는 영어로, **There is an ugly woman in his house.** 윗문장에서 주어는 an ugly woman이다. 아무튼 본문에선 there is부터 주절이 시작되고 그 다음에 오는 말은 삽입된 말이라고 '콤마'를 양쪽에 찍어서 확실히 경계를 표시해 뒀다.

correspondingly 이놈은 금시초문이네. correspond with라든가 하는 말은 펜팔하면서 몇 번 접해본 적이 있건만! **correspond with**는 '**…와 연락을 주고받다.**' 그런데 with 대신 to로 바꾸어 **correspond to가 되면** '**…과 일치하다**'. '당신의 말은 언행과 일치하지 않아요' 는 Your words don't correspond to your actions.

그렇다면 **correspondingly**는 무슨 뜻이란 말인가? '대응해서, 상응해서'.

Preparation of a Profile before Entry into the Waiting pool

Preparation of a profile before entry into the Waiting Pool.

During the program, you will be requested to prepare a profile **giving** details about yourself.

Profiles are **then** presented to people(birthparents) **who** are considering **placing** a child for adoption.

Birthparents ultimately choose the couple(or person) **who** they consider will be **most appropriate** for their child.

Because birthparents come from a wide range of backgrounds, there is, correspondingly, a need for a wide range of applicants in the **Waiting Pool**.

2. What Is Open Adoption?

1❈ 관계대명사, 접속사, 동명사

> What is Open Adoption?
> Answer. "Open" adoption is a process/**by which** the birthparents and the adoptive parents/meet and exchange/identifying information.
> 「열린 입양이란 무엇인가?
> 답변. "열린" 입양은 한 과정이지요/그것에 의해서 친부모와 양부모가/만나서 교환하는/확인 정보를」

Open Adoption이란 무엇인가? 자, 여기서 왜 Open Adoption의 머리가 **대문자**인가? 그건 **강조하기 위해서**다. 강조하려면 눈에 잘 띄어야 한다. 그런데 또 의문이 생긴다. 왜 이들 앞에는 쎄고 쎈 the나 a(an)가 없단 말인가? 엿장수 맘이라고? 그래, 안 붙을 수도 있다. the는 붙을 조건이 못된다. 앞에 나온 말을 받는 것도 아니고. 그리고 a나 an은 셀 수 있는 말 앞에 붙는다고 했으니까

adoption을 한 adoption, 두 adoptions라고 할 수도 없어서.

'open adoption이란 무엇인가' 라는 질문에 대한 답변을 정리해 보자. 이건 입양의 한 과정인데 친부모와 양부모가 직접 만나서 정보를 확인하는 것을 말한다. 그러니까 입양했다고 해서 '넌 내 꺼야' '넌 내 꺼 아니야' 가 아니라 '넌 항상 우리 꺼야' 가 된다는 거다.

관계대명사 which가 등장했는데 전치사 by와 동업하고 있다. 이 경우 **by which는 '그것에 의해서, 그걸로'**, 이런 식으로 해석하면 된다. 이놈은 편의상 by it(it=the process)으로 봐도 되고요.

the birthparents and the adoptive parents와 meet and exchange는 and의 힘에 의해서 각각 비슷한 무리끼리 묶여진 묶음들이다. 그리고 뒤따르는 **identifying은 '확인하기 위한'**, 즉 동명사의 신분이다. indentifying information은 '확인하기 위한 정보'. a sleeping car는 '잠자기 위한 차', 즉 침대차. 용도를 나타내기 때문에 동명사가 되죠. 만약에 이걸 '잠자고 있는 차' 라고 현재분사 식으로 해석하면 말이 안되죠.

2 ※ 접속사, 관계대명사

> The frequency **and** regularity of contact/**between** the birthparents and adoptive family/is an individual arrangement,/**which** is agreed upon/by all parties.
> 「접촉의 빈도수와 정기성은/친부모와 양부모 간의 사적인 합의지요/동의되는/쌍방에 의해서」

우선 쭉 읽어보자. 모르는 어휘들이 몇 개인가? 이것도, 저것도, 요것도, 이놈도, 저놈도, 요놈도, 임마도, 점마도, 음마도…. 도대체 아는 게 뭐냐?
frequency「빈도수, 때로는 주파수」
regularity「정기성, 규칙성」
arrangement「준비, 정돈, 협정, 합의」
party는 항상 먹고 즐기는 파티만 생각하나?

파리(Paris)에서 파리(Party)를 벌이니 파리(Fly)가. 어느 놈이 어느 놈인지 모르겠네. 아무튼 코 큰 사람들은 party를 참 좋아해요. 데이트 한번 하자고 목이 따갑도록 졸라도 거들떠보지도 않던 막달란 말이야도 파티라면 팬티 바람으로 따라나서려고 하니까 말이다. 그 이유는? 막달란 말이야는 배가 고파서. 그래서 꾀를 하나 생각해냈지. potluck party(모르면 사전 찾아봐유)를 하자고. 이러다간 옆길로 빠지겠군!

본문의 party는 '**관련 당사자들**'을 말한다. 그 밖에도 party는 '**당, 당파, 정당, 일행**' 등의 뜻을 갖고 있다. 피가 되고 살이 되게 하기 위해서 다음을 게을리 하지 말자.

political party「정당」
ruling party「여당」
opposition party「야당」
the third party「제 3자 집단」
How many in your party?「일행이 몇 명(이세요)?」

the frequency and regularity of contact에서 contact이란 '접촉'인데, 사람이 접촉하는 것이니까 만남이다. 따라서 본문의 뜻은 '**만남의 빈도수와 정기성**'이다. 여기서 정기성이란 무엇인가? 얼마 만에 만날 수 있느냐의 문제겠죠. 입양시켜 놓고 자주 만나려면 직접 키우지. 무슨 까닭인가요?

between은 '둘 사이'라고 했다. 그래서 둘이 소곤거리며 '**우리끼리 얘긴데**'라고 할 경우 '**between you and**

me' 또는 'between ourselves'라고 한다. 아무튼 본문에서처럼 between 다음엔 둘이 온다. 아니 본문에선 둘이 아니라고?

between the birthparents and adoptive family니까 사실 둘은 훨씬 넘겠다. 우선 birthparents가 둘이고 adoptive family가 또 몇 명될 것이고. 그러나 이건 둘의 개념으로 본다. 왜 그렇게 보는가? 의미상 친부모가 한 묶음, 양부모가 한 묶음. 이들 사이니까 between이 당첨.

an individual arrangement「개인적 합의」

arrangement는 '배열, 정리, 채비, 조정, 합의' 등의 뜻을 데리고 산다.

which is agreed upon by all parties,

「모든 관계자들에 의해서 동의된 (개인적 동의)」

관계대명사는 접속사＋대명사니까, 그런 식으로 풀어서 해석해도 무방하다. 물론 여기서 계속용법과 한정용법의 의미 차이는 염두에 둬야겠지만.

3 💥수동태

> It is commonly **known as** a "contact agreement".
> 「이것은 통상 "연락에 관한 합의"로 알려져 있어요」

→「이것은 보통 'contact agreement(연락에 관한 합의)'라고 하지요」

이 문장은 토막낼 만한 길이가 못된다. 그러니 간단히 처리하는 편이 옳을 듯하다. 해석을 하면, it은 앞에서 이미 출연한 an individual arrangement를 뜻한다.

be known as「…로서 알려져 있다」

이때의 as는 '…로서'. 그래서 이 as를 **자격을 나타낸다**고 들 하죠.

4 💥 구, 절, 수동태

> **By its very nature,**/it is a flexible agreement/that can be reviewed over time/by **either party,**/as the need arises.
> 「그런 성격 자체로 해서/그건 융통성 있는 동의지요/여러 번 검토될 수 있는/쌍방에 의해서/그럴 필요가 생김에 따라」

읽어나가려니 단어를 알아야재.
nature 「성격, 자연」

그럼 심심풀이로 스트레스나 해소해 볼까? Nature calls는 무얼까요? 자연이 부른다? 야, 인간은 자연으로 돌아가라, 뭐 이런 말하고 친척지간 같구먼! 아니면 죽으면 산이나 들판에 파묻으니까 죽을 때가 되었다? 아니야, 아니야, 그것은 거짓말! **nature는 '육체적·생리적 욕구'라는 뜻도 있어요.** 그러니까 생리적 욕구가 부른다. 스톱! 그래, 뭐냐? 화장실이 부른다요. 그래 맞다. '화장실에 가고 싶다'는 뜻이라요.

화장실 얘기가 나왔으니 그냥 지나칠 수 있나요. 간단한 휴대용 얘기 보따리라도 풀어봐야지. 아마도 세계에서 공중 화장실이 가장 큰 곳은 뉴질랜드가 아닌가 하노라.

화장실이라고 딱 들어서긴 했는데 어디를 들어가야 할지 한참 망설여진다. Gentlemen, Ladies는 기본이고 애기들 옷 갈아입히는 곳, 젖 먹이는 곳, 어린이 화장실. 아휴, 무셔라. 화장실이 호텔 안인 줄 알았네.

flexible「융통성 있는」
agreement「동의」
review「검토하다」

re가 붙으면 '다시', view는 '보다'. 둘을 보태기하면 '다시 보다→검토하다'. view는 '전망'이란 뜻으로도 자주 애용되는 말이죠. 그래서 노랑머리 코쟁이들 동네에선 바닷가를 향한 집, 그리고 높이 올라가는 집, 이런 집들이 비싸요. 그래서 바닷가로 갈수록 높이 올라갈수록 부자들이고, 내륙으로 갈수록 낮은 데로 내려갈수록 view 없이 사는 가난뱅이들. 그래, 부자들아, 바람을 막아주니 고맙구나. 돌이나 굴리지 말아다오. view가 좋은 곳과 별로인 곳의 차이는 보통 1억 원 정도. 이러니 view 땜에 비우(胃)가 얼마나 상하는지 말이죠.

by its very nature를 어떻게 해석하지?

by는 판단을 나타낸다고 했다. 그래서 흔히 '친구를 보면 그놈이 어떻게 돼먹은 놈인지 알 수 있다'를 A man is known by the company he keeps라고 한다. 이 문장에서의 company는 '친구, 동료'를 뜻하죠. 때로는 '회사, 중대'라는 뜻으로도 쓰여요.

very「실제의, 진짜의, 순전히」

우선 본문을 모처럼 **원시적인 방법**으로 해석해 보자.

*By its very nature*까지 읽고 이해 끝.

두 번째, *it is a flexible agreement*까지,

세 번째, *that can be reviewed*,

그리고 *over time*,

그리고 *by either party*,

마지막으로 *as the need arises*까지 읽고 이해 완료.

it…that 구문이 보인다. 이놈이 강조 구문으로 자주 쓰이지요. 그러나 여기서 **it**은 **지시대명사**로 '그것'이란 뜻이고 **that**은 **관계대명사**다. 그런 줄 아시오.

그런데 꽁무니에 붙은 **as the need arises**가 힘에 겹다. 이럴 땐 급한 대로 각 단어가 뜻하는 바대로 해석을 해주자는 겁니다.

「필요가 일어날 때」→(이 말은 결국)「필요가 생김에 따라」→「필요할 때」

왜 영어를 이런 식으로 어렵게 했느냐구요? 말이란 한 가지를 표현하는 데 여러 가지 길이 있다. 그래서 시인도 있고, 소설가도 있고 만화가도 있고, 있고 있고 있는 거 아닌가! 알고 보면 거기도 밥그릇이 차암 많아요.

5 ✹ 구, 수동태

> At present/in New Zealand,/these arrangements **cannot** be legally enforced.
> 「현재/뉴질랜드에선/이런 합의가 법적으로 강요될 수는 없어요」

그러니까 각자 알아서 할 일이란 뜻을 암시하고 있네요. 이제 쭉 그냥 읽어갈 수 있다구요? 오호! 고진감래라고 했겠다.

at present 「현재」

At present in New Zealand 「현재 뉴질랜드에서는」

이런 것도 꽁무니부터 할 필요 없이 대가리님부터 하자구요.

these arrangements 「이런 합의」

these(이들)가 복수의 뜻을 지니고 있으니 당연히 뒤엔 -s꼬랑지가 붙어야지.

수동태가 앞을 가로막는다. 그런데 수동태도 수업 시간 중엔 구구절절 콩이야 팥이야 복잡 미묘하더니만 실전에선 **be + pp**만 보이죠? 누가 감히 고수가 하는 짓을. by 뒤의 인사는 나타날 필요가 없으면 밥 먹듯이 출석을 포기하지요.

말이 나왔으니 말이지. 셰익스피어나 괴테 할배의 글 읽고 문법 얘기 하는 거 봤냐? 출세하고 볼 일이여.
부사인 legally가 enforced 앞좌석에서 제압하고 있다.
legally 「법적으로」
enforce 「강요하다」
cannot be legally enforced 「법적으로 강요될 수 없다」
한 가지 알아서 남 안 주는 걸 배우자. can의 부정은 can not이다. 그런데 통상 **떨어질 필요 없이** 함께 살자는 요구를 받아들여 **cannot**으로 붙여서 쓴다. 혹시 의문이 생길까 봐서 미리.

6 ※ 구, to부정사, 명사절

> The main reason for supporting/openness in adoption,/ is to ensure//**that** the child has **continuing access**/to both families.
> 「지원하는 주된 이유는/입양에서 개방을/확인하기 위한 것이죠//아이가 지속적인 접촉을 가지는 것을/양쪽 가족과」

→ 「입양에서 개방을 지원하는 주된 이유는 아이가 양쪽 가족과 지속적인 접촉을 하도록 보장하기 위한 것이죠」

영어 문장에선 기본 메뉴가 주어, 동사, 보어, 목적어 등등이다. 본문을 보니 **주어가 참 길다.** 기니까 명확히 하기 위해서 **'콤마'까지** 꽉 찍어놓았다. 이놈 주어의 영역을 확실히 밝혀주는 건 뒤따르는 동사 is다. 동사 뒤엔 to부정사가 선보였다.

그리고 that 꽁무니엔 제법 형식을 갖춘 문장이 보인다. 따라서 이놈 that은 절을 이끌고 있다. 놈 놈 해선 안될 귀하신 몸이다. 돌석이는 절을 이끌고 있다고 하니까 불국사, 해인사 등을 떠올리는 모양. 그놈 참, 돌에다 또 돌(石)이라. 그럴 만도 하지.

그런데 말이야, 아메리카 대륙보다 우리가 더 많이 갖고 있는 게 절과 스님이야. 뉴욕 맨해튼, 아니면 자유의 여신상 근처에다가 길 상사를 지었으면 좋았으련만! break dance니, 고고니, 뭐니 뭐니 하면서 까불대는 녀석들을 절에다 붙잡아놓고 반야심경에다 108배를 시켜 도를 닦게 만들어야 돼. 그런데 외화벌이는 할 수 없을까? 아참, 뉴욕엔 월가도 있잖아. 소로스와 돈떼들도 붙잡아다 놓고.

그건 그렇고, 이젠 본문이 어느 정도 윤곽이 잡힌 거다. 주부를 분석해 보자.

The main reason for supporting openness in adoption.
주요한 이유인데, 그건 **지원을 위한** 것이고, 지원하는 내용은 **개방**인데 개방 내용은 **입양에 있어서의 개방.** 이걸 구슬처럼 줄줄 엮어서 세련된 우리말로 좌악 해버리면

→ 「입양에 있어서 개방을 지원하는 주요한 이유(는)」

is to ensure 「보장하는 것이다」

ensure 「보장하다, …을 책임지다, 확실하게 하다」

that the child has continuing access to both families 「아이가 양 가족에게 지속적인 접촉을 가지는 것」

that이 관계대명사로 쓰일 때는 형용사절을 이끌지만 여기선 명사절을 이끌고 있으므로 '**…하는 것**' 식의 해석이 된다. 어떻게 이런 식으로 되느냐는 문장 전체의 내용에 따른 것이다.

continuing access라고 하는 것도 익혀두자. access는 '접근', 그러니까 contact와 마찬가지의 뜻이다.

7 ※ 접속사, 절, 구

As the child grows older,/he/she usually participates/ in making decisions/about the type, and the frequency

> of contact.
> 「아이가 나이가 듦에 따라서/그나 그녀는 늘 참석하지요/결정을 하는 데 있어서/접촉의 양식과 빈도에 관한」

종절이 앞장섰네요.

As the child grows older「아이가 나이가 들어감에 따라」

as가 문장 앞에 와서 종종 '…함에 따라서'의 뜻을 가진다. 이것 역시 as의 사전적 뜻만 머리가 아프도록 외워봤자 소용이 없다. 문장과 함께 익혀야 문장도 써먹고 시험도 잘 치고. 다시 말해 **문장을 배제한 단어는 별 힘이 없다.** 단어만으로 다 통한다면 얼마나 좋겠노.

grow older「더 나이가 들다」

오래 사는 비결 = 나이값을 하지 마라. 그런데 한국에선 나이값 안하면 버릇없는 새파란 아해들 땜에 열받아 쓰러질 거야. 그래서 나이값 안하고 오래 살려면 청학동에 들어가야지. 그런데 말야, 작년에 보도를 보니까 청학동에도 부동산 투기 바람이 불어서 하늘 천(天)은 안 보이고, 땅 지(地)만 보이는 모양이더라구. 조만간 하늘 천, 땅 지 대신에 땅땅떵떵할 걸세. 땅 갖고 떵떵거린다?

he/she usually participates「그나 그녀는 늘 참여한다」

he/she의 '/'**는 or 의 뜻**이고 he/she라고 한 건 the child가 남자아이일 수도 있고 여자아이일 수도 있다는 거다.

in making decisions「결정을 하는 데 있어서」

in은 **전치사**라고 하죠. 다시 말해 **in 뒤엔** 동사가 화장을 안 하고는 앉을 자격이 못된다. 그래서 make가 -e까지 떼버리고 -ing를 붙여서 나타난 거다. 이걸 **동명사**라고 했지.

about the type, and the frequency of contact「접촉의 양식과 빈도에 관해서」

type과 frequency를 꽁지의 contact가 꽉 잡고 있다. 실컷 있다가 뒤에서 꽉 잡을 수 있다니!

8 ※ 과거분사, 동명사

> Adoption social workers/can **be involved in**/assisting the two families/with reaching a mutually acceptable contact agreement.
> 「입양 소셜 워커들은/가담할 수 있어요/양 가족을 돕는 일에/서로 납득할 수 있는 연락에 관한 합의에 도달하게끔.」

adoption social workers 「입양 사회 사업가」
be involved in 「…에 참여하다, …에 관여하다」
얼굴 모양은 수동형이지만 수동의 뜻보다는 능동의 뜻으로 해석되는 인물이다. 마치 **be satisfied with** '…에 만족하다'처럼.

그 밖에 또 있다. '나는 어제 태어났다'(어제 태어난 놈이 웬 말을 하겠냐마는 연도는 다르다고 보고)는 I **was born yesterday**다. 따지고 보면 be born도 **수동형**이다. 그러나 흔히 우리는 **능동의 뜻으로** 받아들이고 있다. 물론 엄격히 말하면 내가 태어나는 게 아니라 태어나지는 것이지만. 애매모호한 말들에 대한 지나친 과학적 분석은 언어 학습을 망치는 지름길이다. **언어는 습관성이 80퍼센트 이상**을 차지한다.

in assisting the two families에서 **in은 전치사**다. 따라서 꽁무니엔 원형이 오지를 못하게 한다. 그래서 동명사인 **assisting**이 왔다. 다음에 등장하는 with도 마찬가지 입장이다.

with reaching a mutually acceptable contact agreement 머리에 온 with는 앞에 나온 assist에 걸린다. 좀더 귀에 쏘옥 들어가게 정리하면,

assist A with B 「A를 B로 도와주다」

이놈이 왜 이리 길지? 길 때는 잘라서 해결하라.

with reaching a mutually acceptable contact agreement 요놈을 어디에서 자를까?

우선 with 뒤의 reach에 -ing가 붙은 것은 전치사의 까다로운 식성 땜이다. 즉, 동사만 달랑 못 오고 변장술을 쓴 것이고. a가 이끌고 있는 요원들을 묶어버리면 요놈은 동사 reach의 목적어가 된다.

reach라는 동사는 우리말로는 '**…에 도달하다**'가 되어 '…에'에 해당하는 단어, 즉 at 따위를 따로 생각할 수도 있다. 하지만 요놈은 **철저한 타동사**기에 그런 걸 필요로 하지 않는다. 바로 목적어가 온다는 얘기다.

생김새별로 mutually는 부사, acceptable은 형용사. 그리고 나머지 두 놈 contact agreement는 명사+명사로 명사와 명사가 부딪치면 앞선 명사가 케이오패 당하여 형용사로 둔갑해 버린다. 아무튼 **부사인 mutually가 앞장서서** 뒤따르는 무리들을 제압하고 있다.

a mutually acceptable contact agreement 「쌍방이 받아들일 수 있는 접촉 동의」

여기서 '접촉 동의'란 입양된 아이가 양쪽 부모를 얼마나 자주, 어떤 식으로 만나느냐는 합의를 말한다.

되돌아 보기

What Is Open Adoption?

What is Open Adoption?
Answer. "Open" adoption is a process **by which** the

birthparents and the adoptive parents meet and exchange identifying information.

The frequency **and** regularity of contact **between** the birthparents and adoptive family is an individual arrangement, **which** is agreed upon by all parties.

It is commonly **known as** a "contact agreement".

By its very nature, it is a flexible agreement that can be reviewed over time by **either party,** as the need arises.

At present in New Zealand, these arrangements **cannot** be legally enforced.

The main reason for supporting openness in adoption, is to ensure **that** the child has **continuing access** to both families.

As the child grows older, **he/she** usually participates in making decisions about the type, and the frequency of contact.

Adoption social workers can **be involved in** assisting the two families with reaching a mutually acceptable contact agreement.

3. What Is Adult Adoption Information?

1※ 접속사, 관계대명사, to부정사, 종절

> What is Adult Adoption Information?
> Answer. The Adult Adoption Information Act 1985 / enables **adopted people** and their birthparents — who have had "Closed" adoptions — / to receive identifying information about each other, / after the adopted person turns twenty years of age.
> 「성인 입양 정보는 무엇입니까?
> 답변. 성인 입양 안내 법령 1985는 / 입양된 자와 그들의 친부모를 가능토록 하죠 — 그들은 폐쇄된 입양을 한 자들인데 — / 서로에 관해서 확인하는 안내를 받을 수 있는 것을 / 입양된 자가 스무 살이 된 후」

또 긴 문장이 등장했다. 아, 신경질나서 못하겠네! 이 사람아, 신경질나면 오기로 하라구. 7전 8기 오뚝이는 일어나고 싶어서 일어나나? 다 오기로 하는 거지.

여태껏 갈고 닦은 실력을 활용하라. 우선 읽으면서 **주어를 찾아**낸다. 주어를 포함한 주부의 범위는 동사가 끝나는 데까지로 본다. 그리고 **관계대명사와 to부정사**와 접하고 **동명사**, 그리고 **종절** 등을 염두에 두고 이해한다.

The Adult Adoption Information Act 1985 「성인 입양 안내 법령 1985」

여기서 act는 '**법령**'을 뜻한다.

enable 「가능케 하다」

adopted people 「입양된 사람들」

과거분사 adopted는 수동의 뜻이 있으니까 '입양하는'이 아니라 '**입양된**'.

adopted people and their birthparents는 생사고락을 함께할 한 묶음. 그리고 '―'로 표시된 부분은 관계대명사를 소유한 형용사절로 선행사는 adopted people and their birthparents다.

선행사는 도대체 무엇인가? **선행사란 관계대명사가 이끄는 형용사절의 제한을 받는 말**이잖아. 평소에 善行을 안하니 先行詞를 모르지. 뭐, 동음이의어라고? 쯧쯧, 한 가지를 알면 열두 가지는 몰라도 두 가지는 알아야재.

선행사인 adopted people and their birthparents는 closed adoptions를 한 사람들이다. **closed adoptions**란 무엇인가? 문자 그대로 하면 '**폐쇄된 입양, 또는 닫힌 입양**'이다. 다시 말해 이건 타의건 자의건 입양 후 서로 모르게 하는 거다.

to receive identifying information 「확인하기 위한 정보를 받을 수 있도록(enable하게 한다)」

뭐에 관해서? 서로에 관해서. 언제? 입양된 사람이 스무 살이 된 후에. **종절이 후치할지라도** 문장 구성이 복잡할 경우 경계를 분명히 하기 위해서 '**콤마**'를 찍을 수 있다.

identifying information의 **identifying은 동명사**인가, 현재분사인가 하는 문제를 밝히고 넘어가자. 학문이란 밝힐 건 밝혀야 한다. 넌, 여자만 밝힌다고?

현재분사는 진행형의 뜻을 지니고 있다. a sleeping bed를 현재분사로 착각하면 잠자고 있는 침대가 된다. 세상에, 잠자고 있는 침대가 어디 있단 말인가? 물론 문학적으로 '잠자고 있는 침대' 라고 하면 아무도 사용하지 않고 내버려진 침대로 받아들일 수는 있을 것이다. 하지만 이치상 잠자고 있는 침대란 없다. 같은 맥락에서, identifying information은 확인하고 있는 정보가 아니라, '확인을 위한 정보' 다.

본문의 꼬랑지로 돌아가서. **turn**이란 말이 나온다. 현재의 나이에서 다음 나이로 바뀌는 것을 turn이란 단어를 사용해서 표현한다.

twenty years of age「스무 살」

꽁무니에 of age로 받쳐주고 있는 것에 유의하기 바란다.

I'm twenty years old와 I'm twenty years of age는 뜻에 있어선 차이가 없지만 그 성격은 좀 다르다. **twenty years old 는 '스무 살 먹은' 으로 형용사구**지만, twenty years of age는 '스무 살' 이다.

2 ✹ 과거분사, 명사구, 접속사

> A separate pamphlet titled "Birthlink",/gives more in-formation/ **on** how to apply for that information,/and what restrictions are imposed.
> 「Birthlink라고 제목이 붙여진 별개의 팜플렛은/더 많은 정보를 제공합니다/그 정보를 어떻게 신청할 것인지에 관해서/그리고 어떤 제한이 따르는지에 관해서」

주부가 **A separate pamphlet titled "Birthlink"**까지다.
separate「갈라진, 별개의, 분리하다, 가르다」
엄마, 아빠가 separate했다면 이건 별거한다는 얘기다.
titled는 과거분사로서 **수동의 뜻**을 갖고 있다. 그래서 '…이라고 제목이 붙여진'의 뜻이 된다.
how 앞에 붙은 꼬마 on은 '…에 관해서'. 여기서 **on은 전치사**다. 전치사의 뒷좌석은 명사 가족들의 명당. 본문에선 명사 할배인 **how가 이끄는 명사구**가 왔다.
how + to + 동사「어떻게 … 할지, … 하는 방법」
apply for「…을 지원하다」
apply to는 적용하다.
접속사 and 뒤에도 길다란 절이 있다. 그렇다면 등위접속사 and는 같은 체급의 절을 중매해야 한다. 보아하니 and는 뒷집의 절과 앞집의 절을 연결해서 전치사 on에다 갖다바쳤다. 잘했군!
on how to apply for that information, and what restrictions are imposed「그 정보를 신청하는 방법과 어떤 규제가 부과되는지에 관해서」
restrictions「규제」
restrict는 '제한하다'. **R-rated movie**의 R은 restricted (제한된)로 **'미성년자 관람 불가'** 라는 뜻.
impose「부과하다, 강요하다」
be imposed「강요되다」

What Is Adult Adoption Information?

What is Adult Adoption Information?
Answer. The Adult Adoption Information Act 1985 enables **adopted people** and their birthparents — who have had "Closed" adoptions — to receive identifying information about each other, after the adopted person turns twenty years of age.

A separate pamphlet titled "Birthlink", gives more information **on** how to apply for that information, and what restrictions are imposed.

4. What Other Adoption Services Are Available?

1 ※ 의문사, 접속사

> What other adoption services/are available?
> Answer. The Adoption Information and Services Unit/also provides a post placement service.
> 「어떤 다른 입양 서비스가/가능한가? → 그 밖에 가능한 입양 서비스는 무엇이 있는가?
> 답변. 입양 안내와 서비스 유니트는/또한 사후 배치 서비스도 제공합니다」

질문을 직역하니 '무슨 다른 입양 서비스가 가능한가?' 촌티가 나네요.

available의 원래 뜻은 '이용 가능한, 이용할 수 있는'. 그런데 요놈은 우리말 독해발을 잘 받지 않는다. 다음을 보고서 깨우치자.

바쁜 사람이 일손이 부족해서 **Are you available now?** 한다면 당신은 지금 이용 가능한가? 즉 **'좀 도와줬으면 좋겠**

다'는 얘기다.

그러나 남자가 맘에 드는 여자에게 **Are you available now?**라고 하면 그대는 지금 애인이 없는가? 다시 말해 **'내가 그대에게 이성적인 접근을 시도해도 되느냐?'**가 될 것이다.

provide A with B가 원래의 형태로는 'A에게 B를 제공하다'란 뜻이다. 하지만 그건 기본 형태에 불과하다. 요놈도 오만가지 재주를 다 부리는 요술쟁이다.

예를 들어보자.

「그들은 우리에게 음식을 제공했다」
→ **They provided us with food.**
= **They provided us food.**
= **They provided food for us.**

모조리 같은 구문이다. 자꾸 보고 얼굴 익히기를 하라.

a post placement service 「사후 배치 서비스」

우리말 풀이가 영 어설프다. **post가 명사 앞에 붙으면 그 후를** 나타낸다. 그런 점을 고려한다면 이해가 갈 것이다. 무슨 얘기냐 하면 어떤 장소, 즉 누구 집에 입양을 시켜놓은 뒤, 나 몰라라가 아니라 계속해서 보살펴준다는 뜻이다. 무슨 애프터 서비스 같은 거로군.

placement 「배치」

2 💥 접속사, 관계대명사, 구

> As most birth and adoptive **families** have issues//which emerge over time/**related to** adoption,//information and support may be available/**through** your local

> Adoption Information and Services Branch.
> 「대부분의 친부모와 양부모 가족들이 문제점을 가짐에 따라 //장기간에 걸쳐 생겨나는/입양과 관련하여/안내와 지원이 가능할 것입니다/귀하의 지역 입양 안내 서비스 지부를 통해서」

As가 문두에 왔다. 이건 분명히 종절이다. 이때의 **as는** '… 할 때'.

most birth and adoptive families 「대부분의 친부모와 양부모 가족들」

풀어서 원래 모습을 찾으면 다음과 같다 : most birth families and most adoptive families. 그런데 이놈을 줄이니까 본문에서처럼 간단해지는 게 아닌가! 짧을수록 좋은 건 뭔가? 미니스커트요. 짜속, 그런 건 잘 아네. 그런데 니 미니스커트가 아무리 짧아도 배꼽 위엔 못 올라간다는 거 아냐? 그건 배꼽티 영역인데.

which는 관계대명사. 그 이하는 형용사절이고 형용사는 성격상 무엇인가를 형용해 줘야 하기에 앞에서 **선행사 issues가 형용사의 역할을 기다리고** 있다.

emerge 「출현하다, 부상하다, 떠오르다」
over time 「(장)기간에 걸쳐」
related to 「…에 관련된」
relating to 「…에 관하여」

주절의 주어는 information and support이다.

전반적인 내용을 보면, 대부분의 친부모와 양부모 가족이 입양 후 장기간에 걸쳐 (가족 구성원간의 갈등과 같은) 문제를 가짐에 따라, 거주 지역에서 안내와 도움을 받을 수 있다고 하네요. 그런데 **may be**(일 수 있다, 일지도 모른다)를 쓴 것으로 봐서 전 지역의 지부 어디에선가 **반드시 도움을 받을 수 있는 것은 아**

님을 암시하고 있군요.

3 ※ 조건절, 관계대명사, 삽입구, 구, 접속사

> If there are circumstances//**in which** you believe/the service that you received/through the Adoption Information and Services Unit/was not appropriate/to individual and family circumstances/and your cultural background,//you may bring your concerns/in **the first instance**/to the Adoption Supervisor of the Branch/you had contact with.
> 「상황이 만약 발생하면//귀하가 믿기에/귀하가 받은 서비스가/입양 안내 서비스 유니트를 거쳐서/적합치 않았다는/개인과 가족 상황에/그리고 귀하의 문화적 배경에//귀하는 귀하의 문제점을 갖고 올 수 있어요/우선 첫째로/지부 입양 감독관에게/귀하가 접촉했던」

문장이 쬐끔 기네. 이럴 땐 맥을 짚으라고 했겠다! **if절이 앞장**섰다. 보아하니 종절이다. 그리고 관계대명사도 나왔고, 종절 속에 또 종절이 출연했고, 꼴찌로 주절이 나타났다. 주절이라고 꽁지에 붙지 말라는 법은 없지.

우선 **If there are circumstances**에서 한 묶음 살짝 묶고.
→「상황에 처하면」
circumstances「상황, 환경, 처지, 사정, 여건」

다음엔 관계대명사를 포함한 **종절 in which you believe**가 나왔다. 무더기가 쪼맨한 전치사 in이 관계대명사 앞자리를 차지하고 있다. 그러나 여기서 한 가지 명심하자. **관계대명사 that 앞엔 전치사가 올 수 없다**는 사실 말이다. **which 앞에**

자리한 in은 뒤의 **believe in**(…을 믿다)**의 in이 앞으로 이사**간 거다.

처음부터 believe까지 해석하면, 「귀하가 믿는 처지라면」
그 다음 종절의 주부가 꽤 길다.

the service that you received through the Adoption Information and Services Unit「입양 정보와 서비스 유니트를 통해서 받은 서비스」

사실, the Adoption Information and Services Unit는 사업체 이름이므로 우리말로 해석하면 좀 어눌한 면이 있다. 하지만 뜻은 쉽게 짐작이 갈 것이다. 이미 내용 파악을 했기 때문에.

그 다음, **not appropriate to individual and family circumstances and your cultural background** 뒤따르는 무더기가 크다. 「개인과 가족 환경, 그리고 귀하의 문화적 배경에 적합하지 않은」 **드디어 주절이 등장**했다.

you may bring your concerns in the first instance「귀하는 갖고 올 수 있어요. 귀하의 관심사(문제점)를. 무엇보다도 제일 먼저」

in the first instance「우선 첫째로」

관심사를 어디로 갖고 오느냐 하면, **to the Adoption Supervisor of the Branch you had contact with.**「귀하가 접촉했던 입양 감독관 지부에게로」

Adoption Supervisor of the Branch「지부 입양 감독관」

you 앞엔 관계대명사 which나 that이 생략되었다고 생각하라. which나 that은 모두 사물을 선행사로 모실 수 있는 자격이 되니까. 요놈들이 없다고 허전하세요? 언제는 복잡해서 골치라고 하더니만.

contact with「…와 접촉을 하다, …와 연락을 취하다」

4 💥 관계부사, 조건절

> The National Manager for Adoption/has an office in Wellington//where you could write or call//**if you continued** to have concerns.
> 「국립 입양 매니저는/웰링턴에 사무소를 갖고 있어요/귀하가 편지를 쓰거나 전화를 할 수 있는/만약 계속 문제거리가 있으면」

길어서 헷갈린다고 하니 일목요연한 해석을 해보자.
→「전국 입양 본부장의 사무소는 웰링턴에 있는데 귀하는 거기에 편지를 쓰거나 전화를 할 수가 있어요. 만약 계속 그러한 일이 생긴다면」

꿍무니의 you could write or call if you continued to have concerns는 **가정법 과거형**이다. 가정법 과거는 **현재의 사실에 반대**되는 것을 가정한다고 했다. 현재에 반드시 문제점을 가지고 있는 건 아니지만 '만약에 갖고 있다면'의 뜻.

입양 한번 하려다 생병 나겠구먼그려! 쓸데없는 소릴! 당신은 당신 자식만 귀엽다고 '오냐오냐' 했지, 남의 자식을 데려다가 하루라도 함께할 생각을 해봤나? 좀 배아라 배아!

입양이라고 하니까 퍼뜩 떠오르는 게 있다. 62세의 Woody Allen 할아버지와 결혼한 한국 아가씨 Soon-Yi Previn 말이다. 우선 그들의 결혼을 축하하는 바이다. 그런데 실컷 길러서 딸과 애인(12년 동안 함께 살아온 Woody Allen)을 동시에 빼앗긴 양엄마 Mia Farrow의 심정을 그 누가 헤아리랴.

이왕 말이 나온 김에 그들의 얘기에 대한 공부도 해보자.

> Mia Farrow hasn't spoken to her adopted daughter Soon-Yi Previn since 1992, when Woody Allen admit-

> ted having an affair with her.
> 「Mia Farrow는 1992년 이래로 자신의 양녀 Soon-Yi Previn과 이야기하지 않았어요. 1992년 그때가 언제냐 하면 Woody Allen이 Soon-Yi Previn과 바람을 피웠다는 사실을 시인했을 때였죠」

본문에 현재완료형이 선보였죠. **현재완료**의 생명은 **과거의 어떤 시점을 기준으로 해서 여태껏**이란 뜻이다. 본문에선 1992년부터 시작해서 여태껏이 현재완료의 책임량이다.

have an affair with 「…와 바람을 피우다, …와 사고를 치다」 (이 사고는 교통 사고와는 성격이 다름)

> "As sure as death, Soon-Yi was gone from our lives," Ms. Farrow writes in her new book, published Wednesday.
> 「"마치 확실히 죽은 것처럼 순이는 우리 삶에서 사라졌죠"라고 Ms. Farrow는 수요일(아마 97년 2월의 어느 수요일)에 발간된 그녀의 새 책에서 쓰고 있어요」

죽었다고 생각했을 정도로 관계가 끊겼다는 거죠.
be gone 「사라지다」

그리고 위에서 Ms.란 무엇인가? 이건 **미혼 기혼 구분 없이 쓰는 말**이다. 발음은 [miz]. 그러니까 Mia Farrow는 전에 결혼했고 지금은 결혼한 상태가 아니고 혼자 살고 있으므로 Ms.가 적합할지도 모른다.

> "I no longer want to see her, but for the rest of my life I will miss her."
> 「더 이상 그녀를 보기를 원치 않아요. 하지만 남은 평생 그녀

를 그리워할 거라구요」

참 의미심장한 말이다.
for the rest of my life 내 인생의 나머지 동안, 그러니까 「**여생 동안**」

> Ms. Farrow and Mr. Allen's 12-year-relationship ended in 1992 after she learned that Mr. Allen and Ms. Previn were lovers.
> 「Ms. Farrow와 Mr. Allen의 12년 간의 관계는 1992년에 끝이 났어요. 그게 언제냐 하면 그녀가 Mr. Allen and Ms. Previn이 연인이라는 사실을 알고 난 후였죠」

'12년 간의'라고 해서 영어를 우리말 식으로 해선 안된다. 영어다운 표현에 따라가야 한다. 비록 고통이 따를지라도.
learn은 '배우다, 알다'. 여기서는 후자에 속한다.
lover는 뭐냐? 이건 애인이라는 뜻의 boyfriend나 girlfriend가 아니라 **육체 관계를 갖는 사이**다. 그러니까 양녀 Soon-Yi와 Woody Allen과의 관계는 보통 관계를 초월한 특별한 관계다.

> In "What Falls Away". Ms. Farrow writes about her anger toward Mr. Allen and her unusual family of 14 children, 10 of them adopted.
> 「"What Falls Away"라는 책에서 Ms. Farrow는 Mr. Allen을 향한 분노와 그녀의 색다른 가족인 14명의 자녀들에 관해서 쓰고 있죠. 14명의 애들 중 10명은 입양되었지요」

What Falls Away가 책 제목이란 사실은 앞에 In이 있고 이어지는 뒷문장에 write가 있으니까 쉽게 알 수 있다. 게다가 " "로 봉해두지 않았는가! " "로 봉했다는 사실은 인용했다는 것을 나타낸다. 책 제목은 인용 대상.

toward 「…쪽으로, …로 향하여」

그런데 어떤 때는 꽁무니에 -s를 달고 다니지 않는가? 그 이유는? 이유 따질 거 없다. 똑같은 무리다.

unusual 「보통이 아닌, 색다른」

usual 「보통의, 흔히 있는」

10 of them adopted 「그들 중 10명은 입양된 거다」

이런 식으로 해석하면 되겠다. **adopted는 과거분사로써 수동의 뜻.**

애들 14명을 어떻게 기를 수 있단 말인가! 그것도 여자 혼자서. 하기야, 돈만 있으면 다 된다고들 하니까. 그래도 그렇지. 14명을? 어떤 책에선 그녀는 입양하는 게 하나의 hobby였다고.

What a marvelous hobby!

> "I grew up in a family of seven children," she says.
> "I have raised seven children, now grown up, and again today there are seven children living at home."
> 「"전 형제가 일곱인 가정에서 자랐지요"라고 그녀는 말한다.
> "전 7명을 길러서 지금은 어른이 되었고, 다시 지금 7명을 집에서 기르고 있어요."」

now grown up은 앞의 have에 걸려서 **현재완료**의 뜻을 지닌다.

seven children living at home 「집에 살고 있는 7명의 아이들」

이런 식으로 하면 뒤에서 해석하는 꼴이 되지요. 그래서 막바로 앞에서 어차피 there are는 '있다'니까, **'7명의 아이들이 집에 살고 있어요'**라고 하면 더 합리적 공부 방식일 성싶다. 그리고 본문에서 현재분사 **living은 능동과 진행**의 뜻을 지니고 있다.

What Other Adoption Services Are Available?

What other adoption services are available?

Answer. The Adoption Information and Services Unit also provides a post placement service.

As most birth and adoptive **families** have issues which emerge over time **related to** adoption, information and support may be available **through** your local Adoption Information and Services Branch.

If there are circumstances **in which** you believe the service that you received through the Adoption Information and Services Unit was not appropriate to individual and family circumstances and your cultural background, you may bring your concerns **in the first instance** to the Adoption Supervisor of the Branch you had contact with.

The National Manager for Adoption has an office in Wellington where you could write or call **if you continued** to have concerns.

> Sandwich
> 샌드위치가 어떻게 생겨나게 된 음식인지 아는가?
> 샌드위치라는 백작이 식음을 전폐하고 노름에 빠져 있을 때
> 주인을 염려한 그 하인들이 만들어 내게 되었단다.
> 믿기지 않는다고? 그럼 본문을 보면 알지…

9. 샌드위치 탄생 이야기

1. The Origin of Sandwich

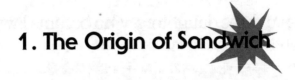

1❋ 관계대명사의 계속용법

> The Earl of Sandwich was an Englishman, // **who** lived in the 18th century.
> 「샌드위치 백작은 영국 사람이었다//18세기에 살았던」

Earl 「영국의 백작」 (작위명)

관계대명사가 이끄는 절도 기분이 뒤틀리면 주어와 결별한다. 그러나 영원한 결별이 아니라 계속 연락은 취하고 살기에 **계속용법**이라 칭한다. 그러나 일단 표시는 해둬야지. 그래서 **관계대명사 앞자리에 콤마**를 모셔왔다. 관계대명사의 계속용법은 이미 주어와 결별한 사이라서 앞선 말(선행사)의 의미를 한정할 수 있는 힘을 상실하게 된다. 그러나 해석은 앞에서 바로 하기에 한정용법보다 더 용이하다.

한정용법과 계속용법의 차이를 잠깐 살펴보도록 하자.

I have three daughters who became lawyers.

「변호사가 된 딸이 셋 있다」(한정용법)
I have three daughters, who became lawyers.
「딸이 셋 있는데 그들은 변호사가 되었다」(계속용법)

좀더 구체적인 비교를 하기 위해 우리말해석을 참조 하자. **한정용법은 딸이 몇 있는지 알 수가 없다.** 단지 변호사가 된 딸이 셋이란 사실만 알 수 있다. 그러나 **계속용법**은 **딸을 모조리 합해도 셋 밖에 없다.** 그리고 그들은 모두 변호사가 되었다는 의미다. 상당한 차이라 할 수 있다.

딸 부잣집이라고 숫자가 왔다갔다하면 곤란. 남들은 자나깨나 불조심. 나는 불조심 + 딸조심. 우리 집엔 딸이 셋이라서. 국가적으로 여자아이 수가 적어진다니, 오호통재라! 조선 시대 보쌈이 다시 등장할까 두렵구나!

century 「세기」

1세기는 100년. 그런데 1592년은 15세긴가, 16세긴가? millennium은 뭣인가? 100만 년이라고? million이 100만이라서? **millennium은 1천 년**이다. 그래서 머지않아 2000년이 지나면 another millennium을 맞이한다고 야단들이다. 우리는 2002년 월드컵 개최한다고들 야단인데.

2 💥 to부정사, 명사의 복수형

> He liked / **to play** cards.
> 「그는 좋아했어요/카드놀이 하는 것을」

너무 간단해서 허전하죠?
like to「…하는 것을 좋아하다」
'…하는 것'은 명사적 용법. 그리고 '을, 를'로 해석되는 건 목적어다. 따라서 본문의 to부정사는 **명사적 용법이며 목적어**로 쓰이고 있음을 알 수 있다.
play cards「카드를 하다」
그러니까 화투를 치다, 놀음을 하다라는 뜻이다. **cards가 복수**가 되는 건 한 장이 아닌 여러 장으로 하니까 그렇다.

물재주 있는 놈은 물에 빠지고, 나무재주 있는 놈은 나무에서 떨어지고, 놀음 잘하는 놈은 본전 생각에 망하고, 재수없는 놈은 소캐뭉태기(솜뭉치)에 대가리 깨진다(어느 홀어머니의 잔소리).

3 ✹ 전치사와 동명사, to부정사

> Often/he played/all day and all night. One time,/he played for twenty four hours/without stopping. He did not leave the card-table/**even to eat.**
> 「종종/그는 카드놀이를 했어요/낮이고 밤이고. 어느 날/그는 24시간 동안 카드를 했어요/쉬지않고. 그는 노름판을 떠나지 않았어요/심지어는 식사하기 위해서도」

부사인 often이 선봉에 나섰다. 빈도를 나타내는 놈이라도 가끔 분수를 뛰어넘어 앞자리에 올 수 있다. 그러면 자연히 돋보이게 되어 강조가 되지요.

all day and all night「낮 내내 밤 내내, 밤낮으로」
one time「한 번은」
without stopping「쉬지 않고」

without는 전치사며 전치사는 **명사의 친지들을 꽁무니로** 모시죠. 명사의 친지들은 대명사나 동명사 등.

card-table 어떤 분은 카드 식탁이라고 해석하네. 노름도 하고 식사도 한다면서. 이건 **'노름판'**을 의미한다.

even to eat「먹기 위해서조차」

'먹기 위해서'로 해석되니 요놈은 **to부정사의 부사적 용법**이다. 그리고 **even은 강조**하는 말.

밥도 거르고 노름을 했다? 샌드위치라고 하는 사람, 알고 보니 대단한 사람일세. 그런데 고스톱은 한국분들한테 안될걸? 싸고, 흔들고. 몇 번 해버리면 헤롱헤롱.

4 ✸ some, to부정사, 동명사, 접속사

> Servants brought food to him. They brought him / **some** meat and **some** bread. He did not want / **to stop playing** // **while** he ate.
> 「하인들이 그에게 음식을 가져왔어요. 그들은 그에게 가져왔어요/약간의 고기와 약간의 빵을. 그는 원치 않았어요/노름을 중단하는 것을//그가 식사하는 동안에」

문장이 간단간단하다. 끊을 필요도 없는 것 같은데 일단 약속을 했으니 끊어보자.

servants 도대체 몇 명의 하인이 노름꾼 한 사람의 식사를 날랐단 얘긴가?

some은 '좀, 약간'의 뜻이나 **습관처럼 붙는 말**이라 생각하면 속이 편하다. They brought him some meat and some bread.를 해석해보자. 그들은 그에게 약간의 고기와 약간의 빵을 갖고 왔다. '약간의'를 넣으니까 좀 어색한 느낌이다. 이걸 우리말답게 재생하면 '그들은 그에게 고기와 빵을 좀 갖고 왔다'가 되어 훨씬 부드럽다. 이 경우 우리말의 '좀'은 양을 강조한다기보다는 그저 습관적으로 붙는 말일 게다.

stop -ing와 **stop to**를 언급해 보자. 이는 문법책에서 열심히 했었는데. 기억 장치보다 망각 장치가 힘을 발휘하면 까먹을 수도 있겠지.

stop -ing 「…하는 것을 멈추다」
The man stopped smoking.
「저 사람은 담배를 피우는 것을 멈췄어」

stop to 「…하기 위해서 멈추다」
The man stopped to smoke.
「저 사람은 담배를 피우기 위해서 멈췄어」

while은 「…하는 동안」
그런데 '…동안'이란 말이 여러 개나 되니 헷갈리기 십상이다. during도 있고, for도 있고.

while 다음엔 절이 온다.
during 다음엔 특정 단어나 구가 온다.
for 다음엔 숫자가 잘 온다.

확실히 뿌리를 뽑으세요. 안 뽑힐 뿌리가 어디 있소이까! 남들은 지축을 잡아빼려는데. 누구는 또 장대 들고 달 따러 간다는데. 모조리 미쳤구먼! 그래, 미쳐야 살지.

while, during, for 따위의 예문을 보자.

「내가 방안에 있는 동안에, 프라이팬의 계란이 타버렸어」
→**While I was in my room**, the eggs on the frying pan burned up.

「여름방학 동안에 해변에서 선탠했어」
→**During summer vacation**, I got suntan at the beach.

「5개월 동안 그녀는 50킬로그램을 뺐대. 그리고 죽었대」
→**For five months**, she lost 50kg. And she died.

5 ✺ between, 명사의 복수형

> He put the meat / **between** two of the pieces of bread.
> 「그는 고기를 집어넣었어요/두 조각의 빵 사이에」

between은 둘 사이다. 그러면 셋 사이도 있어야 하고 넷 사이도 있어야 할 게 아닌가? 말이야 바른 말이네. 하지만 누구 맘대로? 그런 식으로 하자면 끝이 없겠다. 그래서 **셋 이상 사이**는 몽땅 합쳐서 **among**이라는 말로 입막음을 해버렸다. 잘한 짓이여!
 between two of the pieces of bread 꼬랑지부터 거슬러 올라가니까 빵의 조각들의 둘 사이에. 이럴 땐 **앞에서부터** 해보라구요. '두 조각의 빵 사이에' 옳거니!

6 ✺ be able to, 동명사

> In this way / he **was able to** / continue playing.
> 「이런 식으로/그는 할 수 있었어요/노름을 계속하는 것을」

In this way 「이런 식으로, 이리하여」
 본문에서 was able to가 나왔는데 여러분은 이건 can의 과거로 해서 could로 하면 된다고 빡빡 우길지 모르겠어요.
 was able to는 '**…할 수 있었는데 했다**' 는 뜻. could는 할 수 있었는데 하지 못했다는 뜻이다. 결국 **could는 가능**을 나타낸다고 문법은 결론짓고 있지요. 중요합니다.
 그리고 **continue**는 자신의 뒷좌석에 **동명사나 부정사를 모두 초빙**할 수 있다.

7 ※ 구, 동격

> From **the name of this man, the Earl of Sandwich,**/
> we have the word sandwich today.
> 「이 사람, 샌드위치 백작의 이름으로부터/우리는 오늘날 샌드위치라는 말을 갖게 되었어요」

　this man과 **the Earl of Sandwich**는 동일 인물이다. 그래서 끊지 않았다. 아무튼 이런 동일 인물을 두고 문법적으로 **동격**이라고 칭한다. 그런데 바로 아래에 요놈의 동격이 또 등장했다. the word와 sandwich가 바로 그 주인공들이다.

　today는 '오늘'도 되지만 시간적인 공간을 확장해서 '오늘날'이란 뜻도 된다. 문장의 분위기를 파악하면 그 뜻은 해결이 쉽다.

the word sandwich 「샌드위치라고 하는 말」

　샌드위치는 죽어서 샌드위치를, 맥도날드는 맥도날드를, 김씨는 김치를 남겼는데(?)… 자네는 뭐야? 먹을 것도 없는데 남겨둘 게 어딨어요?

되돌아 보기

The Origin of Sandwich

The Earl of Sandwich was an Englishman, **who** lived in the 18th century.

He liked **to play** cards.

Often he played all day and all night. One time, he played for twenty four hours without stopping. He did not leave the card-table **even to eat**.

Servants brought food to him. They brought him **some** meat and **some** bread. He did not want **to stop playing while** he ate.

He put the meat **between** two of the pieces of bread.

In this way he **was able to** continue playing.

From **the name of this man, the Earl of Sandwich,** we have the word sandwich today.

> **Independent Family Tax Credit**
> 중산층 가족을 위한 세금 혜택이 있다. 수입이 일 년에 2만 달러 이하면 가족 수당을 받는다. 혜택을 받으려면 각종 신청 절차와 자격 심사를 받아야 한다. 얼마나 까다로운지, 혜택을 받을 수 있는지 한번 보자.

10. 당신도 해당될지 몰라요

1. A New Payment for Families

1✹ there is, 접속사

> Independent Family Tax Credit
> A new payment for families.
> **There's** a new payment of cash help / for low **and** middle income families.
> 「독립 (단독) 가구 세금 공제
> 가족을 위한 새로운 지불(제도).
> 현금 지원의 새로운 지불(제도)가 있어요 / 저소득층과 중산층 가족을 위한」

못사는 사람들에게 현금 지원을 해준다고 하네. 못살면 아주 못살고 잘살면 아주 잘살아야 하는데, 어중간해서 급식도 못 타먹고. 초등학교 때 급식 타먹는 친구들, 와 부럽더라. 옥수수죽, 옥수수빵, 우유 가루, 아직도 먹고 싶다.

a new payment of cash help 「현금 지원의 새로운 지급」→

「새로운 현금 지원 지급」

　지원(help)과 지급(payment)을 둘 다 넣은 우리말 해석이 왠지 거칠다. 아마도 지원 속엔 지급이란 뜻이 포함되어 있기 때문일 것이다.

　low and middle income families「저소득층과 중소득층 가족들」

2 ※ 수동태, 접속사, to부정사

> **It's called** Independent Family Tax Credit(IFTC),// **and** your family may be eligible to receive it.
> 「그건 IFTC라고 불려요//그리고 귀하의 가족이 그걸 받을 수 있을지도 몰라요」

　윗문장에는 서로 다른 주어 it과 your family가 등장했다.

　수동태로 쓰인 **be called**「…라고 한다, …라고 불려진다」는 머리 속에 집어넣고. 독해란 독하고 해로운 것이 아니다. 알고 보면 독해란 자잘한 것에서부터 시작한다. 하기야, 티끌 모아 태산이요, 천릿길도 한 걸음부터라고 하지 않는가!

　be eligible to「…할 자격이 있는」
　eligible「자격이 있는」

3 ※ 구, 동명사, 접속사

> From 1 July 1996/Inland Revenue started **paying** IFTC/ on top of/Family Support **and** guaranteed minimum family income(GMFI).

> 「1996년 7월 1일부터/국세청이 IFTC를 지불하기 시작했어요/ …의 위에다가/가족 수당과 보증 최소 가족 수입(GMFI)」

1 July 1996를 보라. 이상한 일이여! 우찌하여 이놈의 영어가 **우리말과 정반대의 순서**냐? 신미양요 땐 대동강 하류에서 한 방 먹고 가버렸다고 했는데. 언제 이런 약속을 했지?

Inland Revenue 「국세청」

on top of 「…위에다가, …에 더하여, 게다가」

on top of가 상당한 대가족을 거느리고 있다. 이놈만 잡으면 해석에 어려움이 없다.

guaranteed minimum family income 보증 보험은 있는데 이건 뭘까? 우리말엔 없으니 좀 그러네. '보증 최소 가족 수입'이라고 할까?

4 💥 수동태, 접속사, 관계대명사의 생략

> The amount of IFTC **to be paid**/is based on/a family's estimated income/for the year,/the number of children/in the family/**and** the type of income/the family receives.
> 「받으실 IFTC의 액수는/…에 기반을 두지요/가족의 예상 소득/해당 연도 동안/아이들 수/가족에 있어/그리고 수입의 형태/가족이 받는」

먼저 주어를 찾아라.

The amount of IFTC to be paid까지가 주어다.

뒤 이어 등장한 is based on의 동사구가 일러주고 있네. 주어 다음에 동사가 오니까 말이야. 동사가 오는 자리가 바로 주어가 넘지

10. Independent Family Tax Credit 285

못할 삼팔선이다. The amount of IFTC to be paid 「지불받을 IFTC의 총액」

amount 「총액, 양」

to be paid. 수동형에다 to부정사까지 짊어지고 있다. 그래서 be paid는 '지불받다', 그리고 to부정사로서 앞자리의 명사를 꾸미고 있으니까 **형용사적 용법**이다.

be based on 「…에 입각하다, …에 기초하다」

be based on이 상당한 대군을 이끌고 있네. 뒤에 오는 녀석들은 모조리 졸자다.

a family's estimated income 「가족 예상 소득」

estimate 「견적하다, 산정하다, 어림잡다」

a family's estimated income for the year 「연 가족 예상 소득」

for the year에 the가 붙어서 **해당 연도**를 뜻한다.

the number of children in the family 「가족 내 자녀 수」

접속사 and 뒤에 있는 the type of income은 명사구다. 그렇다면 앞의 명사 모타리들 a family's estimated income, the number of children들은 **and에 의해서 연결**되어 있는 것이다.

the type of income the family receives 「가족이 받는 소득 형태」

the family 앞에 관계대명사 **that이나 which가 생략**되어 있다.

5 ※ 조건문, 열등 비교, 과거분사

If/your estimated family income/for the year/is **less than** the amounts **shown** below,//your family may be entitled to IFTC.

Number of children	Family income for the year (before tax)
1	$31,501
2	$37,501
3	$43,501
4	$49,501
5	$57,001
6	$63,001

「만약 …이면/귀하의 예상 가족 소득이/해당 연도 동안/아래에서 나타난 액수보다 적다(면)//귀하의 가족은 IFTC를 받을 자격이 있을 수 있어요」

이건 땅 짚고 헤엄치기가 아니라 boogie board 타고 헤엄치기네요. 이걸 영어로는 **It's a piece of cake**라고 하죠. 하지만 너무 얕보지 마세요. 자만과 오만과 방만과 교만은 금물이오. 하여튼 '만' 자 돌림을 조심하시오. 낭만 빼고.

less than 「…보다 적은」

이걸 열등 비교라고 한다. 그렇다면 우등 비교도 있지요.

be superior to 「…보다 나은」

the amounts shown below 「아래에 나타난 액수」

이 문장도 문법적으로 따질 건 따져보라. 그래야, 머리에 잘 들어가지.

shown은 과거분사로 **수동**의 뜻이며 꽁지에서 도와주고 있다. 따라서 그 뜻은 **'나타난'**

below 「아래에」

be entitled to 「…할 자격이 있다, …할 권리가 있다」

그대는 해당이 되는지요? 아, 국적이 달라서? 그건 그렇고 일단 한번 살펴보세.

자녀가 많을수록 타먹을 가능성이 높네. 자녀가 6명일 땐 연소득이 세금 떼기 전에 63,001달러 이하면 해당이 되네. 이걸 우리 나라 돈으로 환산해 볼까요? IMF시대 이전엔 대략 600원 선에서 왔다리 갔다리 했으니까 600×63,001=37,800,600원.

그런데 IMF 이후엔 적어도 1,000원 이상이니까 1,000×63,001 = 63,001,000원(야, 기가 차는구나!). 웬만하면 해당이 될 것 같다.

그리고 자녀가 1명일 경우엔 대략 소득이 6명일 때의 절반 수준 이하면 타먹을 수 있네요. 그래도 그 돈이 3,000만 원 이상인걸요. 그렇다면 한 달에 거의 300만 원 수준. 우리 나라에선 이 정도 되는 사람도 드물 텐데.

허리를 졸라매자. 자꾸 졸라매자. 그러다 나무에 목까지 졸라매는 사람 여럿 나왔었지. **Please study English.** 그래서 미국도 가고, 영국도 가고, 거기서 백악관이고 버킹검이고 좀 차지해 봐라. 일본 사람들은 하와이 주지사를 18년 동안 해먹고, 페루 대통령도 해먹고, 미국 상원에서도…. 우리라고 집 안에만 처박혀 있으면 되나!

◁ 되돌아 보기 ▷

A New Payment for Families

Independent Family Tax Credit
A new payment for families.
There's a new payment of cash help for low **and** middle income families.

It's called Independent Family Tax Credit(IFTC), and

your family may be eligible to receive it.

From 1 July 1996 Inland Revenue started **paying** IFTC on top of Family Support **and** guaranteed minimum family income(GMFI).

The amount of IFTC **to be paid** is based on a family's estimated income for the year, the number of children in the family **and** the type of income the family receives.

If your estimated family income for the year is **less than** the amounts **shown** below, your family may be entitled to IFTC.

Number of children	Family income for the year (before tax)
1	$31,501
2	$37,501
3	$43,501
4	$49,501
5	$57,001
6	$63,001

2. How Much IFTC Can You Receive?

1 ※ 관사, 수동태

> How much IFTC can you receive?
> IFTC is maximum $7.50 a week/for each dependent child. It **is paid**/along with Family Support.
> 「귀하는 IFTC를 얼마나 받을 수 있을까요?
> IFTC는 1주일에 최고 7.50달러예요/부양 자녀 각각(부양 자녀 1인당)에 대하여. 그건 지불되지요/가족 수당과 함께」

부양 자녀 1인당 주당 최고 IFTC가 7.50달러네요. 중국에선 1가구 1자녀밖에 못 갖는다고 하는데, 뉴질랜드에선 애들이 많을수록 좋네요. 땅은 넓은데 인구가 적다 이거군. 그러면 빨리 인구를 불려야죠. 땅넓이가 얼마냐구요? 우리 나라 남북한 합친 것의 1.2배지요. 인구는요? 인구는 부산 인구, 그러니까 350만 정도.

It is paid along with Family Support「그건(여기선 IFTC) 가족 수당과 함께 지급되지요」

이젠 **수동태**에 자신감이 붙었어요? 간단히 생각하세요. 주어가 동작을 당한다고. **by+목적어는 특별히 필요 없을 경우엔 생략**할 수 있다.

along with「…과 더불어」

family support는 '**가족 수당**'이다. 자칫하면 child support와 헷갈리기 쉽다. **child support**는 '**자녀 양육비**'를 말한다. 그런데 family support도 자녀 양육을 위해서 쓰인다. 그렇다면 그 차이는 뭘까? family support는 국가에서 주는 것이고, child support는 흔히 **이혼한 남편이** ex-wife가 데리고 있는 자녀들을 위해서 보내주는 양육비를 뜻한다. 그러니까 이혼을 7전 8기로 하는 신대륙 지방의 남자들 중엔 자녀 양육비 마련하느라 새벽부터 밤까지 몇 군데 일자리(job)에서 뛰는 이들이 많다. 자녀가 많을수록 허리 부러진다. 허리 구부정한 남자들은 다 알아봐야 한다.

잠시, 산수 한번 해보자.

첫 마누라 소생 3명, 둘째, 2명, 셋째 2명이면 돈이 얼마냐? 1명당 최소한 300달러씩 잡으면 300×7=2,100달러이다. 요새 한국 돈으로 따지면 2,100×1,600=3,360,000원이다. 그런데 이혼 소송비에다 마누라 애인 구입비에다 생활비까지 포함해야 한다. 마누라가 다른 남자를 만나 행복한 결혼을 할 때까지 생활비도 대줘야 하기 때문이다. 그런 줄 알면서도 말라꼬 이혼을 그리 많이 했노? 결혼을 많이 했으니까 그렇지. 결혼은 말라꼬 그렇게 많이 했노? 행복을 찾아서.

행복의 블랙박스는 니 전용 하트 속에 있는데….

2 ※ 명사절, 접속사

> The chart on the back/shows//how much IFTC you can receive each **fortnight**/along with any Family Support and GMFI entitlement.
> 「뒤에 있는 도표는/보여줍니다//귀하가 2주마다 얼마의 IFTC를 받을 수 있는지를/어떤 형태든 가족 수당과 GMFI 자격과 더불어」

차트(chart)는 도표.
the chart on the back「뒷면에 있는 도표」
how much 이하는 '…을'로 해석되는 목적절임과 동시에 명사절이다.

fortnight은 참 거슬리는 말인데 얄밉게도 자주 등장한다. 이런 걸 두고 주는 거 없이 밉다고 했던가! 이 말의 뜻은 **'2주일 간'** 이다. 그렇다면 2주의 '2'를 어디에서 찾을 수 있단 말인가! 엉뚱하게도, night이 왜 튀어나왔는가? 아무튼 fortnight에선 '2주일 간'이란 뜻은 냄새조차 맡을 수 없다. 요놈은 **영국에서 주로 사용**되는데, 문제는 '영국이 해가 지지 않는 나라'로 불려질 때 뿌려놓은 식민지가 좀 많냐? 호주, 뉴질랜드, 싱가포르, 홍콩. 그러니 이 미운 놈을 무시할 수 없어요.

그리고 fortnight에다 -ly를 붙여서 fortnightly가 되면 어떻게 되겠는가? 부사가 된다고? 예상을 뒤엎고 엉뚱한 뜻이 되고 말아요. 하지만 weekly, monthly, yearly 등과 비교하면 엉뚱할 것도 없다.
fortnightly「2주일에 한 번의」
entitlement「자격, 권리」
any Family Support and GMFI entilement를 해부하라.
머리에 붙은 any는 앞집과 뒷집, 즉 Family Support와 GMFI를

다 원조해 주고 있다. 이에 뒤질세라 꽁무니의 entilement도 앞집과 뒷집을 다 지원해 준다.

3 ※ 조건절, 열등 비교, 접속사

> **If** your family's taxable income is/**less than** $20,000 a year,// you can receive/full Family Support and IFTC.
> 「만약 귀하 가족의 세금 해당 소득이 …이라면/1년에 20,000 달러 이하(라면)//귀하는 받을 수 있어요/전액의 가족 수당과 IFTC를」

소득이 적어야 수당을 타먹을 수 있다. 그렇다고 수당만 바라고 일을 안할 수야 있겠나! 수당이 아무리 많아도 일해서 버는 소득만큼이야 되겠나?
　taxable income「세금 해당 소득」
즉 '세금 계산 이전 소득'을 말한다.
　less than「…보다 적은」
　more than「…보다 많은」
　a year「1년에 대하여(a=per … 마다)」
　이 경우엔 **흔히 숫자 뒤에** 붙는다. 그러나 **for a year**의 경우, a year는 '1년에 대하여'가 아니라 그냥 **'1년'**이다.
　and가 앞뒤의 명사를 엮어 you can receive에 갖다 바쳤다.

4 ※ 조건절, 비교급

> If your family's income is/**more than** $20,000 a year, //your Family Support and IFTC entitlement reduces/at

> the rate of 18 cents for each dollar/between $20,000 and $27,000/and at the rate of 30 cents/for each dollar over $27,000.
> 「만약 귀하의 소득이 …이라면/연간 20,000달러 이상(이라면)//가족 수당과 IFTC 자격은 줄어들어요/달러당 18센트 비율로/20,000달러와 27,000달러 사이에선/그리고 30센트의 비율로/27,000달러 이상에 대해선 달러당」

종속절이 먼저 등장했다. 읽고 이해하면서 앞으로 달려가 보자. 주절의 주어를 찾아라. 동사를 만나야지. 드디어 your family Support and IFTC entitlement의 꼬리에 **동사인 reduces**가 나타났다. 주어, 동사만 찾으면 일이 거의 끝난 셈. 야호, 야호, 랄랄랄랄, 휘파람과 콧노래를 함께 부르자. 야, 신난다! 다 끝났다.

more than 「…이상의」
at the rate of 「…의 비율로」

5 ※ 명사절

> The chart on the back shows//**how much you can get**/each fortnight.
> 「뒷면에 있는 차트는 보여줘요//귀하가 얼마를 받을 수 있는지를/2주마다」

on the back 「뒷면에 있는」

잔소리를 더 하고 싶어도 할 거리가 없군! 시어머니의 최대의 고민거리가 뭔지 아세요? 잔소리할 거리가 없다는 거라구요. 이해가 되네.

how much 이하는 명사절이다. 앞좌석의 **show는 타동사**

로서 **목적어를 요구**하고 있으니까 명사나 명사절이 와서 목적어 구실을 해줘야 한다.
each fortnight「2주 마다」

6 ※ 양보절, 조건절

> **Even if** you do not receive Family Support,//because your income is too high,//your family may still qualify for IFTC.
> 「비록 귀하가 가족 수당을 받지 못할지라도//귀하의 소득이 너무 높기 때문에//귀하의 가족은 여전히 IFTC의 자격이 있을지도 모르지요」

주절이 종절을 두 개나 거느리고 있다. 그렇다고 긴장할 필요는 없다. because 이하의 종절은 앞의 even if를 의미상 도와주고 있다.

Even if를 어떤 학생은 '만약 …이면 조차' 라고 하더라구. 자상하기도 하지. 쓸데없는 일에 자상하고 그래?

even if는 **even though**와 뜻이 같다. '**비록 … 일지라도**'.

still「여전히, 아직」

qualify「…할 자격이 있다」

때로는 **be qualified for** 형태로도 쓰인다.

「그녀는 가르칠 자격이 있어요」→**She is qualified for teaching.**

= She qualifies for teaching.

overqualified「자격이 넘는」

대학 나온 사람이 환경 미화원 하려면 overqualified라고 해서 거

10. Independent Family Tax Credit 295

절당한다. 그 이유는 대학 나온 사람은 요령을 피울지도 모른다는 가능성 때문에(?).

How Much IFTC Can You Receive?

How much IFTC can you receive?
IFTC is maximum $7.50 a week for each dependent child. It **is paid** along with Family Support.
The chart on the back shows how much IFTC you can receive each **fortnight** along with any Family Support and GMFI entitlement.

If your family's taxable income is **less than** $20,000 a year you can receive full Family Support and IFTC.
If your family's income is **more than** $20,000 a year, your Family Support and IFTC entitlement reduces at the rate of 18 cents for each dollar between $20,000 and $27,000 and at the rate of 30 cents for each dollar over $27,000.

The chart on the back shows **how much you can get** each fortnight.
Even if you do not receive Family Support, because your income is too high, your family may still qualify for IFTC.

3. How to Apply?

1. to부정사, 명령형, 접속사

> How to apply?
> **To apply** for IFTC/contact your local Inland Revenue office/**and** ask for Personal Customer Services.
> 「신청 방법은?
> IFTC를 신청하려면/지역 국세청에 연락해서/개별 고객 서비스를 문의하세요」

　to부정사가 이끄는 부사구가 문두에 왔다. 38선이 어디인고? 주절의 주인을 찾아야 하는디. 아무리 살펴보아도 주어는 온데간데없고 동사만 버티고 있다. 그렇다면 **동사로 시작하는** 문장도 있지 않은가. 그건 **명령문**이다.
　달려가니 **접속사 and**가 등장했다. and라는 접속사가 무엇을 연결시켜 주고 있는가? and의 꽁무니를 보니 동사가 있고 딸린 식구도 좀 있다. 그렇다면 앞에 이미 등장한 고참과 몰골이 비슷한 게 아닌가! 옳거니. **동사로 시작하는 명령문끼리 연결**시켜 주고 있다.

명령문 + and는 '…하라, 그러면' 이라고 했는데 본문에선 앞뒤로 명령문이니 경우가 다르다.

Work hard, and I'll pay you.
「열심히 일하라, **그러면** 내가 네게 돈을 주마」
Work hard and play hard.
「열심히 일하라, **그리고** 열심히 놀아라」

2 ※ to부정사, 과거분사, 명령문

> They will send you an application form(FS 1) / **to fill in.**
> Send the completed form back / to us.
> 「그들은 귀하에게 신청 양식(FS 1)을 보낼 것입니다 / 작성할.
> 완성된 양식을 도로 보내주세요 / 저희에게」

an application form 「신청서」
대학 원서도 이거다.

to fill in은 앞의 an application form을 수식한다. 수식하는 놈은 형용사다. **fill in**은 무슨 뜻인가? 우리말로는 '작성하다'지만 영어로는 **'안에 채워넣다'** 는 식으로 표현한다. **fill out, fill up**도 다 같은 뜻.

completed form 「완성된 양식」
과거분사는 수동의 뜻이죠. form이 무슨 힘으로 complete 하겠어요. 그러니까 사람의 힘을 빌어서 completed되는 거죠.

그리고 본문의 back을 조심하세요. 이 back의 존재 유무에 따라 문장의 어감이 확 달라지니까요. 물론 Send the completed form to us라고 해도 뜻은 통한다. 하지만 back이 들어감으로써 the

form이란 건 자기한테 있던 물건이 아니라 **온 것을 도로 보낸
다**는 냄새가 나는 거죠.

3 ❋ 접속사, 현재분사, 명사절

> We will process your application/**and** send you a certifi-
> cate/**telling** you//**how much** IFTC and or Family
> Support and GMFI/you are entitled to get.
> 「저희는 귀하의 신청 수속을 밟을 것입니다/그리고 귀하에
> 게 certificate(자격 증명서)를 보내드리죠/귀하에게 알려드
> 리는//얼마만큼의 IFTC와 (또는) Family Support 그리고
> GMFI를/귀하가 받을 자격이 되는지를」

process「진행하다, 수속을 밟다」
공항 안내판을 보니까 KE 0082 SEL PROCESSING이라고 되
어 있었다. 이건 무슨 뜻? '대한항공 0082가 서울에서 도착해서 지
금 수속중'이란 말.
　문장을 훑어보니 접속사도 있고 명사절도 있다.
　그렇다면 본문의 **접속사 and는** 무엇을 연결해 주느냐? 따져라
따져. and 뒤를 보니 동사 send가 있다. send는 동사. 그렇다면
and는 앞동사와 뒷동사를 **중매**하는 게 목적. 앞으로 달려가니 동
사 process가 있다. 그러면 **send와 process**가 결혼해서 주
어와 조동사 We will 집안에 살고 있는 것.
　telling은 무엇인가? a certificate는 목적어고 telling은 목적보어
다. 보어는 보태주는 말인데 **목적보어**니까 목적어를 보태준다는
것이여. telling은 **현재분사**로서 앞의 a certificate를 도와주고
있다.
　how much 이하는 '…을'로 해석되는 **목적어의 명사절**이

다.
그리고 **and/or** 사이의 '/'는 '**또는**'이란 뜻.
be entitled to 「…할 자격이 있다」

4 💥 to부정사, 과거분사, 접속사, 부사절

> Getting the payments.
> There are two ways / **to get** your family's IFTC ;
> — fortnightly payments / made **direct** to your bank account, or
> — in a lump sum / at the end of the year, // after you've filed your tax return.
> 「지불받는 것.
> 두가지 방법이 있어요 / 귀하 가족의 IFTC를 받기 위한;
> — 2주일에 한 번 지불받는 것 / 귀하의 은행 구좌로 직접 지불되는, 또는
> — 목돈으로 / 연말에 // 귀하가 세금 환불을 제출한 후」

payments는 '지불, 보상, 납부' 등의 뜻이다. 흔히 payments라고 하면 지불하는 것만을 생각하게 된다. 본문의 소제목 Getting the Payments를 보라. '**지불을 얻는 것(받는 것)**'이라고 하니 도대체 말을 이해할 수가 없다. 하지만 **주는 측에서 보면** payments가 아닌가. 말이란 새겨서 이해해야지.
two ways to get 「받을 두 가지 방법」
'받을'은 자신을 받아줄 다른 명사를 기대하고 있죠. 따라서 이건 형용사적인 성격을 띠고 있으니까 **to부정사의 형용사적 용법**이다.
made는 **과거분사로서 수동**의 뜻을 갖고 앞의 말을 수식해

주고 있다. 물론 made 앞에 which are를 집어넣어 문장을 만들 수도 있지만 줄여도 되는 것을 구태여 복잡하게 만들 필요가 없다.

made가 왜 왔는가? **make payments**(지불하다)에서 온 것이다. make가 뒤에서 수식하기 위해서 과거분사 made로 된 것.

direct는 왜 directly가 아니고 direct를 썼는가? 좋은 질문이여. direct 뱃속엔 동사, 형용사, 부사가 다 들어앉았다. 그래서 구태여 -ly를 붙일 필요 없이 **direct로서 부사 역할**을 하는 것.

bank account 「은행 구좌」
in a lump sum 「목돈으로」
lump는 '덩어리'고, sum은 '돈의 액수'를 말한다.
at the end of the year 「연말에」 이런 건 졸졸 외워두자.
file 「제출하다」
X파일이니 무슨 파일이니 하는 거 있죠? 그것과 마찬가지 뜻. 그런데 동사로 쓰이면, '파일을 만들다, 제출하다'.
tax return 「세금 신고」

How to Apply?

How to apply?
To apply for IFTC contact your local Inland Revenue office **and** ask for Personal Customer Services.

They will send you an application form(FS 1) **to fill in**. Send the completed form back to us.
We will process your application **and** send you a certificate **telling** you **how much** IFTC and/or Family Support and GMFI you are entitled to get.

Getting the payments.
There are two ways to get your family's IFTC ;
— fortnightly payments made direct to your bank account, or
— in a lump sum at the end of the year, after you've filed your tax return.

4. Changes

1💥구, from A to B

> Changes from 1 July 1997.
> From 1 July 1997/the IFTC for each dependent child increases/**from** $7.50 a week **to** $15 a week.
> 「1997년 7월 1일부터 바뀜.
> 1997년 7월 1일부터/부양 어린이 각각에게 지불되는 IFTC는 늘어납니다/주당 7.50달러에서 주당 15달러로」

듣던 중 반가운 소리다. 공돈 주는데 싫어할 놈 있다던가!

구가 먼저 오고 문장이 시작되었다. 구란 두 개 이상의 단어가 모임을 만들어서 어떤 뜻을 나타내는 것이다.

주어를 찾아보니 **the IFTC for each dependent child**이다.

dependent child「부양 어린이」

2 ※ 미래조동사, 관계대명사, 구

> We **will** automatically increase/the payments for families//**who** receive their IFTC/during the year.
> 「저희는 자동으로 늘릴 것입니다/가족 수당을//IFTC를 받는/1년 동안」

the payments for families 가족들을 위한 지불이니까 '가족 수당'.

who receive their IFTC during the year 「1년 동안 IFTC를 받는」

who는 관계대명사인데 이의 **선행사**는 어느 분인가? 바로 앞엔 the payments for families가 있다. 그렇다면 the payments인가, families인가? 엄밀히 말해서 families다.

during the year '그 해 동안'이란 도대체 무슨 말인가? 앞에서 언급된 말이 97년 7월 1일부터다. 그렇다면 이때부터 1년이란 뜻.

되돌아 보기

Changes

Changes from 1 July 1997.
From 1 July 1997 the IFTC for each dependent child increases **from** $7.50 a week **to** $15 a week.
We **will** automatically increase the payments for families **who** receive their IFTC during the year.

> **Plunket**
> Plunket은 가족 건강 서비스를 제공하는 곳이다. 자격증이 있는 간호사와 보건원으로 구성이 되고 미취학 아동을 위한 진료 방문도 해준다. 가족 센터를 운영하여 고객에게 자녀를 위한 육아모임, 가족 건강 관리 과정 등을 가지게 한다.

11. Plunket이란?

1. Here to Help

1 ※ 명령형, 관계대명사

> Welcome to Plunket—/a friendly, caring, free child health service// **that** offers you help and support/throughout your child's early years.
> 「Plunket으로 환영합니다—/친근하고, 자상하고, 무료로 하는 어린이 건강 서비스//귀하에게 도움과 지원을 제공하는/귀하 자녀의 유아 시절 내내」

관계대명사가 지긋지긋할 정도로 자주 등장하네요. 본문의 that 말이에요.

Plunket이란 어떤 것인가를 '—'로 표시하고 설명해 줬네요. friendly, caring, free는 합세하여 child health service를 수식하는 동무들이지요.

caring「자상한」

that 이하를 살펴봅시다.

help and support「도움과 지원」
throughout your child's early years「귀하의 자녀들의 유아 시절 내내」
throughout「…동안 죽, …을 통하여」

2 💥 동격, to부정사

> The basic child health services/Plunket is contracted **to provide**/include :
> 「기본 어린이 건강 서비스는/Plunket이 제공하기로 계약한/포함합니다:」

헷갈리네. 명사 팀들이 줄을 서 있구나! 선상님께서 읽으면서 내용을 암산하라고 하시었는데, 암만해도 모르겠다. 야, 몰라도 계속해 봐. 포기는 성공의 바이러스다.

다시 한 번 해봐라.

읽으면서 뜻을 생각하면서. **동사가 나타날 때까지**, 즉 명사들 꼬리까지 가니까 The basic child health services Plunket 에서 동사 무리들이 나타났다. 그렇다면 이분들이 주부인가?

시험을 해보자. 앞부분의 명사를 모조리 주어로 봐주고 이를 X로 보고 해석을 해보자. 'X(앞부분)는 제공하기로 계약을 받아놓고 있다'가 되는데 꽁지의 include를 처리할 방도가 없다. 이럴 땐 해결사가 필요한데. 옳지! 야, 무릎 안 아프냐?

동사가 여럿 있으면 소속을 밝혀야 한다. 그 소속을 어떻게 밝히느냐? **외톨이 동사를 골라내라.** 외톨이 동사란 to부정사라든가, 동명사, 과거분사, 또는 조동사와 함께 놀지 않은 동사를 말한다. 그리고 보니까 include가 바로 그런 동사다.

그런데 외톨이 동사만 골라내면 뭐하노? 구슬이 온 천지에 널려 있어도 꿰든가, 구슬치기를 해야 보배지. 동사 무리에서 외톨이로 지내는 동사는 다 속셈이 있다. 이놈이 큰 무리, 그러니까 앞의 주부를 책임질 녀석이다. 그렇다면 include 앞동사의 소속은 어떻게 되는 것일까? 그놈의 소속은 그놈을 다스리는 주체를 찾아야 해결된다.

자, 종합해 보자. include는 주부를 다스리고, 앞동사 무리들은 딴 집 식구고. 그러면 주부 무리와 섞여 있는 小주어를 찾아야 한다. **일단 Plunket을** 지목하자. 그리고 해석을 해보자.

「**Plunket이 제공하기로 계약을 한 어린이 기본 건강 서비스는 ':' 이하를 포함한다**」 바로 이거구먼!

왜 해석에 어려움을 겪었는가? 그 이유는 경계선이 불분명했기 때문이다. 다시 말해 본문의 **Plunket 앞에 관계대명사 which나 that이 생략**되었기 때문에 여러분은 헤매게 된 것이다.

is contracted to provide의 **주어는 Plunket**이다. 그리고 앞동네 명사 뭉치는 선행사. 문제는 is contracted to provide 의 주어를 찾을 줄 아느냐, 모르느냐에 달려 있다. 바로 여기에 脈이 있으니까 말이다. 광맥도 이런 식으로 찾는다. 자칫하면 영어 공부하다가 鑛夫되겠다.

그런데 金을 캐는 학생들도 있어요. 유학 가서 금 캔다고 바빠서 편지 쓸 틈도 없대. 그러더니 아들은 金髮의 아가씨를 대동하고 나타났겠다. 金髮은 영감을 껴안고 뽀뽀를 해댔대. 그놈 짜식, 金자만 붙으면 다 金인 줄 아는 모양이야.

자, 이러다간 옆길로 새겠다. 아니, 벌써 끝나부렸네잉.

3 ※ 구

> Home Visits ;
> For babies/in the early weeks,
> Clinic Visits ;
> For children/up to school age.
> 「가정 방문;
> 아기를 위한/(생후) 수 주일 되는,
> 진료 방문;
> 어린이를 위한/취학 연령까지의」

지난 구절의 include를 기억하시나요? **include의 목적어**가 **home visits와 clinic visits**다. 이들은 각각 도움말을 거느리고 있다. Home Visits for babies in the early weeks와 Clinic Visits for children up to school age가 그것들.

모르는 단어가 없어도 땀나네. **in the early weeks**가 문제야. '이른 주들에 있는' 이라! 도대체 뭔가? 머리를 써라. 굵은 머리 됐다 뭐할래, 이놈 大頭야? 다음 해석을 읽고 고개나 끄덕거려 봐라.

한 놈은,

「생후 수주일 되는 아기들을 위한 가정 방문」

또 한 놈은,

「미취학 아동을 위한 진료 방문」

4 ※ 미래형 조동사, 접속사, 관계대명사의 생략

> At each visit/your baby's health and development/**will be monitored,**//and any questions you have/**will be answered.**

> 「(가정)방문 때마다/귀하 자녀의 건강과 발육이/점검될 것입니다//그리고 귀하가 갖고 있는 어떤 질문도/답변될 것입니다」

문장을 토막내서 다시 묶어봅시다.
At each visit 「방문할 때마다」
your baby's health and development 「귀댁 자녀의 건강과 발육」
will be monitored 「모니터 될 것이다」
그런데 monitor 뜻이 뭔가? **monitor**는 '**감시하다, 지키다, 검사하다**'.
and는 앞뒷집 연락망. 꽁지엔 동사가 모여 사는 부락이 보인다, have will be answered. 야, 이상하네. 조동사의 성격만 알면 열쇠가 풀리는데 뭐가 그리 이상해.
조동사는 다른 동사를 도와주는 동사. 그래서 항상 **앞자리 특석**에 앉는다. 그렇다면 will 앞에 있는 동사 **have는 will과는 관계없는 동사**다. 여기서 팍 끊어라. 그러면 열릴 것이오.
다시 본문으로 돌아가서 앞부분부터 살펴보아라.
any questions you have/will be answered 「귀하가 갖고 있는 어떤 질문도/답변될 것입니다」
you 앞엔 관계대명사 that이 생략되었네요. 여태껏 생략된 놈을 많이 다뤘는데 자신이 좀 생겼는지 모르겠네.

5 ※ 관계부사, 조건절

> **Where** possible,//Plunket nurses may be able to offer/extra home or clinic visits —//especially **if** additional

assistance is required.
「가능한 곳에서는,//Plunket 간호원들이 제공할 수 있을 것입니다/충분한 가정 방문이나 진료 방문을-//특히 추가 지원이 필요하다면」

where possible「가능한 곳에선」
주어+동사+…로 된 길다란 문장을 접하다가 갑자기 간단한 문장을 대하면 어안이벙벙해진다. 뭐? 벙쩐다고? 야, bun(빵) 찐다 소리는 들어도 bung(마개) 찐다 소리는 처음 듣는다. 영어를 하려면 똑바로 해.

may「…일지도 모른다, …할 수 있다(=can)」
be able to=can
extra home or clinic visits「추가 가정 방문과 진료 방문」
이런 유형을 잘 익혀라. 이런 놈은 앞놈은 뒷놈들을 도와준다. 이 말이 무슨 뜻인가? 본문의 **extra는 home과 clinic을 도와서** 이들과 함께 visits를 밀고 있다는 얘기다.

extra「여분의, 임시의, 특별한」
추석이나 설 연휴 때 임시 차편이 많지요. 이때 **임시 열차나 버스**는 영어로? **an extra train, an extra bus**라고 한다. 신문 따위의 **'호외'**도 (또는 특별호) **extra**라고.

especially는 주로 도움을 받으려는 말 앞에 자리잡는다. 본문에선 조건절의 앞에 놓여 전체를 장악하고 있다.

additional assistance「추가 지원」
be required「요구되다」

6 ✸ 수동태, 과거분사, 구

> Most of these services are provided/by your Plunket nurse — a registered nurse —/with extra input/available from a trained Karitane or Plunket health worker.
> Some clinic visits may be offered/as group clinics, or/at a preschool session.
> 「대부분의 이들 서비스는 제공됩니다/귀하의 Plunket 간호사에 의해서—/자격증이 있는 간호사—/추가적인 도움과 함께/훈련받은 Karitane 혹은 Plunket 보건원으로부터 가능한.
> 진료 방문도 제공될 수 있습니다/단체 진료로서, 또는/유치원에서」

most는 관사 없이 '**대부분의, 대개의**' 라는 뜻으로 쓰인다. 그래서 most people은 '대부분의 사람들'. 그런데 '**그 사람들의 대부분**'은 어떤 식으로 표현할까? most the people? 아니다. 그렇게 쉬울 것 같으면 뭐할라꼬 말을 꺼내겠노! most는 뒷좌석에 the를 두는 걸 원치 않는다. 그래서 of를 중간에 집어넣어서 **most of the people**로 만든다.

본문에서도 비슷한 이치다. most 꽁무니에 지시형용사가 바로 오면 알레르기를 일으킨다. 따라서 Most these services가 아니라 **Most of these services**로 표현한다는 거다. 앞으로 이런 문제가 나오면 잘 할 수 있으리라. 믿어도 되나요?

a registered nurse「정식 간호사」
풀이하면 등록된 간호사, 그러니까 결국 정식 간호사지. 흔히 이를 줄여서 RN이라고 하기도.
registered「등록된」
extra input「추가적인 기여, 노력」

input은 '투입(량), 특히 컴퓨터에서의 입력'을 뜻하는데 여기서는 '도움'을 뜻한다.
a trained Karitane「훈련받은 Karitane」
karitane은 Plunket과 같은 종류의 서비스 고유 명칭
health worker「보건원」
group clinics「그룹 진료(소)」
clinic「진료소, 진찰실, 개인 병원」
a preschool session「유치원」
preschool「유치원, 취학 전의」
session「학기, 학년」

Here to Help

Welcome to Plunket—a friendly, caring, free child health service **that** offers you help and support throughout your child's early years.
The basic child health services Plunket is contracted **to provide** include:

Home Visits ;
For babies in the early weeks,
Clinic Visits ;
For children up to school age.
At each visit your baby's health and development **will be monitored,** and any questions you have **will be answered.**
Where possible, Plunket nurses may be able to offer extra home or clinic visits—especially **if** additional assistance is required.

Most of these services are provided by your Plunket nurse—a registered nurse—with extra input available from a trained Karitane or Plunket health worker. Some clinic visits may be offered as group clinics, or at a preschool session.

2. Plunket – Karitane Family Centers

1 ※ 수동태

> Family Centers offer / **support for parents and caregivers** // and are located in most large towns.
> 「가족 센터는 제공합니다 / 부모님과 보호자를 위한 지원을 // 그리고 대부분의 큰 마을에 위치하고 있습니다」

눈썰미 있는 학생이면 **centre**라는 단어를 본 적이 있을 것이고 그 모양이 요상함을 발견하게 될 것이다. **미국 영어에선 center**인데 **영국 영어에선** centre로 **r과 e를 자리바꿈** 시켜 버린다. 이와 같은 부류에 속하는 단어는 부지기수다. theater, meter 등. 자존심의 대결이라고들 한다. 영국에서 독립한 미국은 알게 모르게 자기들의 우위를 주장해 오고 있다. 그 중 한 가지가 언어의 차별성이다. 그건 나중에 차츰차츰 다루기로 하자.

Family Centers는 offer support(지원을 제공한다 → 지원한다). 무슨 support냐면 부모님과 보호자를 위한 support.

caregiver 「보호자」
care 「돌보다」

and 뒤에 바로 동사 무리들이 등장하는 걸로 봐서 이 동사 무리는 앞동네의 **offer와 대등한 관계**에서 주어 Family Centers를 모시고 있다는 것을 쉽게 알 수 있다.

be located in 「…에 위치하다」

한국 학생들은 이놈을 잘 알지요. 그래서 말끝마다 '…에 위치하고 있다'고. '우리 집은 곰달래에 있다'는 것도 My house is located in 곰달래라고. 그냥 **My house is in 곰달래**라고 하면 될 것을. **be located in은 특히 지리적 위치를 강조**할 경우에 사용한다는 점을 기억해 둬라.

2✹ 관계부사, 구, 동명사, 수동태

> They provide a friendly, relaxed setting // **where** parents or carers can drop in / during the day / and get personal help and advice / from a Plunket nurse or Karitane on concerns / like breastfeeding, sleeping, child behavior, and maternal health. Parenting courses are also held here.
>
> 「그곳들은 다정하고 여유 있는 분위기를 제공합니다 // 부모님이나 보호자가 잠시 방문할 수 있는 / 낮 동안에도 / 그리고 개별적 도움과 충고를 얻을 수 있는 / 관심사에 관해서 Plunket 간호사나 Karitane으로부터 / 모유 먹이기, 수면, 아이 행동, 산모의 건강과 같은. 육아 교육 코스도 이곳에서 개최됩니다」

provide의 목적어는 어디에 있는가? 그거야 바로 뒤따르는 무리 a friendly, relaxed setting이지. 뜻은 '다정하고 편안한 장소'.

바로 뒤에 **where**가 졸자들을 데리고 출연했다. **where**는 의문사나 관계부사로 쓰이죠. 하지만 앞자리에 장소를 나타내는 말이 이미 선행사로 등장했으므로 보나마나 **where**는 관계부사다. **관계부사도 관계대명사와 마찬가지로 형용사절을 거느린다.** 이 사실을 remember하고 있으렷다!

본문에서 **where**는 **대가족을 거느리고 있다**. 대가족을 거느리려면 접속사가 다수 필요하다. 본문에서도 **or와 and**가 여러 군데 선보이고 있다. 이럴 땐 맥을 짚어라.

첫 번째 and로 연결된 문장의 동사 **get**은 앞문장의 drop과 함께 **조동사 can의 원조**를 받고 있다는 사실을 어렵지 않게 발견할 수 있다.

두 번째 and가 출연한다. 하지만 이건 and 뒤에 명사가 있는 걸로 봐서 문장과 연결하는 게 아니라 **명사와 명사를 연결**한다는 사실도 알 수 있다.

그런데 **세 번째 and**가 또 출연한다. 이거야말로 곱배기 출연＋겹치기 출연이다. 세 번째 and는 **명사를 줄줄이 나열해 놓고** 혼자 얌체같이 뒤에 살짝 붙어 있다.

setting「환경, 분위기, 고정」
carer「돌보는 사람, 보호자」
drop in「방문하다」
personal help「개별적 도움」
on concerns like breastfeeding, sleeping, child behavior, and maternal health「모유 먹이기, 수면, 아이 행동, 그리고 산모의 건강 같은 관심사에 관해서」
maternal「어머니의, 모성의, 임산부의」
parenting courses「육아 교육 코스」

되돌아 보기

Plunket–Karitane Family Centers

Family Centers offer **support for parents and caregivers** and are located in most large towns.

They provide a friendly, relaxed setting **where** parents or carers can drop in during the day and get personal help and advice from a Plunket nurse or Karitane on concerns like breastfeeding, sleeping, child behavior, and maternal health. Parenting courses are also held here.

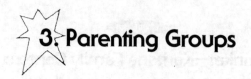
3. Parenting Groups

1 ※ 목적어, 전치사

> Plunket provides a range of courses / **on** parenting skills.
> 「Plunket은 다양한 코스를 제공합니다 / 육아법에 관한」

Plunket은 육아 기술(법)에 관한 다양한 코스를 제공합니다.
a range of 「다방면의, 다양한」 전치사 on은 …에 관한
parent에다가 -ing가 붙으면 무엇이 될까? 그건 아이를 기르는 일, 즉 육아가 되겠죠.

2 ※ 접속사, to부정사

> High school courses **and** antenatal classes / help **to prepare** people / for parenthood.
> 「고교 과정과 태교는 / 사람들을 준비하도록 도와줍니다 / 부모

가 되려는」

High school courses and antenatal classes 다음에 help 동사가 왔다. 반갑다, 동사야. 그런데 이놈의 help는 명사로도 쓰이지 않는가. That's right. 그러나 여기선 죽어도 동사다. 왜냐면 다음엔 동사가 없기 때문이다. 물론 머리에 to를 붙인 to prepare가 오긴 했다만. 이건 동사가 아니라 동사가 다른 집에 시집간 거다. 그래서 to부정사의 명사적 용법으로 쓰인 것.

high school courses「고교 과정」
antenatal classes「태교」
antenatal「출생 전의, 태아의, 임신중의」
ante-는 '…의 전의'
parenthood「부모 시절, 부모가 됨」
parental「어버이의, 어버이다운」

3 ※ 부사절, 동명사, to부정사

> After a baby arrives,// **parenting** groups are a great opportunity/for families/**to share** experiences, gain knowledge and develop skills/in all aspects of **parenting**.
> 「출산 후,//육아 모임들은 훌륭한 기회지요/가족들이/경험을 나누고, 지식을 얻고, 기술을 연마하기에/육아의 모든 면에 있어서」

종절이 문두에 왔다. 그런데 아기가 arrive한다고 하네. 이게 무슨 귀신 붕어빵 먹는 소리냐? 선생님, 그런 영어도 있어요? 야 이놈 돌쇠야, 네가 알고 있는 단어가 총 몇 개냐? 전 돌쇠가 아닌데요. 그러면? 돌석이라구요. 돌에 쇠라도 섞인 줄 알았더니만, 순수한 돌이라 이거지? 야, 네가 본 참고서에 없는 말은 영어가 아닌 줄 아는 모양이구나! 그래, 그럴 수도 있다. 잊어 먹자.

어린이가 도착한 후 → 어린이가 태어난 후.

parenting groups 육아 모임, 그러니까 아이를 낳은 사람들이 오글오글 모여 있는 곳인 모양이다. 과부 심정은 과부가 잘 안다고, 아이를 낳는 사람들끼리 모이면 육아에 관하여 서로 의견 교환을 할 수 있겠다. 그러다가 나중에 산부인과 공부라도.

to share 다음에 이어지는 동사 gain, and develop은 to의 영향권하에 있는 졸개들이다. 그렇다면 해석이 순조롭게 풀릴 것이여.

parenting「양육, 육아, 출산, 임신, 가정 교육」

in all aspects of「…의 모든 측면에서」

Parenting Groups

Plunket provides a range of courses **on** parenting skills. High school courses and antenatal classes help **to prepare** people for parenthood.
After a baby arrives, **parenting** groups are a great opportunity for families **to share** experiences, gain knowledge and develop skills in all aspects of **parenting**.

4. Other Plunket Services

1 ※ 접속사, 분사구문

> Plunket **provides** many other services/**for** families and young children,/including parent support groups, health care courses and other community health initiatives.
> 「Plunket은 많은 다른 서비스를 제공합니다/가족과 어린 아이들을 위한/보호자 지원 그룹, 건강 관리 과정과 기타 지역사회의 건강 증진을 포함해서」

provide A with B 이놈은 구면이지? 그런데 본문에선 with가 온데간데없고 엉뚱한 for가 대타로 출연하고 있다. 세상에서 가장 유동성 많은 게 말이라고. 말이 말을 낳고 또 말을 낳고.

이왕 말을 꺼냈으니 끝을 맺어보자.

provide A with B = provide B for A

언뜻 이해되지 않으리라. 공식처럼 빡빡 외우려 들지 말고 대충 봐뒀다가 문장이 나오면 빡빡 익혀라.

아래를 보라.

Cows provide us **with** milk and meat.
= Cows provide milk and meat **for** us.
= Cows provide us milk and meat.

첫 번째 with는 '**…을 갖고** 우리에게 제공하는 것' 이고,
두 번째는 '**우리를 위해서** …을 제공하는 것' 이고,
세 번째는 '**우리에게** …을 제공하는 것' 이다.

그렇다면 과연 제일 끝문장처럼 전치사 없이 간접목적어와 직접목적어 순으로 나열해 놓아도 되는 것일까? 물론이다. 누가 그랬는데? 쏼라쏼라 친구들이 그랬다.

including 「…을 포함해서」

본문의 including 이하를 해석하면, '보호자 지원 그룹, 건강 관리 과정과 기타 지역 사회의 건강 증진을 포함해서'.

community 「지역 사회, 공동 사회, 공동체」

initiative 「발의, 창시, 주도, 독창력」

2 ※ 관계대명사, 구

> Most Plunket areas also have car seat rental schemes //
> **that** provide lifesaving child restraints / at low cost.
> 「대부분의 Plunket 서비스 지역은 또한 자동차 안전 의자 대여책을 갖고 있어요 // 어린이 구명 도구를 제공하는 / 저가로」

문장을 끝까지 훑어보자. **관계대명사 that**이 가장 돋보이는 존재군요. 관계대명사인지 어떻게 아느냐구? 관계대명사절은 **형용사절**이라고 하지 않았나? 본문의 that 이하가 형용사절로 앞의 car seat rental schemes를 받쳐주고 있네 뭘.

car seat rental schemes 「자동차 안전 의자 대여 계획(상품)」

rental 「임대료, 임대의」
rent-a-car 「렌트카, 임대차」
scheme 「계획, 기획, 설계, 음모를 꾸미다」
lifesaving child restraints 「어린이 구명 도구」
lifesaving 「구명의」
restraint 「제지 도구, 억제 수단」
'구명 조끼'는 life vest=life jacket
at low cost 「저가로」

3 ✹ 구, 접속사

> Information on **all aspects of**/child safety and child health/is always available/from your local Plunket clinic, Plunket child health center or Family Center.
> 「…의 모든 측면에 관한 안내(정보)는/어린이 안전과 어린이 건강(의)/항상 이용 가능합니다/귀하의 지역 Plunket 병원 이나 Plunket 어린이 건강 센터, 또는 가족 센터로부터」

읽는 동시에 문장 구성을 파악하자. 잘 안되면 열심히 하는 수밖에 도리가 없다. 미주알고주알 단계를 밟다 보면 쨍하고 해뜰 날 있을 것이구먼.

본문은 읽어보니 어디가 어딘지 알수가 없다. 자칫하다간 봇도랑에 퐁당한대이.

첫 번째로 등장하는 **동사는 is**. 그렇다면 주어는 복수가 아닌 단수의 인물이다. 일단 앞으로 달려가 보니 information이 있다. 이놈이 거의 유력시되는 인물이다.

on all aspects of 뒤에 child safety and child health가 있다. 결국 이들은 **of가 거느리는 식구들**이다. 그렇다면 be동사 is

앞동네는 해결이 되었다.

available「이용 가능한」

그리고 from 뒤에 대가족이 있다. 이건 모조리 **from**이 거느리는 가족이다. local이 보인다. 보기를 보고 처리하라.

a local boy는 '토박이(아이)'.

a local tree는 '토종 나무'.

a local newspaper는 '지방 신문'.

그리고 clinic이란 말도 심심찮게 등장하는데, 앞에서 뜻을 분명히 밝혔다. 벌써 기억이 안 나면 안된대이.

되돌아 보기

Other Plunket Services

Plunket **provides** many other services **for** families and young children, including parent support groups, health care courses and other community health initiatives.

Most Plunket areas also have car seat rental schemes **that** provide life saving child restraints at low cost. Information on **all aspects of** child safety and child health is always available from your local Plunket clinic, Plunket child health center or Family Center.

5. Telephone Service

1❋ 관계대명사, 접속사, 과거분사

> Plunket Line is a **toll-free** telephone service//**which** offers help and information 24 hours/from experienced Plunket nurses. Phone 0800 10 10 67.
> 「Plunket Line은 무료 전화 서비스입니다//24시간 도움과 정보를 제공하는/노련한 Plunket 간호사로부터. 0800 10 10 67로 걸어주세요」

영어에서 **관계대명사가** VIP다. 영빈관으로 모셔야 한다. 그 이유는 막강한 힘을 갖고 자주 등장하기 때문이다. 본문에선 **which가** 관계대명사란 이름하에 출전했다. 관계대명사는 딸린 식구를 거느리고 형용사의 성격을 띠며 앞의 출전한 선행사를 받든다. 그래서 '…할, …인' 등으로 해석된다.

관계대명사를 진절머리나게 반복하는 것 같은데 사실 미안하오. 하지만 그만큼 중요하니까 열심히 익혀놔야지.

a toll-free telephone service「공짜 전화 서비스」

toll은 원래 '통행세'를 뜻한다. 그러나 **toll-free**처럼 짝짓기를 하면 **'무료 장거리 전화의'**라는 형용사가 된다. 연애하려고 이런 전화를 들여놓는 사람은 없다. 돈 되는 비즈니스를 하는 사람들이 이 번호를 많이 사용하더라고.

2 ✹ 명사의 중복

> Plunket child health services are available/to all New Zealand families— free of charge.
> 「Plunket 어린이 건강 서비스는 이용 가능합니다/모든 뉴질랜드 가족들에게—무료로」

available의 가장 기본적인 뜻은 '이용 가능한'이다.
free of charge「공짜인」
charge「비용」

우리 나라에도 진작에 이런 무료 서비스가 있었더라면…. 우리의 선조들은 장티푸스, 콜레라 걸려도 병원 문턱에도 못 가보고 돌아가셨는데 말야. 그놈의 병균들, 죽이고 나면 또 생기고. 에이즈 다음엔 뭐가 또 나타날지 말이야.

3 ✹ 과거분사, 접속사

> **However,**/**not all** of Plunket's child **and** family health service is government-funded,// **and** Plunket depends on/the support of local communities and volunteers.
> 「그러나/모든 Plunket의 아이와 가족 건강 서비스가 정부

> 보조를 받는 것은 아닙니다// 그리고 Plunket은 …에 의지합니다/지역 사회와 자원 봉사자들의 지원(에)」

however(그러나)의 좌석은 앞이나 중간이다.

and는 큰 모타리, 작은 모타리 **가리지 않고 연결**한다. 본문에서 앞동네의 and는 피라미를 연결시킨다. 하지만 뒤에 등장하는 놈은 모타리가 큰 대빵을 연결한다. 이런 걸 잽싸게 간파해야 독해 실력이 고무줄처럼 늘어나지.

all이 **부정어와 함께 쓰이면 부분 부정**이 된다. 구면일지도 모를 인물을 초빙해 볼까요?

All is not gold that glitters. 「반짝인다고 모조리 금은 아니다」

반짝이는 게 다 금이면 복순이 눈은 금광이다. 또 헛소리! 말이 나온 김에 말인데 말야, 반짝이는 게 다 금이면 얼마나 좋노! 몽땅 팔아다가 외채 1,570억 달러 당장 갚아버리고 IMF를 우리 하청업체로 만들고, 뉴욕 월가의 3인방을 정리 해고시키고…할 일이 많은데.

government-funded「정부 보조를 받는」
fund「자금, 기금」
a fund-raising party「기금 모금 파티」
IMF=International Monetary Fund 국제통화기금
monetary 화폐의, 금융의, 통화의

depend on「…에 의지하다」

4 ✸ 동명사

> You can help/**by making** a donation,/or **by becoming**

> a member of Plunket.
> 「당신은 도울 수 있습니다/기부를 함으로써/또는 Plunket 멤버가 됨으로써」

by로 된 묶음이 or로 연결되어 있네요.
by-ing「…함으로써, …해서」
make a donation「기부하다」

도둑놈은 왜 생기는가? 돈이란 돌고 도는 것인데, 돈이 안 돌아가니까 돈을 좀 돌려보려고. 그렇다면 도둑놈을 왜 잡아넣나? 업무 태만죄로. 이슬까지 맞아가면서 열심히 해도 안되는 모양이구먼! 그런데 잡아놓으니까, donation 하겠대. 그럼, 그놈을 빨리 풀어놔야지.

5 ✹ 절, 접속사, to부정사

> **As** a member/you'll enjoy the company of other parents/**and** the opportunity/**to help** families/in your community.
> 「멤버로서/귀하는 다른 부모님들과 친목을 도모하게 될 것입니다/그리고 기회를/가족들을 도울/귀하의 지역 사회에서」

As a member「회원으로서」
이때의 **as는 자격**을 나타낸다고들 하죠.
여기서도 **and가** 등장하네. 문장과 문장은 아니고, **명사 가족을** 잇고 있구먼. the company of other parents와 the opportunity가 그들이네요. 그런데 이들은 to help families in your community의 원조를 받고 있네.

enjoy 권세가 막강하네. the company 이하와 the opportunity 이하가 enjoy의 목적어구먼.

company는 '동료, 회사, 중대' 등 여러 가지 뜻이 있는데 여기선 **'사교적인 회합, 친분'**을 뜻한다.

the opportunity to help families「가족들을 도울 기회」 그러니까 **to부정사는 형용사적 용법**이네요.

Telephone Service

Plunket Line is a **toll-free** telephone service **which** offers help and information 24 hours from experienced Plunket nurses. Phone 0800 10 10 67.

Plunket child health services are available to all New Zealand familes—free of charge.
However, not **all** of Plunket's child **and** family health service is government-funded, **and** Plunket depends on the support of local communities and volunteers.

You can help **by making** a donation, or **by becoming** a member of Plunket.
As a member you'll enjoy the company of other parents **and** the opportunity **to help** families in your community.

A Student!
한 게으른 학생이 새들을 선생으로 모시게 된 에피소드이다. 어떻게 청출어람이 되는지 가볍게 읽고 독해한 다음 웃어보자. 청출어람이란 뜻은 알 테지?

12. 청출어람이란?

1. A Student!

1. there is…, 빈도부사, 부사구

> Once **there was** a student//who **always** got up very late/in the morning.
> 「옛날에 한 학생이 있었어요//언제나 매우 늦게 일어나는/아침에」

once는 '한 번'이란 뜻 외에 **'옛날에, 언젠가'**.
 there is(are) 다음엔 **정해지지 않은 명사**를 이끄는 말들이 오지요. 예를 들어봅시다. 만만한 게 순자와 침대니까, 순자와 침대를 갖고서.

'순자가 내 침대 위에 있다' 라고 한다면 There is SoonJa on my bed가 아니라, SoonJa is on my bed라는 말이다. 순자란 이미 정해진 인물이니까.

그러나 정해지지 않은, 다시 말해 부정관사를 지닌 명사가 오는 경우엔 다르다. 가령 **'어떤 여자가 내 침대 위에 있다'** 는

There is a lady on my bed로 할 수 있다.
 본문에 출연한 **always**와 같은 **빈도부사는 일반동사 앞에** 오지요. 이건 입이 닳도록 많이 했기에 여기선 생략하기로 하자.

2 ※ 접속사, 호격, 명령문

> His teacher often scolded him for his laziness,//**and** one morning the teacher said,
> "You, lazy fellow! Look at those little birds out there: they get up with the sun every morning//while you are sleeping in bed. You had better/take the birds for your teacher,/and do as they do."
>
> 「선생님께선 종종 게으름 때문에 그를 꾸짖으셨어요//그리고는 어느 날 아침 말씀하셨지요,
> "이 게으른 녀석아! 저 밖에 있는 저 자잘한 새들을 좀 봐라: 그들은 매일 아침 해와 함께(해뜰 무렵에) 일어나지//네가 침대에서 자고 있는 동안에. 넌 … 하는 게 좋겠어/새들을 선생님으로 모시고/그리고 그들이 하는 대로 하는 게."

scold A for B「B 때문에 A를 꾸짖다」
 여기서 **for**는 '…**때문에**'.
one morning「어느 날 아침」
 '하나의 아침'이라고는 하지 않는다고 한 거 아직 기억하세요? 그보다 더 중요한 건 일단 **앞에 one이 오면** 전치사 **on이나 in이 올 수 없다**는 거죠. one이라면 아라비아 숫자 제일 앞좌석인데 감히 어떤 놈이 앞에 온단 말인가!
fellow「동무, 친구, 동업자」
 흔히 복수 **fellows**로 쓰이며 '**동아리**'라는 뜻을 가진다. 그

리고 '전우들'은 **fellows-in-arms**라고도 하지요. 전우의 시체를 넘고 넘어 앞으로 앞으로….

get up with the sun「태양과 함께 일어나다, 해뜰 때 일어나다」

while은 주로「…하는 동안」의 뜻으로 쓰이지만 때로는 '그러나'로 쓰이기도 한다. 문장을 보고 판단해야 할 문제다.

had better「…하는 편이 더 낫다」

had better 다음엔 죽어도 동사의 원형이 온다. 그놈 고집 하나 세군. 그런데 가끔 had를 떼내버리고 better만 쓰는 경우가 있다. 특히 회화체에서 이런 경향이 심하다. 이 경우에도 역시 원형을 써야 한다.

끝문장 and 뒤엔 동사 do가 왔다. 그런데 요놈을 이끌고 있는 주어를 찾아야 할 텐데. 주어를 찾으려면 앞머리로 달려가 봐야지. 헤매어 찾아보니 do의 주어가 you다. 그렇다면 do는 had better에 걸려 있는 게 아닌가.

do as they do에서 **as는 '…하는 대로'**.
Do as I told you to.「내가 하라는 대로 해」
그놈, 군대 갔다 온 모양이네. 폼이 조교 폼이란 말이야.

3 ※ 부사구, 양보절

> On that evening/his teacher found the student in bed already,//although it was only about six o'clock.
> 「그날 저녁에/그의 선생님께서는 그 학생이 벌써 잠자리에 든 것을 아셨습니다//6시 정도밖에 되지 않았는데도」

on that evening「그날 저녁에」
왜 on이 왔느냐구? **특정한 날 앞에는 on**이 올 수 있다. 2

번 본문의 one morning은 '어느 날 아침'이니까 정해진 날이 아니다. 따라서 on을 붙일 수가 없다.

'그날 저녁 선생님이 그 학생을 침대에서 발견했다'고 하는 말은 '그날 저녁 그 학생이 벌써 자고 있는 걸 알았다'는 말이다. **find가** 이런 표현 방식으로 자주 등장하니까 신경을 좀 써두는 게 좋을 거요.

only about six o' clock이 맞는가? about only six o' clock이 맞는가? 물론 본문에 나온 게 맞지. about은 시간을, **only는 전체를 다 장악**하니까 힘센 놈이 **앞장서는** 거 아이가!

4 ※ 화법, 의문사

> "Here! What's this?" cried the teacher, "What do you mean/by wasting your time in bed?"
> 「"야, 이게 뭐야?" 선생님께서 소리치셨어요, "무슨 짓이야/침대에서 시간을 낭비하다니?"」

Here! What's this?는 무슨 뜻일까? 생각 좀 해봐라. 밥을 항상 떠먹여 줄 수 있냐? 그건 요람이나 양로원에서나 하는 행동이여! 아참, 여러분은 아직도 요람에 있지.

Here! What's this?「여기! 이게 뭐야?」

그러니까 우리말로 **'어쭈, 이것 봐라!'** 는 투의 말이다.

그리고 뒤따르는 말 **cried the teacher**를 보자. 볼수록 찝찝하네. 주어 다음에 동사가 와야 하는데 왜 동사가 앞으로 왔느냐 말이여.

여기선 과학적 사고가 필요하다. 지렛대 갖고 오세요. 보니까 動詞는 움직이니까 무게가 잘 안 나가는군. 그래서 명사인 주어를 뒤로 하고 동사를 가운데 앉히면 지렛대가 평형이 되는군.

그러나 the teacher cried라고 해서 틀리는 건 아니다. 니 맴이다. 알아서 해래이. 그리고 **cry**한다고 하니까 모조리 우는 것만 떠올리는데 **'외치다, 소리치다'** 는 뜻도 있잖아.

야, 저기 존 아냐? 무덤 앞에서 cry하고 있군. 개무덤에 벌초하러 왔나! 오늘이 복인디 어디 가서 보신탕이나 냠냠하자구. 자, 너도 끼워줄게. 헤이, 킴씨 아러씨, 퐝큼 무라코 해써애? 오늘 복날이라 복집에 가자고….

"What do you mean by wasting your time in bed?"
야, 이것도 까다롭네.
by -ing 「…함으로써」
직역하면, 「침대에서 시간을 낭비함으로써 무엇을 의미하는가?」 도대체 무슨 뜻인지 알 수가 없군. 제대로 해봐라.
「침대에서(잠자면서) 시간을 허비하다니 어찌된 영문인가?」

5 💥 to부정사, 부사구, 화법

> "You told me / **to take** the birds / for my teacher," said the student, // "so I am doing as they do."
> 「"선생님께서 말씀하셨잖아요 / 새들을 모시라구요 / 선생님으로", 학생이 말했어요 // "그래서 전 새들이 하는 대로 하고 있는 중이라구요".」

본문의 take는 '취하다, 모시다'. **명령문의 직접화법을 간접화법으로** 만들 땐 **to로써 명령문의 동사를 연결**하지요. 그래서 take 앞에 to가 모셔진 게 아닌갑쇼.

take A for B는 생각나요? 「A를 B로 모시다, A를 B로 잘못 알다, A를 B로 생각하다」.

so I am doing as they do「그래서 그들이 하는 대로 하고 있는 중이란 말이에요」

여기서 앞의 **so**는 '그래서'. 뒤의 **as**는 '…하는 대로'.

청출어람(青出於藍)이라, 다시 한 번 생각해 봐야겠군!

되돌아 보기
A Student!

Once **there was** a student who **always** got up very late in the morning.

His teacher often scolded him for his laziness, **and** one morning the teacher said,

"You, lazy fellow! Look at those little birds out there : they get up with the sun every morning, while you are sleeping in bed. You had better take the birds for your teacher, **and** do as they do."

On that evening his teacher found the student in bed already, **although** it was only about six o'clock.

"**Here! What's this?**" cried the teacher, "What do you mean by wasting your time in bed?"

"You told me **to take** the birds for my teacher," said the student, "so I am doing as they do."

Advice for Caregivers
Bullying은 자라는 아이들의 정서에 큰 해를 가져온다.
피부색깔이나 신체의 특징이 놀림의 주 이유가 된다.
이것은 청소년들 사이에 널리 퍼져 있고 심각한 사회 문제로
다가오고 있다. 자녀를 놀림으로부터 보호하기 위해
부모를 위한 충고가 쓰여져 있다.

13. 보호자를 위한 충고

1. Advice for Caregivers

1 ✹ 진행형 수동태

> STOP BULLYING.
> ADVICE FOR CAREGIVERS.
> Your **son's being called** names at school.
> 「놀림을 막읍시다.
> 보호자를 위한 충고.
> 귀하의 자녀가 학교에서 놀림을 당하고 있어요」

　　be being called '비빙삐삐'는 **진행형 수동태**이다. be being called까지는 '불려지고 있다'의 뜻인 걸 잘 알고 있다. 그런데 names가 꽉 나타나니까 보통 문제가 아니다. **call names**가 이름을 부르다? 아니올시다. 이건 **'욕하다'**라는 뜻이다.
　어떻게 하여 '이름을 부르다'가 '욕하다'로 되었을까? 여기서 이름이란 사람의 이름이 아니라 **짐승 이름**이다. 예를 들면 소, 돼지, 개, 강아지, 늑대, 여우 등등. 사람을 dog이나 wolf, pig이라고 하면 당연히 욕이 된다.

 '욕'이 나왔으니 한 가지 덧붙이자. 심한 욕을 직접 표현하기가 거북해서 간접 표현으로 X 같은 녀석이라고들 하죠? 영어에선 이 표현으로 four-letter-word가 있지요. 여기의 letter는 문자(글자). 그러니까 '네 자로 된 말'을 뜻한다. 그게 바로 fuck이다. 다른 사람한테 얘기하지 말고 조용히 알아둬라. 누가 얘기하더라고 하지 말고. SOB도 있긴 한데. 한꺼번에 욕 강의를 하는 것 같아서 그만 줄임. 그런데 이것도 다 알고 있어요? 못 말리겠군.

2 ※ 접속사의 생략, 접속사

> Your daughter **says**//she's got no friends//and the other won't play with her.
> 「귀하의 딸이 말해요//친구가 없다고요//그리고 다른 애들이 함께 놀아주질 않는다고요」

접속사를 경계로 쪼개보자. 왜냐하면 접속사는 연결을 담당하고 있으니까, 원래대로 **쪼개보면 이해가 쉽다.** 본문에서 주절이 끝나고 또 다른 문장이 시작됐다. 이건 주절에 딸린 종절이다. 그러면 그 사이에 접속사가 있어야 한다. 그런데 명사절을 이끄는 **접속사 that**이 **목적어라는 명분으로 생략**되었다. 그러니까 앞으로는 결석해도 그 자리가 누구 자린지를 알아 모셔야겠다.

 no friends 복수형이 왔다. 왜일까? **친구 여럿을 전제로** 얘기하고 있기 때문이다.

 본문에서 **현재완료**가 쓰인 건 말하는 시점을 says, 즉 현재로 잡고 **현재까지 완료된 내용**을 얘기하기 때문이다. 그리고 연이어서 등장한 **종절의 won't**는 will not이 원래의 모습이며 본문에선 요놈 will이 고집을 나타내고 있다.

두 번째 종절 앞자리엔 **접속사 and**가 있네요. and는 잡식성이라서 가리지 않고 모조리 다 연결할 수 있어요.

　the other를 주시하라. 원래의 모습은 the other friends다. 여러 개가 있을 경우에, **하나는 one**으로 받는다. 그리고 **나머지는 몽땅 the other**다. 그렇다면 본문에서 one은 어디 갔는가? 그건 she 자신을 가리키고 있다.

3 ✷ 지시형용사, of -ing, 동명사

> **This** behavior is not a normal part/of growing up-//it is bullying.
> 「이 같은 행동은 정상적인 부분이 아니에요/(아이가) 성장하는 데에 있어서//이건 놀림(당한 것) 이라구요」

　지시형용사란 무얼까? 원래 **this, that, it 따위**를 지시대명사라고 했다. 그런데 이놈이 **형용사 구실을 하면** 그게 바로 지시형용사인 것이다. 본문의 **This behavior**에서 This가 바로 behavior를 수식해주는 지시형용사다.

　normal「정상적인」
　반대말은 알파벳의 금메달과 은메달인 a와 b를 머리에 붙여서 **abnormal(비정상적인)**.

　of growing up「성장하는데에 있어서」 또는 「성장에 속하는」
　of+ -ing는 형용사구.
　grow up「성장하다, 자라다」
　별거하고 있는 요놈을 한집으로 불러들이면 **grown-up**. 요놈은 뜻이 '성숙한, 어른'. 어른은 다른 말로 adult.

　본문의 '-'은 부연 설명을 하기 위함이다. 그리고 뒤를 이은 문장에서 be+ -ing라고 해서 진행형이 아니라 it은 this behavior이고 **bullying**은 동명사로서 '**놀리는 것(일)**'을 말한다.

4💥구, 접속사, to부정사, 현재완료

> Bullying is a big problem/in New Zealand//and it's important that we all work/**to stop** it,//**so** Telecom and the Police have **developed a campaign**/to help parents and their children.
> 「놀림은 큰 문제예요/뉴질랜드에서//그리고 우리 모두가 노력하는 게 중요하지요/그걸 중단케 하기 위해서/그래서 텔레컴과 경찰이 캠페인을 벌였어요/부모들과 자녀들을 돕기 위한」

본문에선 **bullying**,「**괴롭히는 것**」즉 **동명사가 주어**의 자리를 차지했다.

and 접속사로 문장과 문장을 연결했다.

그리고 **it … that**이 선보이네. 이건 새로운 얼굴인데. **it은 가짜고 that 이하가 진국**이라는 거지. 그래서 가짜는 해석할 필요도 없고 진국부터 해야지.

it's important//**that we all work to stop it**「중요해요//(뭐가요?) 우리 모두가 그것을 멈추도록 노력하는 것이」앞선 가짜주어 **it**은 뜻이 없고(꽁무니의 it은 앞에 나온 bullying) that은 '…하는 것'.

work to stop「멈추도록 하기 위해서 일하다」
to stop은 to부정사의 **부사적 용법의 목적**. '…하기 위해서'는 목적이잖아. 그리고 이놈이 동사인 work를 수식하니까 부사적 용법으로 쓰인 것(부사가 동사를 수식한다는 얘기는 고전이재).

다음은 so 뒤부터.

develop a campaign 캠페인을 개발하다? 아니다. 「캠페인을 벌이다」

to help는 to부정사의 사명을 띠고 태어난 놈. 그렇다면 앞집의 눈치로 봐서 '**…하기 위한**'로 되어야 말이 통한다. 이건 to부정사의 형용사적 용법이오.

5 ✹ 현재완료, 현재분사, 명사절, 수동진행형

> You may already have seen/Spot and his real-life son Bo/on television,/explaining to young people/what to do/if they **are being bullied**.
> 「귀하는 이미 보았을지도 모릅니다/Spot과 그의 진짜 아들 Bo를/텔레비전에서,/젊은이들에게 설명하고 있는/어떻게 해야 할지를/만약 그들이 놀림을 당하고 있다면」

출연진이 다양한 당찬 문장이다.

may have seen「봤을지도 모른다」
현재완료형이다. **과거를 시점으로 해서 현재 말하는 순간까지 완료**된 일을 말한다.

Spot and his real-life son Bo는 텔레비전에 나오는 인물들.
real-life「현실의, 실제의」

on television「텔레비전에」전치사 on을 익혀두셔야죠.

explaining은 어떤 인물인가? 이놈은 **목적보어**로 쓰였다. 목적보어라, 예문을 들어보자.

I heard him singing a song.

him이 목적어다. singing은 him의 목적보어.

그렇다면 본문에서 **목적어는** 어떤 놈이더냐? 그놈은 **Spot and his real-life son Bo**다. 그런데 왜 콤마를 찍었느냐

13. Advice for Caregivers 347

고? 그건 목적어 뒤에 on television이란 엉뚱한 존재가 있기에 구별을 분명히 하기 위해서다.

what to do 「무엇을 할지를」 명사구다.
if they're being bullied 「그들이 놀림을 당하고 있다면」
if 「만약 …이라면, …인지」 → 두 가지 뜻을 알아두자.
그리고 '비빙삐삐'는 진행형 수동태. 알고 있재?

6 ※ 접속사, 명사구

> This leaflet gives parents and caregivers some ideas/ about **how to** prevent your child/**being bullied** or **bullying** others.
> 「이 안내서는 부모와 보호자에게 몇 가지의 아이디어를 제공합니다/귀하의 아이를 다스리는 방법에 관하여/놀림을 당하거나 다른 아이들을 놀리는」

leaflet 「낱장으로 된 인쇄물, 광고 전단 따위, 작은 잎사귀」
about은 전치사다. 그래서 꽁지엔 명사 가족이 와야 하는디.

how to 명사구가 왔다.

how to 「…하는 방법」 의문사 + to부정사
being bullied 「놀림을 당하고 있는」
bullying 「놀리는」
being kissed 「키스를 당하는 것」
kissing 「키스를 하는 것」
좋은 예라고?
자네도 인생을 알아부렀네.
미국에서 키스를 제일 잘하는 사람은? Kissinger. -er을 붙이면 「…하는 사람」. 감자도 먹는 놈이 많이 먹는다. 키스도 하는 놈이

많이 하지 뭘. 헨리 키신저 알재이. 키신저 아저씨 미안하이. 놈자를 붙여서.

prevent + 목적어 + -ing 「막아서 …못하게 하다」

Advice for Caregivers

STOP BULLYING.
ADVICE FOR CAREGIVERS.
Your **son's being called** names at school.

Your daughter **says** she's got no friends and the other won't play with her.
This behavior is not a normal part of growing up—it is bullying.

Bullying is a big problem in New Zealand and it's important that we all work **to stop** it, **so** Telecom and the Police have **developed a campaign** to help parents and their children.
You may already have seen Spot and his real-life son Bo on television, explaining to young people what to do if they **are being bullied**.

This leaflet gives parents and caregivers some ideas about **how to** prevent your child **being bullied** or **bullying** others.

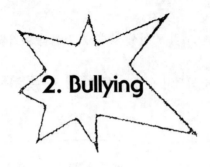

2. Bullying

1 관계대명사 what

> What is bullying?
> Bullying is/**what** a child or group of children **keep taking advantage of** the power/to hurt or reject someone else.
> 「놀림이란 무엇인가?
> 놀림이란/아이나 아이들의 그룹이 지속적으로 힘을 이용하는 것입니다/다른 아이들을 해치거나 따돌리기 위해서」

what은 원초적 의미의 '무엇' 외에 **관계대명사로 쓰이면 '…하는 것'**이 된다. 이게 바로 본문 두 번째 행에서 선을 보였다. 선행사를 몸 속에 간직하는 관계대명사다. 다시 말해서 **앞좌석에 선행사를 앉히지 않는다.**

keep taking advantage of「…을 지속적으로 이용하다」
take advantage of 「…을 이용하다」

그런데 keep은 '유지하다, 계속하다' 등의 뜻을 지니고 있는 바 keep taking advantage of의 뜻이 변한 거다.
keep growing 「계속 자라다」
keep eating 「계속 먹다」

2 ※ 관계대명사 that의 생략, 동명사, 사역동사

> Some of the ways/children bully other children/include : **calling them names**,/or saying or writing nasty comments about them,/or making them **feel** uncomfortable or scared,/stealing or damaging their things,/hitting or kicking them,/or making them do things//they don't want to do.
> 「몇 가지 방법은/아이들이 다른 아이들을 놀리는/포함합니다:욕하는 것/또는 다른 아이들에 대한 고약한 내용을 말하거나 쓰는 것/또는 그들을 불안하게 만들거나 겁나게 하는 것/그들의 물건을 훔치거나 파손하는 것/때리거나 차는 것/또는 여러 가지를 시키는 것//그들이 하기를 원치 않는」

본문을 보니까 한마디로 말해서 **or판**이다.

문장을 읽어나가자. 동사와 동사가 겹치네. 이럴 땐 **뒤에 오는 동사가 더 큰 힘**을 발휘한다고 했다. 무슨 말인고 하니 본문에서 bully와 include가 겹치니 앞동사 bully는 주부 속에 포함되나 뒤의 **include는 주부 전체를 이끄는 강력한 동사**가 된다. bully는 분대장이요, include는 중대장인 셈이다. 이리하여 자연 발생적으로 뒷동사 include 앞에서 끊기게 된다.

그렇다면 주부는 some of the ways children bully other childen. 그런데 명사와 명사가 겹쳐지고 어

떻게 되먹은 집안인지 분간이 안 간다. 이 경우 우선 앞묶음을 살펴본다. 그리고 주어와 동사를 살펴본다.
　　some of the ways「몇 가지 방법」
　　또 읽어보자.
　　children bully other children「아이들이 다른 아이들을 놀리다」
　　그러니까 두 묶음을 종합하면 **'아이들이 다른 아이들을 놀리는 몇 가지 사례(방법)'**가 되네요. 그렇다면 뒷묶음이 앞묶음을 수식하는 건데. 옳아! **관계대명사가 생략**되었구나! 목적격일 경우엔 생략될 수 있다고 했지.
　　include 다음에 목적어가 와야 한다. 그 이유는 include가 '…을 포함하다' 니까 '…을'에 해당되는 말은 목적어다. 달리 표현하면 include가 타동사(목적어를 필요로 하는 동사)란 뜻이다.
　　include의 목적어로 등장한 첫 인물은 **calling으로 동명사**다. 그렇다면 다음에 이어지는 것, 다시 말해 include의 목적어로 오는 말들은 기본적으로 모조리 calling과 동등한 자격으로 동명사가 올 것이란 사실을 염두에 둬야 한다.
　　이런 것들을 기반으로 해서 모조리 긁어모으자. 저절로 해석이 되고 말거다.
　　making them feel uncomfortable or scared「그들을 불안하게, 또는 겁나게 만드는 것」.
　　구문 분석이 약간 필요하다. 독해란 요런 것들을 잘 익혀서 요긴하게 써먹어야 한다. 여기서 making은 물론 사역동사다. **사역동사**라 함은 '목적어를 …하게 만드는 동사'. **make+ 목적어 + 동사의 원형(원형부정사)**이 온다는 사실.
　　making에서 -ing형이 온 건 calling과 맞추기 위해서다. calling의 -ing를 맞추기 위해서 노력한 동사는 making외에도 stealing과 damaging, kicking등이다.
　　feel 다음에 uncomfortable과 scared처럼, 다른 형태가 왔다고

해서 불평하지 마시오. **둘 다 똑같은 형용사**올시다.

feel uncomfortable 「불편해 하다, 불편을 느끼다」

uncomfortable 「불편한」 → '불안한'

feel scared 「두려워하다」

scared 「두려워 하는, 두려운」 → '겁나는'

과거분사로 취급하여 수동의 뜻을 지닌다고 생각하지 말지어다.
제일 끝부분을 한번 보자.

making them do things // they don't want to do

「그들에게 여러 가지(things)를 하도록 만드는 것」+「그들이 하기를 원치 않는 것들」

→「그들이 하고 싶어하지 않는 것들을 하도록 만드는 것」

Bullying

What is bullying?

Bullying is **what** a child or group of children **keep taking advantage of** the power to hurt or reject someone else.

Some of the ways children bully other children include: **calling them names,** or saying or writing nasty comments about them, or making them **feel** uncomfortable or scared, stealing or damaging their things, hitting or kicking them, or making them do things they don't want to do.

3. Why Is Bullying Harmful?

1 ✹ 관계대명사의 생략, to부정사의 의미상 주어

> Why is bullying harmful?
> Some people think//bullying is just part of growing up/ and a way **for children to learn**/to stick up for themselves.
>
> 「왜 놀림은 해로운가?
> 몇몇 사람들은 생각해요//놀림은 단지 (아이들이) 자라나는 일면이라고/그리고 아이들이 배우는 한 가지 길이라고/그들 스스로 방어하는 것을」

읽는 순서대로 보따리를 묶어라. 보따리 장수가 돈 번다고 안했나! 야, 그런데 말야, 부산에 오는 러시아 보따리 장수들이 우리 초코파이를 무진장 좋아한다고 하지. 미국, 호주와 뉴질랜드 사람들한테 우리네 초코파이를 먹어보라고 했더니만 다음에 또 달래. 이러다가 나도 보따리 장수 되겠어.

bullying is just part of growing up「놀림은 단지 성장의 일부분이라고 하지요」

본문에서 **동사 think**가 나왔는데 또 동사 is가 출연했다. 이런 경우엔 **뒷동사의 주어를 찾으면** 의미가 통하게 되어 있다. 주어를 찾아 해석을 해보니 본문에서 think 다음에 목적격 접속사 that이 출연하지 않았다.

그 다음, 접속사 and가 어떤 녀석과 어떤 녀석을 맺어주려고 노력하는가를 파악하라. 그러기 위해선 **and의 꽁무니를 보아야** 한다. 자세히 살펴보니 and 뒤엔 명사가 왔다. 그렇다면 앞선 명사 part of growing up과 연결시켜 보자. 그러면 뒤따르는 명사가 비록 대가족을 거느리긴 했어도 말이 통하게 된다.

and 뒤를 눈여겨 살펴보자.

a way for children to learn to stick up for themselves 쭉 잘 읽어가는데 stick up for에서 팍 걸린다.

stick up for「방어하다, …를 변호하다」

→「아이들이 자신들을 방어하는 것을 배우는 길」

위에서 **children은 to부정사의 의미상 주어**다.

2 💥 동명사, 등위접속사, 접속사 that

> But **bullying** can make children feel lonely, unhappy, frightened, unsafe//and think/that there must be something wrong with them.
>
> 「그러나 놀림은 아이들을 외롭게 하고, 불행하게 하고, 겁먹게 하고, 불안하게 할 수 있어요//그리고 생각케(할 수 있어요)/자신들에게 분명히 잘못된 점이 있다고」

bullying은 동명사

make「…을 …하게 하다」
사역동사 3인방(have, let, make) 중의 하나가 아닌가.
But bullying can make children feel lonely.
→「하지만 놀림은 아이들을 외롭게 만들 수 있어요」
feel lonely「외로움을 타다, 외로워하다」
형용사 꽁무니에 -ly가 붙으면 부사의 얼굴 모양이다. 그러나 **lonely**는 비록 -ly가 붙었지만 **부사가 아니라 형용사**다. 그래서 '난 외로워요'는 **I'm lonely**가 아닌가.
본문에서 형용사 lonely 뒤에 또 다른 형용사 무리들이 줄줄이 이어졌다. 그렇다면 이들도 lonely와 같은 임무를 띠고 feel에 연결된 놈들이다. 그러다가 **and로 연결**되어 있다. 그런데 여기선 lonely와 같은 친구가 아니라 동사가 튀어나왔다.
그렇다면 and는 앞에 나온 **어떤 동사와 연결**지어 주고 있는가? 이걸 파악하자. 앞선 동사엔 make도 있고 feel도 있다. 그런데 만약 make와 연결되었다고 보면 make 다음에 목적어가 오고 동사의 원형이 와야 할 것이다. 그러나 이 경우엔 전혀 그렇지 못하다. 그렇다면 결국 이 식구는 feel이 책임지는 수밖에 없다.
일단 꽁무니를 해석해 보자.

think that there must be something wrong with them
「그들에게 잘못된 점이 있음에 틀림없다고 생각하다」
이걸 앞선 말과 연결하면 된다.
must be「…임에 틀림없다」
something wrong「잘못된 것」
띵(-thing)가족, **anything, something, nothing 등은 형용사를** 아주 무시한다. 그래서 절대로 앞자리에 앉히지 않고 **꽁무니에** 둔다.

3 ※ 관계대명사 that, might, 진행형 수동태

> Signs that **might indicate**/your child **is being bullied**/ **include** tummy aches, nightmares, reluctance to go to school and loss of confidence.
> 「보여준다고 할 수 있는 징후들은/귀하의 아이가 놀림을 당하고 있다는 것을/복통, 악몽, 등교 거부와 자신감의 상실을 포함합니다」

본문의 signs를 모시는 동사는 어디로 갔나? 가만히 보니 동사가 온통 줄줄이 늘어서 있다. might indicate, is being bullied, include. 이 경우 **동사의 소속을 밝혀야** 한다.

might indicate 바로 앞엔 주어가 없다. 그렇다면 **that은 관계대명사의 주격**이고 앞선 **signs는 선행사**란 말이구나. 그러면 이놈을 해석해 보자.

Signs that might indicate 「지시할지도 모르는 징후들」 (일단 해석해 놓고 보니 뜻이 잘 안 통하겠지만 참아라)

어쨌든 이런 얼굴이 다시 튀어나오기만 하면 재깍 알아보겠쟤?

본문의 두 번째 동사 **is being bullied**는 몇 번 대면한 적이 있는 **'비빙삐삐'** 형태다. 이름하여 진행형 수동태, 그러니까 진행형과 수동태가 합심 단결하여 이뤄낸 문장이다.

바로 뒤에 include가 버티고 있다. 그런데 '비빙삐삐'를 꽁무니에서 도와줄 수 있는 원형동사는 아무도 없다. 따라서 include는 '비빙삐삐'완 관계없는 홀로 서기 인물이다.

이쯤 하고서 앞으로 고개를 돌려보자. **signs**가 눈에 팍 들어온다. **꼬랑지에** -s를 붙이고 있다. 꼬랑지가 달린 이놈이 주어가 되면 모시는 동사는 -s나 -es가 붙지 않는다는 사실은 기본 지식 아닌가!

갖은 고초 끝에 해석을 제대로 할 수 있는 여건을 마련했다.

Signs that might indicate your child is being bullied.
→「귀하의 자녀가 놀림을 당하고 있다는 것을 지적할 만한 징후들」

'**…을 include한다**'고 했으니, include 꽁무니를 뒤따르는 졸자들은 include의 목적어가 되어야 한다. 이거야 삼척동자라도 알 법한 일! 그런데 **목적어라고 해서 얼굴이 똑같으라는 법은 없다.** 보아하니, 홀로 출연한 tummy aches, nightmares가 있는가 하면 reluctance to go to school이나 loss of confidence처럼 보태주는 놈도 있다.

등장 인물들을 살펴보자.

tummy aches「배의 통증」
stomachache(복통)과 마찬가지.

tummy 는 '배', '배꼽'을 tummy button, navel, belly button이라고들 하지요. belly dance는 뭘까요? 배꼽춤. 모르는 사람은 교습소에 연락해 보세요. 잘못하면 춤바람 날라.

nightmare「악몽」

'몽유병'은 sleepwalking. **daydream은 '백일몽, 공상'.** 백일홍이 아니다. 백일홍은 zinnia.

reluctance「하기 싫어함」
loss of confidence「자신감의 상실」
confidence「자신감, 신뢰」

reluctance to go to school and loss of confidence「등교 거부와 자신감의 상실」

4 ✸ 조동사, 접속사, 과거분사

He **may** lose contact with friends/and seem isolated.

> 「그(아이)는 친구들과의 접촉이 끊길 수도 있어요/그리고 외톨이로 보일 수도 있지요」

He는 물론 앞선 3번의 your child다.
lose contact with 「…와 연락이 끊어지다」
본문의 **and 뒤엔** 동사가 등장했다. 앞에 보니 동사 lose가 있다. 그렇다면 이들 동사는 **조동사 may의 도움**을 받고 있다.
seem isolated 「외톨이가 되어 보이다」

Why Is Bullying Harmful?

Why is bullying harmful?
Some people think bullying is just part of growing up and a way **for children to learn** to stick up for themselves.

But **bullying** can make children feel lonely, unhappy, frightened, unsafe and think that there must be something wrong with them.
Signs that **might indicate** your child **is being bullied include** tummy aches, nightmares, reluctance to go to school and loss of confidence.
He **may** lose contact with friends and seem isolated.

4. Why Do Some Children Bully?

1 ※ 관계부사

> Why do some children bully?
> There are a lot of reasons/**why** children bully.
> 「왜 어떤 아이들은 (다른 아이들을) 놀리는가?
> 많은 이유들이 있어요/아이들이 놀리는」

관계부사가 등장했다. 관계대명사 = 접속사 + 대명사라고 했다. 그렇다면 관계부사는? **관계부사 = 접속사 + 부사**다. There are a lot of reasons why children bully에서 관계부사 이전의 얼굴 모양을 되찾아 보자.

There are a lot of reasons and children bully for them.

한 문장을 쪼개서 두 개의 작은 문장으로 나눴다. 그러면 이놈을 다시 관계부사를 써서 하나로 뭉쳐보자.

관계부사 = 접속사 + 부사라고 했다. 접속사는 and, 부사는 for

다. 그리고 a lot of reasons는 뒷문장의 them이니까 선행사 a lot of reasons가 남으면 뒤의 them은 사라지고.

→ **There are a lot of reasons why children bully.**

관계부사 why는 선행사 the reason만 남든가 why만 남든가 둘 중 하나를 택하면 된다. 그런데 본문에선 선행사에 수식어 a lot of가 붙어 있으므로 이를 생략할 수 없는 형편이다. 그래서 why를 없애면 다음과 같은 문장이 탄생한다.

→ **There are a lot of reasons children bully.**

그런데 관계대명사는 접속사 + 대명사라고 하였다. 접속사는 and, 대명사는 them, 그리고 선행사가 될 a lot of reasons는 사물이므로 관계대명사는 which가 당첨이다.

→ **There are a lot of reasons for which children bully.**

관계대명사 앞좌석의 전치사는 뒤로 보낼 수 있다. 다시 쓰면 다음의 문장이 된다.

→ **There are a lot of reasons which children bully for.**

결국 why = for which라는 점을 알 수 있다.

2 ✹ 등위접속사, 사역동사

> They may **see** bullying/**as** a way of being popular, showing off, or making themselves look tough.
> 「그들은 놀린다는 것을 (…으로서) 여길지도 몰라요/인기를 얻거나, 자랑하거나, 자신들을 터프하게 보이게 하는 방법으로서」

see A as B = 「A를 B로 보다, A를 B로 여기다(생각하다)」

이걸 낑낑대며 외울 필요는 없다. 문장을 보기만 해도 충분히 알 수 있기 때문이다. 이때의 as는 '…으로서'.

bullying은 동명사로 '놀리는 것'.

좀 자질구레한 설명을 시도해 보자. 다음에서 **as away of**는 여러 곳에 선물을 골고루 나눠주는 산타 클로스 할배 같은 존재다.

as **a way of** being popular, showing off, or making themselves look tough.

이를 원래의 모습으로 복구시켜 보면, as **a way of** being popular, a **way of** showing off, or **a way of** making themselves look tough의 모습이 탄생한다. 쓸데없이 같은 말을 계속 반복하고 싶지 않다는 거다.

a way of being popular 「인기를 얻는 방법」

'인기 있는 방법'이라고 하면 문자 그대로의 직역은 되지만 우리말답지 않다. of는 전치사로서 뒤엔 동명사 being이 왔죠. 보시는 바와 같이 **of 이하가 형용사구가 되어 a way를 수식**하는 꼴이죠. 좀더 구체적으로 설명하면 인기를 얻는 방법에서 '얻는'은 '방법'을 수식.

showing off 「자랑하는」

show off 「자랑하다」

making themselves look tough 「그들 자신을 터프하게 보이게 하는 것」

a tough guy가 좋다고들 하니까…. 위에서 making은 **사역동사가 동명사로** 된 꼴이다.

look tough 「터프하게 보이다」

3 ※ to부정사, 등위접속사 and, 사역동사

> Some children bully/**to get** attention,//**and** some just like/**making** other people feel afraid of them.
> 「어떤 아이들은 놀리지요/관심을 끌기 위해서//그리고 어떤 아이들은 그저 좋아하지요/다른 아이들이 그들을 겁내게 하는 것을」

　bullying을 하는 이유도 참 다양하네요. 알고 보면 남을 씹는 재미, 밟는 재미도 다 bullying에 속하는 게 아닐까요? 야, 너 왜 껌 씹어? 씹을 사람이 있어서요. 넌 왜 한여름에 워커(군화)를 신고 왔어? 밟을 사람이 있어서요. X세대의 X값은 도대체 뭣이당가?
　making other people feel afraid of them「다른 사람들이 그들을 두려워하도록 하는 것」
　feel afraid of「…을 두려워하다」
　사역동사 make가 왔기에 **feel**은 겁먹고 **원형**만이 온 것.

4 ※ 관계대명사의 생략, 접속사 or, might, 진행형수동태

> Others might be jealous of/the person they are bullying,//**or** might be being bullied themselves.
> 「다른 아이들은 시샘하고 있을 지도 모르죠/그들이 놀리고 있는 사람을//또는 그들 자신들이 놀림을 당하고 있을지도 모르죠」

　be jealous of「…을 시샘하다」
　the person they are bullying「그들이 놀리고 있는 사람(아

이)」

   they 이하는 힘을 합쳐 person을 수식하는 **형용사 역할**을 한다. 그러고 보니 they 앞엔 슬며시 사라진 인물이 있음을 알 수 있다. 관계대명사 whom이다. 물론 목적격으로 사용되었기에 생략되었다. 주격이나 소유격이 아니면 목적격이지 뭘.

   or 앞에 콤마가 있는 것으로 봐서 앞문장과 경계를 이뤄야 할 필요가 있는 모양인데, 알고 보니 바로 뒤에 might가 등장했다. 그렇다면 저 앞에 있는 might와 연락을 취하고 있는 모양. 이리하여 **might와 might의 만남**이 이뤄진다. 다시 말해 두 might는 **주어인 others를 받들고** 있다.

5 ※ 접속사 that, 관계대명사 what

> They may not even realize//**that what** they are doing/is wrong//and how it makes their victims feel.
> 「그들은 인식조차 하지 못할지도 몰라요 //그들이 하고 있는 것이/잘못된 것이라는//그리고 그것이 피해자의 마음을 상하게 하는지를」

   누누이 강조해 왔노라! **문장에선 맥을 잘 짚어야** 된다구! 사람 몸에 성감대가 있듯이. 오, 왜 갑자기 썰렁하지? 못할 말을 했나! 맥은 아무데나 존재하는 게 아니다. **절이나 구가 살고 있는 곳에 있다.**

   They may not even realize that 「그들은 that 이하를 깨닫지조차 못할지도 모른다」

   not even은 문장 속에서 심심찮게 자주 등장하는 인물이다. **Not even!** 이 홀로 서기도 하지요. 나하고 결혼할래, 호동아? Not even(어림도 없는 소리)!

13. Advice for Caregivers 365

that 뒤에 what이 왔다. 이건 또 무슨 뚱딴지 같은 일인가? that, what을 붙들고 아무리 끙끙대고 낑낑대도 소용이 없다. 누구는 Nothing is impossible이라고 했는데. 아무리 생각해도 what은 딴 살림을 차리고 있는 모양이야. 그래서 what의 뒤를 살펴봤더니 제법 딸린 식구가 많다.

what they are doing「그들이 하고 있는 것」

여기서 they와 are가 자리바꿈하면 **뜻이 달라진다. What are they doing?** 식으로 말이다. 이 경우의 what은 소위 말하는 의문사로서 5W1H의 하나인 '무엇'. 그러나 **본문에선** '무엇'이란 뜻은 온데간데없고 단지 '**…하는 것**' 만 남아 있다. 이때의 what을 이름하여 '**선행사를 뱃속에 집어넣고 있는 관계대명사 what**'이라고 한다. 그리하여 여러분은 관계대명사 what의 선행사를 한 번도 만나본 적이 없다. 아마 셰익스피어가 열 명 태어나도 없을지 모른다.

그리고 보니 본문의 that과 what은 다 거물급으로 '…것'으로 해석되는 명사절을 이끌고 있다. 물론 이때 that은 관계대명사의 that이 아니라 **명사절을 이끄는 접속사 that**이다.

여러분은 꽁무니의 내용이 어디로 연결되어야 하는지를 충분히 인식하리라고 본다. **how it makes 이하**는 동사 realize에 연결된다는 사실을 말이다. how it makes의 it은 what they are doing을 가리킨다.

victim「피해자」

victimize는 '희생시키다'.

victor는 '승리자, 정복자', **victory**는 '승리, 정복' 인데 꼬리가 약간 다르다고 해서 엄청난 차이가 나네요.

Why Do Some Children Bully?

Why do some children bully?

There are a lot of reasons **why** children bully.

They may **see** bullying **as** a way of being popular, showing off, or making themselves look tough.

Some children bully **to get** attention, **and** some just like making other people feel afraid of them.

Others might be jealous of the person they are bullying, **or** might be being bullied themselves.

They may not even realize **that what** they are doing is wrong and how it makes their victims feel.

5. Why Are Some Children Bullied?

1 ※ 수동태, 부사구, 접속사 but, because

> Why are some children bullied?
> Some young people are bullied/**for** no particular reason;/
> but usually it's because they are different in some way—/
> perhaps it's the color of their skin,/the way they talk,/their
> size or their name.
> 「왜 어떤 아이들은 놀림을 당하는가?
> 어떤 청소년들은 놀림을 당하죠/특별한 이유 없이;/그러나
> 보통은 그들이 어떤 점에서 다르기 때문이죠/—아마도 그것
> 은 피부 색깔이겠죠/말하는 방식과/신체 크기나 이름」

some young people 「어떤 청소년들」
어떤 청소년들은 별 이유가 없는데도 놀림을 당해요.
for no particular reason 「별 이유가 없는데도」
이때의 for는 **대가의 for**. 문자 그대로 해석하면 '특별한 이유

없는 대가로'.
   but은 **등위접속사**라고 하죠. 등위라고 하면 위치(등급)가 비스므리하다는 거. 이와 같은 종류엔 and, or, so, for 등이 있죠.
   it's because … 형식의 문장은 자주 등장하는 주요 인물이다.
   in some way「어떤 면에 있어서」
   perhaps의 앞에서 좀더 구체적으로 설명하기 위한 것. perhaps 이하를 해석해 보면
   →「아마도 그건 피부 색깔, 말투, 신체 크기 또는 이름일 겁니다」

2 ✹ 접속사 because, 명사절

> Sometimes young people are bullied/**because** they look like/they won't stand up for themselves.
> 「때때로 청소년들은 놀림을 당해요/그들이 …같아 보이기 때문에/그들은 자신을 방어하지 못할 것(같이)」

   because they look like they won't stand up for themselves를 좀더 구체적으로?
   look like「…같이 보이다」
   like는 **전치사니까 뒤에 명사 가족을** 모시는데 본문에선 명사절이 달려왔다.
   stand up for「…를 대변하다, …를 변호하다」
   그러니까 본문의 내용은 아이들이 좀 어수룩해 보이는 아이들을 괴롭힌다는 거다. 사실 그런 아이들이 맘은 좋은데, 당한다고 하니 맘이 아프네요.

Why Are Some Children Bullied?

Why are some children bullied?
Some young people are bullied **for** no particular reason; but usually it's because they are different in some way — perhaps it's the color of their skin, the way they talk, their size or their name.
Sometimes young people are bullied because they look like they won't stand up for themselves.

> **Funeral Plan**
> 장례를 사전에 준비하고 대행해 주는 FORREST라는
> 회사에서 나온 안내문이다. 남겨질 가족들을 위해 유언을
> 작성해 두고 자신의 장례 절차를 위해 돈을 신탁하는 등의
> 내용이 나와 있다.

14. 장례계획

1. The Pre-paid or Pre-arranged Funeral Plan

1💥 접속사, 접두사 pre-

> The **pre**-paid or **pre**-arranged funeral plan.
> Why pre-payment?
> Pre-payment and pre-arrangement of funerals/give you 'peace-of-mind'.
> 「선금 지불이나 사전 준비를 하는 장례식 계획.
> 왜 선불하는가?
> 장례식의 선불과 사전 준비는/귀하에게 '마음의 평화'를 가져다 줍니다」

미국 같은 곳에선 장례비가 없어서 못 죽는 사람들이 참 많다고 한다. 그래서 **Too poor to die**(너무 가난해서 못 죽는다)라는 말까지 나왔죠. 그런 사람들에겐 사는 것보다 죽는 게 더 힘들겠네요.

본문의 주어를 찾아보자. 이놈을 찾으려면 동사를 만나서 물어봐야 하는데…. **동사 앞좌석까지가 주어의 영역**이니까.

접속사 다리를 건너서 달려가니 바로 give 동사가 있다. 너무 가벼워서 싱거운 문장이로다.

pre-paid 「선불된」

pre-는 접두사로 '미리, 전, 앞' 등의 뜻을 지니고 있다.

prehistory는 유사 이전(사건)을 말한다.

pre-의 반대말은 post-. postwar라는 말을 자주 쓰죠. post가 우편이라고 해서 **postwar**를 우편 전쟁이라고? 바보 같은 사나이! 이 말은 '전후의'란 뜻. 우편, 우편 하니까 '아편' 생각이 절로 나네요. 요놈, 절로 나다니. 참새가 방앗간을 그냥 지나치랴. 아니어요, 전 **Opium War**를 떠올렸어요. Sunday Market(flea market)에 가니 아편을 화초라고 잔뜩 내놓고 팔더라구요. 그래서 좀 사다 심었더니 양귀비꽃이 앞뜰에 잔뜩 피었지요. 그놈들이 얼마나 입맛을 유혹하던지. 아편 먹고 홍콩 몇 번 갔다가 황천길 행인데 그걸 못 뿌리쳐서야.

본문으로 돌아가서, 죽을 사람을 상대해서 돈을 벌 수도 있겠구먼! 뉴질랜드에는 노인 양반들이 많아서 **rest home** 비즈니스가 잘 된다고들 하네요. rest room이 아니라, rest home이라니까. rest home은 **'양로원'**이야, 화장실이 아니고! 휴식을 취하는 방이 아니라 집이라 그 말이지. 늙으면 휴식이 최고여!

그런데 말이여, rest room, rest home도 헷갈리지만 化粧室(아이, 예뻐라!), 화장실(아이, 냄새야!), 火葬室(아이, 뜨거워라!)은 더 헷갈리는구먼!

2 ※ 부사절, might

When a funeral is pre-paid,/any worries that might

> have existed/concerning/ "how will my funeral be paid for?"/or "how can I not be a financial burden on my surviving family ?"/are eliminated.
> 「장례비가 선불되면/갖고 있었을지도 모르는 어떠한 걱정거리도/…에 관한/"내 장례비는 어떻게 지불되지?"/또는 "남아 있는 가족들에게 어떻게 재정적인 부담이 되지 않을 수 있을까?"/없어져요」

굉장히 복잡한 집안이군! 뼈다귀는 어디 있으며 살코기는 또 어디 있당가?

When a funeral is pre-paid「장례비가 선불되면」
이놈은 주절이 아니라 종절이다. 그리고 **when**이 항상 '…할 때' 가 아니라 때로는 둔갑하여 **if의 뜻**을 갖게 된다.

걸핏하면 주절 종절 어쩌고저쩌고 하는데 왜 그런가? 문자 그대로 주절은 주인이 되는 절이고 종절은 종이 되는 절이다. 그대는 지금 뜬구름을 잡고 있는가? 노파심의 발로에서 한마디 더. 주절은 종속절의 도움을 받아 일을 주동한다. 그러나 **종속절은 단지 주절을 도와주는 helper다**. 헬퍼가 뭐냐고? 우리말로는 졸(卒)이고 일본말로는 시다바리, 무식한 영어로는 뽀이다. 본문에서 종절 단독으로 '…할 때' 만 갖고선 의미가 통하지 않는다. 하지만 주절에 찰싹 달라붙으면 의미가 살아난다. 아, 그거 잔소리 되게 하기 싫으네!

관계대명사도 출연하네. 관계대명사가 뜨면 대한민국 국민은 대가리는 거들떠보지도 않고 부랴부랴 꽁무니로 달려간다. 왜 달려가느냐고 물었더니 선상님께서 그렇게 하라고 하셨단다. 그래, 세상에 꼬랑지 잡고 되는 일은 꽁지 빼는 일밖에 없다. **읽는 순서대로**, 그러니까 영어를 모국어로 하는 양반들처럼 하란 말이다.

머리부터 다음을 이해해 보자.

any worries that might have existed concerning 앞에서부터 묶어나가며 이해한다. 다음과 같이 말이다.

any worries 「어떤 걱정거리라도」

that might have existed 「존재했을지도 모르는」

concerning 「…에 관해서」

이상을 순서대로 종합하는 일은 머리 속 뇌세포가 알아서 척척. 「…에 관해 존재했을지도 모르는 걱정거리들」

might have existed 「존재했을지도 모르는」

이놈의 동사 뭉치가 어디서 왜 굴러왔는가? 이건 **가정법 과거완료**다. 가정법 과거완료는 **과거의 사실에 반대되는 것을 가정**한다. 실제로는 존재하지 않았는데 존재했을지도 모른다고 가정하고 있다.

"how will my funeral be paid for?" or "how can I not be a financial burden on my surviving family?" 이 문장은 **직접화법**을 그대로 인용한 대목이다.

「내 장례비가 어떻게 지불될 것인가?" 또는 "내가 어떻게 유가족들에게 경제적 부담을 주지 않을 수 있을까?"에 관한(concerning)」

젠장! 평생 한 번 죽는데 살아 있는 피붙이들이 시체도 제대로 처리 안해주나!

burden 「짐, 부담」

surviving family 「유족」

제일 뒤의 are eliminated가 주어 any worries의 동사다. 이렇게 주어와 본동사가 멀리 떨어진 낯선 동네에서 사는 건 처음 보았네!

🔲 되돌아 보기 🔲

The Pre-paid or Pre-arranged Funeral Plan

The **pre**-paid or **pre**-arranged funeral plan.
Why pre-payment?
Pre-payment and pre-arrangement of funerals give you 'peace-of-mind'.
When a funeral is pre-paid, any worries that might have existed concerning. "how will my funeral be paid for?" or "how can I not be a financial burden on my surviving family?" are eliminated.

2. The FORREST Pre-arranged or Pre-paid Funeral Plan Is Like Making a Will

1 ※ 접속사, 과거분사, 전치사, 부사절, 현재완료

> The FORREST pre-arranged/or pre-paid funeral plan/**is like making** a will.
> A Will is an expression of your wishes/**concerning** your estate/after you **have died**.
> 「FORREST의 사전 준비된/또는 선불된 장례식 계획은/유언을 하는 것과 같아요.
> 유언이란 귀하의 소원의 한 표현(방법)이지요/귀하의 재산에 관한/죽은 뒤」

접속사 or 궁둥이엔 명사의 얼굴이 보인다. 그러면 **앞집에도 명사의 짝**이 있어야 한다. 확인 결과 짝을 찾았다. 한참 달려가니 동사가 보이네요. 이 **동사 이전 구역까지가 주어**가 되네요.

FORREST는 funeral plan을 하는 회사명이다. 숲은 forest인

데, 자칫하면 속겠어요. 아마 숲속을 생각하고서 이름을 지었는지 모르겠군. 인간은 죽으면 forrest로 돌아간다. 야, 그것도 말 되네. 미국인들은(유럽인들도 마찬가지인지 모르겠지만) 죽어서 앞마당에 묻히는 사람도 많아요. 특히 교회 앞마당에 보면 무덤이 여럿 있는 곳도 많더라구요. 뉴욕 시내에서도 흔하게 볼 수 있어요. 우리네 김서방, 박 영감은 귀신 나온다고 발길을 끊을 터인데도.

pre-가 겹치기 출연했네요. 이젠 이놈이 완전히 입력되었겠지요? 죽음이란 바이러스가 침입하기 전까지 말이오.

본문을 보니 **The FORREST**는 얼굴 모양은 명사형이지만 실은 다음에 이어지는 말들, 즉 pre-arranged or pre-paid funeral plan을 감싸는 **형용사 역할**을 하고 있지요. 그리고 pre-arranged or pre-paid는 과거분사형이지요. 과거분사는 수동태를 제작할 시 꼭 필요한 부속품이지요. 이 말은 **과거분사형은 수동의 뜻을 지닌다**는 것을 암시하고 있지요.

pre-arranged 「미리 준비된」
pre-paid 「미리 지불된, 선불된」
make a will 「유언을 하다, 유서를 작성하다」

is like making a will. 이런 식의 like가 밥 먹듯이 자주 등장한다. 문법적으로 설명하면 전치사다. **전치사 다음엔 명사나 동명사**가 온다. 그래서 make가 아니라 -잉가족 making이 선발된 것. -잉가족 = -ing가 붙는 가족.

like 뒤에 명사가 올 경우를 보자.

「넌 내 동생과 같애」

→ **You're like my brother**.

사실, brother만으론 동생인지 형인지 모른다. **영어에선 형, 동생을 안 따지니까** 통상 brother나 sister를 쓴다는 사실을 알아두자. 형이 누구냐, 동생이 누구냐를 따지면 그 사람은 코리언이다. 미국인들에게 형, 동생의 상하 관계를 만들어 동생이 형에게

복종해야 한다면 총싸움 많이 날 거다. 그들의 필수 소지품은 총이다. 제발 이런 소지품은 조용한 아침의 나라엔 영원히 들어오지 말기를! 단군 할아버지 힘 좀 써주세요.

두 번째 문장 서두에서 갑자기 Will의 첫 글자를 왜 대문자로 표기했는가? 배운 문법 실력으론 고유명사나 문두, 화법에서 머리말의 첫 글자나 I를 대문자로 한다고 배웠는데? 글쎄! 배운 문법은 기본틀이고. 첫머리 글자나 아예 모든 철자를 **대문자로 한 건 강조를 위해서다.** 글은 말이 아니니까 목청이 커도 소용없다. 대신 글자가 커야 한다. 이 순간부터는 계속 강조하겠다란 뜻이다.

an expression of your wishes 「귀하의 소원의 표현」
an expression은 여러 가지 표현 방법 중 한 가지를 의미하기에 단수 표시의 an이 왔고, **wishes 복수형으로 한 건 소원이 여러 개**일 수 있다는 것을 암시하는 거지요.

concerning your estate 「귀하의 재산에 관한」
concerning 「…에 관해서, …에 관한」
estate는 '재산, 유산, 토지' 등을 말한다. 흔히 **real estate** 라고 하면 '부동산', **personal estate**는 '동산'을 의미한다.

after you have died 「당신이 죽고 난 뒤」
이 정도만 되면 이젠 뜻이 통하리라. 그런데 **have died**는 왜 현재완료형을 썼는가? 아니 뭐라고? 앞의 시제, 즉 주절의 시제가 현재고 **주절의 시제보다 앞서 있는 시제니까 현재완료 시제가 가능**한 게 아이가! 그렇다. 설사 유언을 남기려는 사람이 죽은 건 아닐지라도 이 경우 문장 내용상 현재완료가 가능하다. 잘 새겨서 보라.

2 ※ 관계대명사, to부정사

> In the same way/that a Will instructs your executor/to carry out those wishes,/a pre-arranged or pre-paid funeral plan/sets out your wishes/**regarding** your funeral/for your next of kin.
> 「같은 방법으로/유언(장)이 집행자에게 지시를 하는/그런 소원들을 실행하도록/사전 준비된, 또는 선불된 장례식 계획 은/귀하의 소원들을 명백히 해두지요/귀하의 장례식에 관한/귀하의 가장 가까운 가족을 위해서」

in the same way 「그런 방법으로, 그런 식으로, 그와 같이」
that이 튀어나왔다. 보아하니 that 다음에 **관사 a가** 나타난다. 그렇다면 **that은 일단 지시대명사**(저것)**나 지시형용사**(저)**가 아니다.** 왜냐하면 this, that 등은 부정관사나 정관사와 함께 쓰이지 않기 때문이다. 그 이유는 '이것(이)', '저것(저)' 이라고 하면 이미 물건과 갯수가 정해져 있으므로, 어떤 것인지 정해지지 않고 하나라는 것을 나타내는 부정관사 a는 필요 없다.

그렇다면 that의 나머지 용도는 무엇인가? 전자(that)에 대비되는 후자(this)와 관계대명사다. that이 관계대명사로 쓰일 경우 앞에 오는 선행사는 사람, 사물, 동물이 몽땅 출연할 수 있다.

그런데 한 가지 더 알아둬야 할 게 있다. **선행사에 the same이** 출연하면 **다음 좌석은 관계대명사 that의** 예약석이다.

a Will instructs your executor to carry out those wishes
「유언은 유언 집행자가 그러한 바람들을 실행하도록 지시한다」
In the same way를 붙이면, 「유언이 집행자가 그런 바람들을 실행하도록 지시하듯이」
instruct 「지시하다」

14. Funeral Plan 381

executor「유언 집행자」
carry out「실행하다」
to carry out「실행할 것」
to부정사의 명사적 용법
드디어 **주절이** 등장. 주절의 주어를 포함한 주부는 물론 동사가 경계선이다. 다시 말해 a pre-arranged or pre-paid funeral plan 이 주부고, 꾸며주고 입혀준 화장을 지우고 발가벗기면 나머지는 **funeral plan**. 이것이 알짜배기 **주어**다.

문장을 쭉 읽어가니 **set out**이 거슬린다. What does this mean? set out은 '출발하다, 착수하다'의 뜻도 있지만 본문에선 **'명백히 밝히다'**의 뜻.

a pre-arranged or pre-paid funeral plan sets out your wishes「PA나 PPFP는 귀하의 소원을 명백히 밝힌다」

뒤따르는 말 **regarding**은 concerning과 같은 뜻. 다시 읽어가니 **next of kin**이란 말이 생소하다. next of는 '…의 다음'인데. 그 다음에 오는 kin이란 말이 금시초문이다. kin + d = kind! 이것쯤은 안다. 그런데 요놈의 kin은? 애먹이지 말고 가르쳐달라고? All right! **kin**은 '친족, 친척, 일가'. 그러니까 **relatives와 마찬가지**다 이거지. 그렇다면 다시 원점으로 돌아가서 next of kin은 뭣이란 말인가? 친척 바로 다음은? '최근친', 즉 가장 가까운 가족이다.

regarding your funeral for your next of kin「귀하의 최근친을 위한 귀하의 장례식에 관해서」

이상을 종합하니, →「유언이 유언 집행자가 그러한 바람들을 실행하도록 지시하듯이, PA나 PPFP는 귀하의 최근친을 위해 귀하의 장례식에 관한 귀하의 소원을 명백히 밝혀준다」

우리말이 더 어렵구먼!

3 ※ 명사절 that, to부정사

> Some might say/**that** planning for one's funeral/is a difficult task/**to face**.
> 「어떤 이들은 말할지도 몰라요/자신의 장례식을 계획하는 일은/어려운 일이라고/감당하기에」

우선 **Some might say**까지를 보자. Some은 여기서 Some people과 마찬가지다. 그리고 might는 물론 may의 과거다. 하지만 단순한 may의 과거라는 어설픈 지식으로는 might의 속성을 제대로 벗기지 못한다.

may는 '…일지도 모른다'는 단순한 추측이지만, **might는 가능성이 희박한 경우**에 사용된다. 그래서 Some might say that은 '어떤 이는 that 이하를 말할지도 모른다'로 희박한 추측을 나타낸다. 여러분은 문법책에서 **that이 명사절을 이끄는 명장**이란 사실도 배운 바 있다. 그런 적 없다고? 그라믄 어데 갔다 왔노? **that 절 아래**를 해석하면 '장례식 준비는 감당하기 어려운 일이다'.

face 「직면하다, 당면하다, 감당하다」

to face는 무슨 용법일까? 용법을 몰라도 해석이 잘되었다면 불행 중 다행이지만.

a difficult task to face 「감당하기에 어려운 일」

감당하기에, 이게 도대체 무슨 용법일까? '감당할 어려운 일' → 그것도 말이 되는군 그래. 그렇다면 '…할' 다음엔 명사가 와야 하고 명사를 모시는 일은 형용사가 앞장선다. 그래서 이놈은 **형용사적 용법**이라고 아뢰오.

종합 정리 해석하면,

「어떤 이는 장례식 준비는 감당키 어려운 일이라고들 해요」

that 이하가 명사절이라고 했는데 우리말로 옮겨 놓으니 명사절이란 냄새가 안 나네요. 그래서 명사절의 냄새를 풍기기 위해 다시 작업을 해보자.
→「어떤 이는 장례식 준비는 감당키 어려운 일이라는 것을 말해요」

'것'이라고 해석되는 건 명사며 이게 절일 경우엔 **명사절**이고, 절은 또 본문에서처럼 **목적어 구실**을 할 수도 있다.

4 ✹ 명사절의 that, 전치사 like

> Our experience suggests/**that**,/**like** drawing up the provisions of a Will,/the best time to make plans/is well beforehand,/**without hurry** or stress. It needs time and thought.
> 「저희의 경험이 말해주지요/…라는 것을/유언의 준비를 작성하는 것같이/계획을 세우는 가장 좋은 때는/한참 앞서이다(라는)/서두름도 스트레스도 없이. 그건 시간과 생각을 요하거든요」

that은 명사절을 이끄는 명장인데 삽입구가 오는 바람에 뒤따르는 졸자들이 저 뒷좌석으로 밀려났다.

like drawing up the provisions of a Will은 삽입구다. **삽입구란** 사실 어떤 곳에도 올 수 있지만 적당한 자리, 그러니까 **문장의 맥을 부드럽게 이어줄 수 있는 곳을 명당으로 꼽는다.** 그렇다면 본문에선 삽입구가 명당에 온 것인가? Our experience suggests that처럼 that까지 와서 삽입구가 둥지를 틀었다. 이유는 뒤에 that절이 온다는 걸 암시해 주기 위해서다. 만약 이런 식이 아니고 that을 삽입구 뒤로 끌고 오면 잘 안 오려고 한다. 강제로 끌고 오면 재미 없다. 뭐든지 순리대로 해야지. 안되는 것을 되게 하려다간 항상 불상사가 생겨요. 그건 전투 정신이지요. 아무튼 본문에서 that을 억지로 끌고 와야 할 절박한 이유가 없다. 삽입구는 문두나 꼬랑지에 붙어도 된다. 하지만 그렇게 되면 삽입의 의미는 사라지고 말지요. 삽입이란 가운데 집어넣는 것이니까.

아무튼 본문의 삽입구를 문장의 앞뒤로 한번 끌고 다녀보자.

첫째, 삽입구를 문두로 옮김.

Like drawing up the provisions of a Will, our experience suggests that the best time to make plans is well beforehand without hurry or stress.

둘째, 삽입구를 꼬랑지로 보냄.

Our experience suggests that the best time to make plans is well beforehand without hurry or stress, **like drawing up the provisions of a Will.**

해석은 마찬가지구먼! 하지만 분위기와 문장이 풍기는 냄새는 좀 다르겠죠.

일단 본문을 해석하자.

Our experience suggests that은 「저희의 경험은 that 이하의 내용을 제안해요」

이 말이 도대체 뭔가? 경험을 해보니까 that 이하가 어떠하더란 얘기. 그러니까 인간에겐 경험이 최고여! '아는 것이 힘이다' 라고 한 베이컨도 경험주의 철학자가 아니오.

the best time to make plans「계획을 세우기에 가장 좋은 때」

is well beforehand「훨씬 앞서이다, 훨씬 미리하는 거다」

well「상당히, 훨씬, 꽤」

beforehand「미리」

draw up (문서 따위를)「작성하다」

draw가 '그림을 그리다' 라는 뜻이 있다는 데만 집착하면 안된

14. Funeral Plan 385

다. 뇌세포를 활용하라.
provision「준비」
without hurry or stress「서두름이나 스트레스 없이」
　　hurry의 모양새가 좀 협수룩해 보인다. 하지만 이놈도 stress 와 마찬가지로 **명사의 자격**으로 초빙되었다. 앞자리에 모셔진 without이 전치사가 아닌가. 前置는 앞좌석에 위치한다는 뜻이다. 앞좌석이라고 해서 동사나 부사 앞좌석이 아니라 명사나 대명사, 동명사의 앞좌석을 말한다. 다시 말해 **전치사는 꽁무니에 항상 명사나 대명사나 동명사를 달고 다닌다.**
　　이젠 본문 내용이 머리에 쏘옥 들어갔으리라. 그러니까 결국은 유언 준비도 그렇지만 장례 준비도 미리미리 해두라는 거다. 죽음은 인간 최후의, 최대의 준비다. 죽음을 준비하는 것은 모든 인간에게 주어지는 값진 사형 선고다. 사형 선고라. 한번 뒤돌아보자. 꿈도 희망도 몽땅 일장춘몽. 부질없는 것들. 순자야, 니 참 내 속 많이 태웠대이! 이젠 니도 할매가 됐겠재이.

5 ✹ 관계대명사, 접속사, 부사절

> **Pre-arrangement** is simply the recording of information//that is held on file//so that those instructions are available//**when required.**
> 「사전 준비라는 건 단순한 정보의 기록입니다//파일에 보관되는//그런 안내 설명이 가능하도록//필요할 때」

　　사전 준비는 simply the recording of information that. that 앞에 선행사가 모셔져 있고 꽁지엔 be동사가 온 것으로 봐서 관계대명사의 주격임을 알 수 있다. **관계대명사의 주격 뒤엔** 마치 주어 다음엔 동사가 오듯 **동사 친구들의 예약석**이지요.

simply the recording of information「순전히 정보의 기록」
simply「단순히, 순전히」
that is held on file「파일에 저장되는」
hold는 '유지하다, 보존하다'. 따라서 be held는 '유지되다, 보존되다'.
so that「that 이하를 하도록」
available「이용할 수 있는」
when required「요구될 시, 필요할 시」

깡마르고 짜리몽땅한 인물을 잘 사귀어둬야 한다. 마른 장작이 화력이 세다는 사실은 이미 잘 알려진 고전이 아닌가! when required가 왜 마른 장작이냐? 앞에 이미 얼굴을 내비친 those instructions are가 쏙 빠져버린 거다.

문장도 날씬하게 다이어트를 하면 좋아요. 쓸데없는 거품만 채우고 앉아 있을 필요가 없지요. 우리 나라 관공서에서도 거품 보따리를 싸야 하는데, 그 보따리를 그냥 두고는 IMF가 아니라 WRF도 모자란대이. 헷갈리는 분을 위해서. IMF=I'm F, WRF=We're F.

🔵 되돌아 보기 🔵

The FORREST Pre-arranged or Pre-paid Funeral Plan Is Like Making a Will

The FORREST pre-arranged or pre-paid funeral plan **is like making** a will.
A Will is an expression of your wishes **concerning** your estate after you **have died**.
In the same way that a Will instructs your executor to carry out those wishes, a pre-arranged or pre-paid funeral plan sets out your wishes **regarding** your funeral for your next of kin.

Some might say **that** planning for one's funeral is a difficult task **to face**.
Our experience suggests **that, like** drawing up the provisions of a Will, the best time to make plans is well beforehand, **without hurry** or stress. It needs time and thought.

Pre-arrangement is simply the recording of information that is held on file so that those instructions are available **when required**.

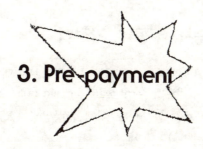

3. Pre-payment

1 💥 동명사, 과거분사

> This involves **deciding**/the type of funeral required.
> 「이것(pre-payment)은 결정하는 것도 포함합니다/원(요구)하는 장례식 형태를」

involve 다음의 동명사 deciding은 '결정하는 것'. 좀더 눈독들여서 살펴보니 **deciding은 involves의 목적어**가 되고, 꽁무니의 **the type 이하는 deciding의 목적어**가 된다. 이것도 무슨 먹이사슬인가.

the type of funeral 「장례식 형태(종류)」

required는 앞의 the type of funeral의 환경 미화원, 즉 꾸며주는 말이다. 그런데 요놈은 **과거분사로서 피동**의 뜻을 갖고 꾸며주고 있다. 그리하여 **the type of funeral required**는 '요구되는 장례식 형태'. 좀더 우리말답게 하면 **'원하는 장례식 형태'**가 되네요.

2 💥 접속사, 수동태, 가정법

> As the options are decided upon,/the cost is determined/**as** if the funeral were carried out/at the time.
> 「선택 사항들이 결정될 때/가격이 결정되지요/마치 장례식이 거행되는 것처럼/그때」

본문의 접속사 as는 「…할 때」. 그런디 decided 다음의 upon은 어디서 굴러온 달팽이 꽁지냐? upon은 on과 마찬가지라고 누가 그러긴 했는데. 그렇다면 「…에 관한」 요런 뜻인가? 에라 모르겠다.

저놈을 끌고 오너라.

As the options are decided upon,

예, 끌고왔소이다. 뜯어보니 수동 집안이구먼. 여봐라, 그놈을 **능동**으로 뜯어고쳐라.

그런데 주어가 될 만한 놈이 어디로 숨었지? 가만 생각해 보니 decide하는 건 귀하 you니까, **As you decide upon the options** 요런 식의 상품이 탄생하는구나!

as if 「마치 …인 것처럼」

if절에서 be동사일 경우 **가정법 과거는 were**가 초대장을 쥐고 있어요.

carry out 「수행하다」

at the time은 '그때' 니까 '선택 사항이 결정되고 장례가 거행될 때'를 말한다.

3 💥 수동태, 구

> The security of your money/**is guaranteed**//as all

> pre-payments are held/in a Trust Account/with the Public Trust Office.
> 「귀하 돈의 안전은/보장됩니다//모든 선불이 유치될 때/신탁 구좌에/공공 신탁 사무소의」

뭐니뭐니 해도 돈이란 security(보안, 안전)가 절대적이다. 그래서 우리 할매들은 마 주머니 돈이 쌈지 돈이라고 안했나. 그분들은 마 은행 문턱을 통 몰랐는기라. 그러다가 마마마, 6·25사변이 터지뿌렀는기라. 총알 피하시느라고 마 그걸 홀라당 잊어먹고, 그래 갖고 마, 아이고 마 고만하자. 아무튼 돈 이자 많이 주겠다는 사람 조심하세요.

The security of your money 「귀하 돈의 안전」
be guaranteed 「보장되다」
as는 '…때문에'란 뜻도 있지요. 하지만 **because**는 주로 **why**에 **대한 답변**으로 사용됩니다.
be held 「보관되다」
in a Trust Account 「신탁 구좌에」
with the Public Trust Office 「공공 신탁 사무소의」

Pre-payment

This involves **deciding** the type of funeral required. As the options are decided upon, the cost is determined **as** if the funeral were carried out at the time.

The security of your money **is guaranteed** as all pre-payments are held in a Trust Account with the Public Trust Office.

4. Would You Like to Know More about Pre-arranged or Pre-paid Funerals?

1 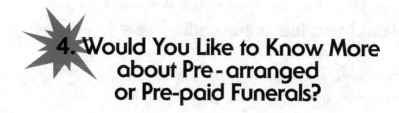 to부정사, 조건절, 접속사

> **Would you like to know**/more about pre-arranged or pre-paid funerals?
> If you would like to discuss/the benefits of a pre-arranged or pre-paid funeral,/a Forrest funeral **consultant** will gladly **call at** your home/and explain all the details.
> 「귀하는 알고 싶나요/사전 준비나 선불 장례식에 관해서 더 많이?
> 논의하고 싶다면/사전 준비되거나 선불된 장례식의 혜택을/ Forrest 장례 상담 요원이 기꺼이 댁을 방문해서/모든 자세한 내용을 설명하겠습니다」

우선 소제목을 보자.
Would you like to처럼 to부정사가 오기도 하지만 그냥 명사가 오는 문장도 많다. 가령 「코피(영국식) 좀 마시겠니?」라고 하면 **Would you like some coffee?**처럼 명사가 바로 튀어 나올 수도 있다. 물론 동사를 초빙해서 Would you like to have some coffee?라고 해도 되지만.

more about 「…에 관해서 더 많이」

간단하지만 **자주 등장**하는 어구이므로 이중 삼중의 입력을 요합니다.

소제목은 PA 또는 PPF에 관해 더 알고 싶냐고 묻네요. 그거 더 알고 싶은 거 보니까 당신도 다되었구려! 머리에 묘터(대머리)를 이고서 묘터를 보러 돌아다녀야겠군. 본문을 보니, 종절이 주절 앞으로 갔네요. 때에 따라서 종절은 주절의 안전을 위해서 앞뒤에서 bodyguard 역할을 한다.

discuss the benefits of PA or PPF를 거뜬히 해치울 수 있는 가? 우리말로는 습관적으로 '…에 관해 논의하다' 라는 말을 많이 쓴다. 그렇다면 영어도 discuss about이라고 하면 아니될까? 안된다. 이건 시험이란 시험엔 다 등장한다. 영어로는 '…에 관해서 논의하다' 가 아니라 **'…를 논의하다'** 다. 그래서 **discuss 다음에 바로 목적어**가 팍 튀어나온다.

a Forrest funeral consultant「Forrest 장례 상담원」

그거 참, 우리말로 해석하려니 잘 안되네!

그건 그렇고. 문법적으로 앞의 명사가 뒤의 명사를 수식하는 경우, 주로 두 가지가 사용되어 왔다. 하나는 **소유격**으로, 다른 하나는 **명사 그대로**. 명사가 다른 명사 앞에 놓이면 앞의 명사는 뒤의 명사에 모자를 씌운다. 다시 말해 뒤의 명사를 치장해 주는 형용사 구실을 한다. 오늘날엔 명사의 소유격을 쓰지 않고 그대로 두고 형용사 역할을 하게 한다.

consultant는 「상담원, 고문」 즉 **사람을 가리킨다.** 문제는 이놈이 사람을 가리킬 줄 누가 알았으랴! 도무지 그런 냄새가 안 풍기니 말이야. 보통은 사람이 되려면 동사 꽁지에다 -er이나 -or을 붙인다. teacher, doctor처럼….

그런데 consultant는 반항하는 거야, 뭐야? 말도 마라. 이처럼 사람을 가리키는 명사 중에 별종으로 생겨먹은 게 한두 놈이 아니야. 몇 놈만 이름을 밝히겠다.

detective「탐정」
guide「가이드」
cook「요리사」
escort「호송자, 호위자」
bodyguard「보디가드」
call at one's home「아무개의 집을 방문하다」.

call on도 '방문하다' 인데. **call on 뒤엔 사람**이 따라붙는다. 왜냐구요? 인간들은 O(동그라미=돈)를 좋아하니까. 예문을 하나 들어보자.

Call on me when you're free.「시간 있을 때 놀러 와」

2 ※ 부사구, 관계대명사의 생략, 과거분사

> You are/under absolutely no obligation. All you need to do/is complete the **attached slip** and mail it/to the address below.
> 「귀하는 있어요/절대로 아무런 부담이 없는 상황하에. 할 일 이라곤/첨부된 슬립을 작성해서 그걸 부치는 것이죠/아래 주소로」

absolutely '절대로' 란 말까지 용감히 넣어서 부담 갖지 말라고? **under**가 낀 문장은 왠지 눈에 익은 듯하다. 그럼, 그렇지. 클린

14. Funeral Plan 395

트위스트우드가 놈들에게 총을 겨누면서 **You're under arrest!** '넌 체포야!' 라고 했지. 그러니까 놈들이 두 손을 뒤통수에 얹은 채 줄줄이 엉금엉금 기어나오더군.

다시 본문으로 되돌아가보자.
「귀하는 절대로 어떤 의무(부담감)하에 있지 않습니다.」
→ 「귀하는 추호도 부담감을 가질 필요가 없습니다.」
All you need to do is 「단지 귀하가 해야 할 일이란 … 입니다」
좀 꺼칠꺼칠하게 들린다. 우리말답게 해보자.
「…하는 거 뿐이에요, …하기만 하면 돼요.」

the attached slip '첨부된, 붙여진' 슬립이란 뭔가? 흔히 브로셔나 팜플렛에 붙어 있는 양식을 말한다. **attached slip**식으로 attached는 **과거분사형**으로 쓰인다. 붙여서 함께 입력하세요!

그리고 **아래 주소**는 below address가 아니라, **the address below**란 사실도 함께 부탁해요, 예? 그런데 많은 학생들이 의문을 가질 법한 걸 한번 보자. 이건 중요하다. 돈 줘도 안 가르쳐 주는 거다. 다시 문장을 한번 옮겨보기로 하자.

All you need to do is complete the attached slip and **mail** it to the address below.

우선 우리말로 해석해 보라.
「귀하가 할 필요가 있는 모든 것은 붙어 있는 슬립을 **완성하는 것**입니다. 그리고 그걸 아래 주소로 **보내는 것**입니다」
「…하는 것」 → to부정사나 동명사

그런데 윗문장에선 to부정사도 동명사도 안 보인다. 웬일일까?
to부정사나 동명사가 모셔져야 함은 당연한 일이다. 그러나 그들을 초청하지 않았다고 해서 문장이 틀려먹었다는 건 아니다. 없어도 되면 오히려 없는 게 도와주는 길이다.
접속사 and가 왔는데 **뒷동네에 동사인 mail**을 달고 있다.

그러면 **앞동네에서도 동사가** 있어야지. 한참 찾아보니 complete가 있다. 이놈 둘 다 to를 떼버리고 출연한 동지들이다. **to부정사가 주격 보어로** 쓰일 때는 **생략해도 되고 그냥 둬도** 된다.

되돌아 보기

Would You Like to Know More about Pre-arranged or Pre-paid Funerals?

Would you like to know more about pre-arranged or pre-paid funerals?

If you would like to discuss the benefits of a pre-arranged or pre-paid funeral, a Forrest funeral **consultant** will gladly **call at** your home and explain all the details.

You are under absolutely no obligation. All you need to do is complete the **attached slip** and mail it to the address below.

5. To Save Others from Difficult Decisions, Pre-pay Now and Save Money

1 to부정사, 명령문

> **To save** others/from difficult decisions,/pre-pay now/and save money.
> 「다른 사람들을 구하려면/어려운 결정으로부터/지금 미리 지불하세요/그리고 돈을 절약하세요」

To save others 「다른 사람을 구하려면」
따라서 이건 to부정사의 **부사적 용법 중에서도 조건**을 나타낸다.
　others란 말은 '다른 사람들, 다른 것들, 기타'. 시골 영감이 종로 분식집에 들어섰다. 뭐 있소? 쫄냉, 찌백, 칼국, 기타 등등 있어요. 그럼 얘는 기타 한 그릇, 난 등등 곱배기로 주시오. **요놈의 '등등'이 바로 others다.**
　save 본문에서 save가 두 번 겹치기 출연했다. 그러나 뜻은 서로 다르다. 앞선 녀석은 「**구하다**」, 뒷놈은 「**절약하다, 저축하**

다」.

pre-pay now and save money 이걸 한번 해석해 보세요. 뭐라고? 지금 돈을 내고 돈을 저금하라? 그게 아니야. **'미리 돈을 내면 돈을 절약할 수 있다'**는 말이다. **'명령문+and'**는 **'…하라, 그러면 …이다.'** 알았재, 이 양반아! 뭐, 양반이 아니라 상놈이라고?

2 ✸ all, apply to

> **All** the benefits of our pre-arranged funeral/apply equally **to** the Forrest Pre-paid Funeral.
> 「저희들 사전 준비 장례식의 모든 혜택은/Forrest 선불 장례식에도 동등하게 적용됩니다.」

all the benefits「모든 혜택」
  all과 정관사 the의 위치를 묻는 문제가 자주 시험에 출제된다. 이런 경우 all이 앞에 오고 the가 뒤에 간다는 식으로만 알아놓지 말고 **all the**를 통째로 **입력**해 버리면 돼죠.
  본문에서 our라고 한 건 회사에 **여러 사람이 있다는 것을 암시**한 말이다. 하지만 주로 my를 붙이는 것들도 부지기수다. my house, my car, my wife처럼 말이다. 우리말과 비교해 보세요. 우리 집, 우리 차, 우리 마누라 등등. 그런데 다른 건 다 몰라도 마누라만큼은 제대로 챙겨야죠. 우리 마누라＝our wife? 순자야, 너 왜 좋아서 야단이니? 쥐구멍에도 볕들 날 있다구? 일부다처제의 원수를 갚아야지. 아, 일처다부제라!
  benefit「혜택」
apply to「…에 적용하다」
  apply for는 '…에 지원하다'. 본문의 apply 동사가 화장을 하지 않고 원형이 등장한 건 주어인 benefits가 복수형이기 때문이다. **동사**에 **-es, -es**의 꼬리가 붙는 건 **3인칭, 단수, 현재**일 때다.

3 💥 to부정사, 수동태, 접속사

> But there are extra reasons/to recommend it:
> • You have the benefit of two guarantees/—your money is capital **guaranteed by** Public Trust/and your funeral by Forrests.
>
> 「하지만 그 밖의 몇 가지 이유가 있습니다/그걸(PAF) 추천할 만한:
> • 귀하는 두 가지 보증 혜택을 누리게 됩니다/—귀하 돈은 공공 신탁에 의해 원금이 보장되고/귀하의 장례식은 Forrest에 의해 보장됩니다」

extra reasons to recommend it「그걸 추천할 만한 그 밖의 이유들」

'추천할 만한' 은 그 밖의 이유들을 꾸며주는 형용사 역할. 그러니까 **to부정사의 형용사적 용법**이라고 하지.

the benefit of two guarantees에서 **the**가 붙은 이유는? 문법적으로, **한정되는 명사엔 the**를 붙일 수 있다고 했다. 그런데 한정된다는 소리가 뭔가? 죄수의 활동 범위는 감옥 안이다. 그렇다면 감옥 안이 바로 한정된 범위다. **the benefit**은 무엇에 의해서 한정되었는가? **two guarantees로 한정된 것**이다. 그러니까 한정된 놈이 홍길동인지, 임꺽정인지는 뻔할 뻔자지! 그래서 그놈이라고 해서 the의 계급장을 팍 달아준다는 거다.

capital guaranteed by「…에 의해서 보장되는 원금(자본)」

capital은 중요한 단어다. 대한민국의 수도는 서울. 이 '수도'에 해당되는 영어 단어는 capital. capital을 외국에서 마구 끌어와야지. 그래서 휴전선 근방에다 땅굴을 파서 차곡차곡 쌓아놓아야 전쟁이 발발해도 채권국들이 가만 있지 않고 자국 군인들을 파병할 거 아냐. **capital은 때로는 '수도'가 아니라 '자본, 원금'이란 뜻으로도** 쓰인다.

그녀가 헤어질 때 내보고 **two capital letters**로 CU를 써보였다. 그게 뭘까? **이때의 capital은 '대문자'**를 말한다. 그런데 CU는 뭘까? 이건 영어의 애교다. See you를 줄여서 한 말. 이런 것도 알아두면 써먹을 때가 있다.

접속사 and를 잘 보자. 뒤엔 명사가 오긴 왔는데 앞동네를 보니까 by가 딸린 명사가 버티고 있다. 다시 돌아와 **and 꽁무니를 살펴보니** 역시 by 딸린 명사가 존재하고 있다. 그렇다면 and **앞뒤의 by 딸린 명사가 짝을 이루고 있는** 명사다. 앞에선 capital이, 뒤에선 your funeral이 guaranteed의 수식을 받고 있다. 물론 your funeral 뒤엔 guaranteed가 반복을 피하기 위해 생략되긴 했지만.

여기서 Forrest가 복수로 쓰인 것은 여러 곳에 있는 사무소를 지칭하기 때문.

4💥구

> • You **relieve** your family/from the financial responsibility.
> 「귀하는 귀하의 가족을 해방시켜 줍니다/재정 부담으로부터」

relieve 「안도케 하다, 안심시켜 주다」

financial responsibility 「재정 책임, 재정 부담」

더 할 게 없군! 그런데 돈 얘기니까 신경 쓰이네. 돈은 개같이 벌어서 정승같이 쓰라고 했는디. 아직까지 돈 버는 개 못 봤고, 정승이 뇌물받는 건 봤어도 돈 쓰는 것은 못 봤소이다.

5 ※ 부사절, 수동태, not A nor B

> • **Your pension and welfare benefits** are safe/because **the money paid** into the plan/**cannot** be considered/part of your assets,/**nor** does it generate taxable income.
> 「귀하의 연금과 복지 혜택은 안전해요/왜냐하면 그 플랜(선불 장례비)에 지불된 돈은/고려될 수도 없고/귀하 자산의 일부로,/세금 유발 소득을 발생시키지도 않기에」

주부의 길이는 동사 동네까지가 경계다. 문두를 출발하여 **접속사 and**를 지나 달려가니 반가운 **동사 are**가 보인다. 그리고 또 달리니 **종절을 이끄는 선봉장 beacuse**가 새로운 문장의 시작을 알린다. 또 달리니 동사 비스므리한 **paid**가 보인다.

알쏭달쏭한 맘으로 다시 달리니 동사 집단이 떼거지로 거주하고 있다. **동사의 대장 조동사**가 있다. 그렇다면 여기가 바로 종절의 주부의 경계인 모양이다. '/'를 하나 선물하고 달리려니 nor가 소매를 잡는다. 거들떠보니 웬일인지 주어가 does 뒷좌석에서 힘없이 웅크리고 있다.

Your pension and welfare benefits 「귀하의 연금과 복지 혜택」

앞의 식구들은 **모조리 benefits를 위해서 존재**한다. 보라, 동해의 떠오르는 태양, 누구의 머리 위에 환히 비치나. 우리

옆집 아저씨 대머리 위에 비치지. 그게 아니라, 저놈들을 한번 보시오. Your, pension, welfare 모두가 benefits 머리를 비춰주고 있지 않은가.

pension 「연금」

welfare 「복지」

because 이하는 주절에 딸린 종절. 종절은 종에 속한 절이다.

the money paid into the plan에서 the plan은 pre-paid plan을 말한다. 그렇다면 해석은 **'선불로 지불된 장례비'**가 된다. 물론 paid 앞에 which is처럼 관계대명사+be동사가 생략되었다고 보아도 되지만, 그것보다 차라리 **과거분사는 피동의 뜻을 가진 존재**라고 생각을 굳히는 편이 훨씬 속편하다. 그런데도 이런 방법을 따르지 않는 자는 빠빠라 빠빠빠 뽀뽀로뽀뽀뽀. 빠뽀!

cannot be considered 「고려될 수 없다」

part of your assets 「귀하 자산의 일부」

nor does it generate taxable income. 이건 완전히 돌연변이구먼. 돌연변이라면 우성, 열성, 염색체…. 역시 생물은 어려워. 아, 차라리 영어 공부하는 게 낫겠다. nor를 어디서 봤더라? 그렇지, 이건 중학교 때 펜팔 친구 수지의 편지에 있던 문구였지.

neither A nor B 「A도 B도 아닌」

여기서 A와 B는 문자일 수도, 사람일 수도, 멍멍이일 수도, 문장일 수도 있다. **문장이 올 경우엔** 본문에서처럼 **nor 다음**엔 **조동사+주어+동사 순**이 된다. neither 대신에 not이 올 수도 있다.

generate 「발생하다, 발생시키다」

generator 「발전기」

taxable income 「세금 유발 소득」

6 ※ 수동태, 조건절, to부정사

> • Your pre-paid funeral is flexible(but cannot be cancel-
> ed).
> If you want to change some details,//it's just a matter
> of contacting Forrests.
> 「귀하의 PPF는 융통성(그러나 취소할 순 없어요)이 있어요.
> 귀하가 몇 가지 세부 사항을 고치고 싶다면//Forrest(사무
> 소)에 연락만 하면 돼요」

본문의 ( )안이 무섭네요. 취소할 수가 없대요. 그러니까 넣을 때 생각을 잘해야지. 실컷 정기 적금, 교육 보험 넣었다가 만기 전에 찾으면 괜히 손해보지요. 그런 줄 알면서도 그놈의 보험 아줌마 안면 땜에 그만.

If절, 즉 **종절이 문두에** 오면 꽁무니에 '**콤마**'를 붙이는 게 원칙.

details 「상세한 내용」
want to change some details 「몇 가지 세부 사항을 고치기를 원하다」

이런 식이면 이놈은 **to부정사의** 무엇에 해당되는 놈인가? 「…하기를」이니까 **목적어**에 해당된다. 목적어가 될 수 있는 건 명사니까 **명사적 용법**이지.

에그머니. 에그머니라, 계란 판 돈인가? 야, 그런데 계란이 맞냐? 닭알이 맞냐? 총알이 맞냐? 알총이 맞냐? 한쿠욱마알 어윽수로 애롭네예. 야, 마이클, 느그 말도 억수로 애롭따야. 이런 건 내 입으론 못하니까 빠다 먹은 네 입으로 한번 해보거라 마. How much wood would a woodchuck chuck if a woodchuck could chuck wood? 야, 한쿠욱말또 그런 기 있뜨라마. 내카 크린 키린 크림은 암키린 크린 크림이고 니카 크린 키린 크림은 수키린 크린 크림이

다. 잘못하다간 헛바닥에 쥐나겠다.

woodchuck은 나무 쪼는 동물인데 만나본 적이 없어 생김새가 어떤지 모르겠다. 나중에 수학여행, 신혼여행 가서 알아보라.

a matter of contacting Forrests「Forrest(사무소)와 연락하는 문제」

it's just a matter of contacting Forrests의 해석은 **'그건 단지 Forrest(사무소)에 연락만 하면 되는 문제입니다.'**

그러니까 내용 전체를 보면, 세부 사항을 몇 개 바꿀 수는 있어도 PPF의 취소는 절대로 안된다는 얘기군요.

7 💥접속사, 절, 과거분사

> • If death occurs and you have **moved**,/you are still covered.
> 「만약 이사를 하고 사망했다면/귀하는 그래도 혜택을 받게 되지요」

If death occurs and you have moved를 보는 순간 의문이 생긴다. 직역하면 **'사망하고 이사를 했었다면'** 식이 된다. 같은 값이면 이사를 먼저 했으니 먼저 일어난 순서대로 했으면 좋으련만(이사를 한 게 한 시제 앞선다고 완료형으로 해놓은 건 그나마 다행이군). If you have moved and death occurs라고 말이다.

그러나 이유가 있다. 1492년에 배를 타고 스페인에서 인디언 동네까지 간 사람들. 우리의 선조 장보고가 서해가 아닌 남태평양이나 아무러케나(America) 쪽으로 달려갔더라면, 오늘날 광화문 미대사관 앞에서 비자 받으려고 새벽부터 도시락 들고 서 있지 않아도 되는 건데.

여하튼 1492년에 아무러케나 대륙에 오른 콜럼버스! 장하다. 그 뒤, 콜럼버스를 제치고 인디언을 쫓아내고 떵덩어리를 차지한 코쟁이들! 이처럼 날고 기는 인간들이 자기네 말을 어설프게 하겠는가!

death occurs가 먼저 등장한 건 죽음이 훨씬 **강조되야 할 말이기 때문**이다. 그래서 앞좌석을 정해준 거다.

move는 '움직이다' 란 뜻 외에 '이사하다' 란 뜻도 있다. 그런데 요놈이 또 둔갑하면 **'감동시키다'** 라는 뜻이 된다. 百聞이 不如 一見이라! 문장을 하나 구경해 보자는 말이지.

I was deeply moved by your speech.
「나는 그대의 연설에 크게 감동을 받았소!」

8 ※ 조건절, 수동태, 과거분사

> If Forrests **are unable to** carry out the arrangements, //your plan **is passed on**/to a **nominated** Funeral Director.
> 「만약 Forrest(사무소)가 장례식 준비를 수행할 수 없으면// 귀하의 계획안은 위임되지요/지정된 장의사에게」

본문의 내용으로 봐서 이사 가서 죽으면 Forrest에서 장례 준비를 수행하기가 힘든 모양이다. **Forrests는 복수형**이다. 따라서 뒤따르는 동사도 복수로 받고 있다.

be unable to 「할 수 없다」
carry out 「수행하다」
be passed on 「…에 위임되다」

영국인들은 아직도 보수적인 면이 있어 아들을 선호한다. 우리처럼 성씨를 pass on하기 위해선 아들이 필요하다는 것이다. 이 점은 대부분의 미국인들과는 상당한 차이가 있다. 딸만 셋인 나로서는 그들과 대면할 적마다 귀찮아할 정도로 물어보곤 했다. 결과 약 70퍼센트는 아들이 있어야 한다는 대답이었다. 갑자기 나도 헷갈리기 시작했다. 가죽도, 이름도 못 남길 판엔 대라도 이어야. 자손 만대에 길이 빛낼… 아이구, 기죽어!

nominated「임명된」

이 말은 어디다 놓으면 낫 놓고 기역자가 될까? 글쎄. **아카데미 영화 주연 나미니.** 나미니가 뭘까? 이게 바로 **nominee**로 '**추천된 사람, 임명된 사람**'. 옳거니! **-ee꼬리가 붙으면 피동**의 뜻. 그래서 **employee**도 고용주(employer)가 아니라 '고용된 사람, 일꾼'을 칭하는 말. 이런 식으로 낫 놓고 기역자를, 지게 놓고 A자를 익혀야지.

a nominated funeral director「지정된(임명된) 장의사」

영화 감독도 director, 학원장도 director, 지휘자도 director. 참, director도 가지가지군요.

9 ✹ 접속사, 분사구문

> • You can relax/and **get on with life**./**knowing** your affairs are fully in order.
> 「귀하는 신경 쓰지 않아도 돼요/그리고 (편안한) 삶을 영위할 수 있어요/귀하의 일이 확실히 처리되어 있다는 것을 알 때」

relax「신경 쓰지 않다, 휴식을 취하다」

get on with life는 and로 연결되어 있다. 따라서 앞의 주어 you+조동사 can이 relax는 물론 get on에도 힘을 발휘한다.

get on with life의 뜻은 도대체 무엇이란 말인가?

우선 get on with를 알아보자. 「…을 갖고 올라타다」인데, 결국

이 말은 '…을 진척시키다'.

그렇다면 get on with life는 「인생을 진척시킬수 있다」. 그러니까 **'삶을 영위할 수 있다'** 라고 하면 좀 세련된 우리말이 되네요.

knowing your affairs are fully in order가 왔겠다!
「귀하가 하는 귀하의 일이 아주 잘 처리되어 있다는 것을 알 때에」

affairs 「일, 업무」

결혼한 아저씨, 아줌마가 바람피운다고 할 때는 have an affair, 라고 표현한다. 혹시 wind라는 말을 쓰지나 않을까 봐 염려스러워 보너스로 소개하는 바다.

be in order 「정돈되어 있다」

fully 「완전히」

knowing은 물론 분사구문이다. **분사구문은 문장을 짧게 하는** 요술 방망이다. 방법은 우선 접속사를 죽이고 주절의 주어와 같을 시 같은 주어를 다시 반복할 필요가 없다. 그래서 쥐도 새도 모르게 종절의 주어를 처치해 버린다. 그러면 홀애비 동사만이 남게 된다. 외로운 이놈을 **-ing(현재분사)나 -ed(과거분사)를 붙여서** 분사가족을 만든다. 이리하여 탄생된 문장이 바로 분사구문이다. 그렇다면 본문의 knowing 앞집엔 원래 어떤 인물들이 살았을까? 앞뒷집의 내막을 파헤쳐 보니 **after you know가 원래의 모습**이다.

To Save Others from Difficult Decisions, Pre-pay Now and Save Money

To save others from difficult decisions, pre-pay now and save money.

All the benefits of our pre-arranged funeral **apply** equally **to** the Forrest Pre-paid Funeral.

But there are extra reasons to recommend it:

- You have the benefit of two guarantees — your money is capital **guaranteed by** Public Trust and your funeral by Forrests.

- You **relieve** your family from the financial responsibility.

- **Your pension and welfare benefits** are safe because **the money paid** into the plan **cannot** be considered part of your assets, **nor** does it generate taxable income.

- Your pre-paid funeral is flexible(but cannot be canceled).

If you want to change some details, it's just a matter of contacting Forrests.

- If death occurs and you have **moved**, you are still covered.

If Forrests **are unable to** carry out the arrangements,

your plan **is passed on** to a **nominated** Funeral Director.

• You can relax and **get on with life, knowing** your affairs are fully in order.

주석판 베스트셀러 시리즈

번호	책 이 름	저 자	가 격
1	비밀일기 전편 The Secret Diary of Adrian Mole	스우 타운센트	3,500
2	비밀일기 속편 The Growing Pains of Adrian Mole	스우 타운센트	3,000
3	나의 라임오렌지 나무 My Sweet Orange Tree	바스콘셀로스	3,500
4	살며 사랑하며 배우며 Living, Loving, Learning	버스카글리아	3,500
5	신부님 우리들의 신부님 The Little World of Don Camillo	죠반니노 과레스키	3,000
6	싣달타 The Siddhartha	헤르만 헤세	3,000
7	예언자 The Prophet	칼릴 지브란	3,000
8	나에게 쓰는 편지 ① Notes to Myself	휴 프레이더	3,000
9	나에게 쓰는 편지 ② Touch the Earth, the Earth Touches Me	휴 프레이더	3,000
10	이솝 우화 The Fables of AESOP	데이비드 레빈	3,000
11	다락방의 불빛 A Light in the Attic	쉘 실버스타인	3,000
12	길이 끝나는 곳 Where the Sidewalk Ends	쉘 실버스타인	3,000
13	어둠의 목소리 Scary Stories to Tell in the Dark	앨빈 슈와르츠	3,000
14	라퐁텐 우화집 Fables of La Fontaine	라퐁텐	3,000
15	아는 것으로부터의 자유 Freedom from the Known	크리슈나무르티	3,000
16	그림 형제 우화집 Grimm's Fairy Tales	그림 형제	3,000
17	모모 MoMo	미카엘 엔데	3,500
18	러브 LOVE	버스카글리아	3,000
19	노인과 바다 The Old Man and the Sea	헤밍웨이	3,000
20	어린왕자 The Little Prince	생텍쥐페리	3,000
21	좁은문 Strait is the Gate	앙드레 지드	3,000
22	데미안 Demian	헤르만 헤세	3,000
23	안데르센 동화 Andersen's Fairy Tales	안데르센	3,500
24	갈매기의 꿈 Jonathan Livingstone Seagull	리처드 바크	3,000
25	이방인 The Outsider	알베르 카뮈	3,000
26	달과 6펜스 The Moon and Sixpence	서머셋 몸	3,500
27	여자의 일생 A Women's Lift	기 드 모파상	3,000
28	주홍글씨 The Scarlet Letter	나다니엘 호손	3,500
29	사랑의 기술 The Art of Loving	에리히 프롬	3,000

내게 영문법을 가르쳐봐!

이재웅 지음

햇갈려…

영어공부 10년 해도
써먹지 못하는 영어만 뒤죽박죽

덜 떨어진 영문법,
영어식 사고로 끝장내라

- **미국애들이 이화여대 정문만 보면 웃는다고?**
  여럿이면 women인데 woman's university라고 했거든.
  미국애들은 이 정도로 단수랑 복수를 명확히 구분해. `단수와 복수`

- **dancing girl은 기생이니, 춤추는 소녀니?**
  문맥을 안 보면 미국애들도 몰라.
  룸살롱이면 기생이고 록카페면 춤추는 소녀야. `동명사, 분사, 부정사`

- **"서태지가 최고야"란 말을 영어로 바꿀 수 없다고?**
  미국애들은 극단적인 말을 싫어해.
  '최고의 가수들 중 하나' (one of the singers)라고 해봐. `비교급, 최상급`

- **내가 늘 헷갈리는 분사구문도 설명해주니?**
  걱정마. 미국애들 머릿속처럼 네 속의 문법도 길들여주게.

738-0931~2
E-mail:dosol511@chollian.net